더 단단한
질적 연구를 위한
안내서

더 단단한
질적 연구를 위한
안내서

마리오 루이스 스몰 · 제시카 매크로리 칼라코 지음

이지원 · 정택진 옮김

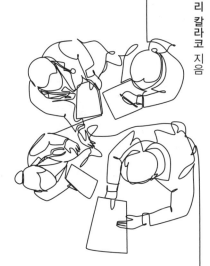

Qualitative Literacy

더 단단한 질적 연구를 위한 안내서

지은이 마리오 루이스 스몰, 제시카 매크로리 칼라코
옮긴이 이지원, 정택진
펴낸이 이리라

책임 편집 이여진
편집 하이픈
표지 디자인 엄혜리

2023년 9월 20일 1판 1쇄 펴냄
2024년 4월 10일 1판 2쇄 펴냄

펴낸곳 컬처룩
등록번호 제2011– 000149호
주소 03993 서울시 마포구 동교로 27길 12 씨티빌딩 302호
전화 02.322.7019 | 팩스 070.8257.7019 | culturelook@daum.net
www.culturelook.net

Qualitative Literacy: A Guide to Evaluating Ethnographic and Interview Research
© 2022 by Mario Luis Small & Jessica McCrory Calarco
Published by arrangement with the University of California Press through Agency-One, Seoul
Korean translation copyright © 2023 Culturelook Publishing Co.

ISBN 979–11–92090–23–8 93000

culturelook

차례

"빛나는 성취를 보이는 책이다. 저자들은 강의를 위해서나 연구자를 위한 안내서로나 모두 유용하게 사용할 수 있는 명쾌한 책을 썼다. 지금까지 이런 작업은 본 적이 없다. 내 작업과 학생들의 연구를 성찰적으로 돌아보는 데 도움을 준다."
_ 타냐 골라시-보사, 캘리포니아주립머세드대학교 사회학 교수

"대가적 면모를 보여 주는 이 책은 아주 오랫동안 사람들이 궁금해 온 다음 질문에 개념적으로 풍부하고 실용적인 통찰을 제공한다. '어떻게 하면 엄밀하게 쓰인 높은 수준의 질적 연구를 식별할 수 있는가?' 질적 연구를 평가하기 위한 명쾌하면서도 바로 적용할 수 있는 여러 기준을 생생한 사례로 가득 찬 서술을 통해 보여 준다. 사회과학 방법론 수업에서 반드시 읽어야 할 책이며, 질적 연구를 하는 사람과 평가하는 사람 모두 꼭 읽어야 한다."
_ 나일라 수아드 나시르, 스펜서 재단 이사장

"모든 연구자를 위한 필독서다. 양적/통계적 방법에 특화된 연구자도 꼭 읽어 봐야 한다."
_ EPIC(Ethnographic Praxis in Industry Community)

"환상적인 책이다! 질적 연구를 후원하고 활용하는 사람으로서 이런 책이 무척 필요하다고 생각해왔다. 널리 유용하게 쓰일 책이라고 확신한다."
_ 애덤 가모란, 윌리엄 T. 그랜트 재단 이사장

"저자들은 질적 연구가 직면한 어려움과 기회를 능수능란하게 통합하면서 언뜻 보기에 불가능해 보이던 일을 해 낸다. 질적 연구를 수행하는 '정석'이 없음을 인정하면서도 질적 연구의 다양한 기여를 평가하기 위한 최첨단의 기준을 제시하고 있다. 통찰력 있고, 세심하며, 친절한 이 책은 당신이 주로 쓰는 연구 방법이 무엇이든 질적 연구 수행과 학습에 대해 사고하는 방식 자체를 바꿀 것이다."
_ 캐슬린 거슨,《인터뷰의 과학과 기술》공저자

"다른 방법에 적합한 기준으로 질적 연구를 재단하는 대신, 저자들은 심층 인터뷰와 에스노그라피의 목적과 지향을 고려해 연구가 목표를 성취했는지 평가할 수 있는 기준을 마련했다. 실용적인 동시에 정교한 이 책에는 오늘날 학계에서 가장 뛰어난 성과를 보이는 두 질적 연구자의 지혜가 고스란히 담겨 있다. 사회과학 방법론을 가르치는 교사, 연구비 후원 기관, 정책결정자, 학생 등 모두에게 귀중한 자원이 될 것이다."
_ 메리 패틸로,《검은 말뚝 울타리: 흑인 중산층 사이 특권과 위협》저자

"학계에서 흠잡을 데 없는 평판을 가진 두 저자가 훌륭하면서도 이해하기 쉬운 책을 펴냈다. 질적 연구를 수행하는 사람들이 공통으로 인식하고 동의하는 쟁점, 지금껏 배워왔던 것과는 어떻게 다른 방식으로 질적 연구를 생각해야 하는지에 초점을 맞추고 있다."
_ 들래인 컴튼, 뉴올리언스대학교 사회학 교수

일러두기

- 한글 전용을 원칙으로 하되, 필요한 경우 원어나 한자를 병기하였다.
- 한글 맞춤법은 '한글 맞춤법' 및 '표준어 규정'(1988), '표준어 모음'(1990)을 적용하였다.
- 외국의 인명, 지명 등은 국립국어원의 외래어 표기법을 따랐으며, 관례로 굳어진 경우는 예외를 두었다.
- 사용된 기호는 다음과 같다.

  영화, 미술 작품, TV 프로그램, 신문 및 잡지 등 정기 간행물: 〈 〉

  책(단행본): 《 》

'질적 연구'라는 용어를 처음 들었던 때는 사회학 학부 수업에서였고, 본격적인 관심을 가지기 시작했을 때는 대학원 입학쯤이었다. 시험을 위해서 열심히 외웠을 법한 '질적 연구'에 대한 학술적 정의는 기억나지 않지만 '뭔가 매력적이지만 왠지 어렵다'고 느꼈던 기억은 떠오른다.

　매력적이었던 이유는 이야기가 연구의 중심이었기 때문이었다. 사람들이 마음속에 품어놓은 이야기를 듣는 심층 인터뷰와, 그 이야기를 더 잘 끌어내고 잘 이해하기 위해 그 사람의 일상에 들어가는 참여 관찰, 두 방법 모두 원래 논픽션, 르포를 읽기 좋아했던 내게는 매력적으로 느껴졌다. 또 그렇게 도출된 흥미로운 이야기가 연구에 등장한 인물과 장소를 넘어 사회 전반에서 일어나는 일을 더 잘 이해하는 '사회과학'이 될 수 있다는 점은 놀랍기도 했다. 그렇지만 질적 연구는 참 어렵게 느껴지기도 했다. 읽을 때는 흥미로운 이 연구를 직접 하자니 몸이 고된 것은 둘째 치고 다음과 같은 질문들이 떠오를 때 적당한 대답이 없다는 점이 참 막막했다. 잘된 질적 연구란 무엇일까? 내가 지금 맞는 길로 가고는 있는 걸까? 도착까지는 얼마나 남았을까? 그 어딘지 모를 끝에 도달했을 때 내가 모은 자료를 타인에게 믿어 달라고 말할 수는 있을까?

지난해 읽었던 스몰과 칼라코의 《더 단단한 질적 연구를 위한 안내서Qualitative Literacy》는 과거의 나 자신에게 추천해 주고 싶은 책, 그리고 현재도 비슷한 고민을 안고 있을 동료 연구자 모두와도 함께 읽고 싶은 책이었다. 이 점이 우리가 이 책을 번역한 동기이기도 하다.

저자들은 앞서 제시한 고민이 '좋은 질적 연구'에 대한 구체적인 정의를 살펴보면서 해소될 수 있다는 것을 보여 준다. 이런 접근은 기존의 질적 방법 관련 책들과 분명히 구분된다. 기존 서적들이 주로 질적 연구의 방법과 기술의 열거와 설명에 집중해 '좋은 질적 연구'가 무엇인지에 대해서는 다소 추상적 정의를 제시하는 경향이 있다면, 이 책은 좋은 질적 연구를 구성하는 구체적 요소는 무엇인지, 그 요소들이 완성된 글에서 정확히 어떤 문장과 문단으로 표현되는지, 그래서 독자가 연구의 질을 어떻게 알아볼 수 있는지를 규명하는 데 집중한다.

스몰과 칼라코는 단단한 질적 연구의 구성 요소로 접촉, 인지적 공감, 다원성, 구체성, 추적, 자기 인식 등을 꼽고 있다. 즉 단단한 질적 연구란 연구자가 장기간 연구 대상과 접촉해 그 사람의 관점에서 바라보고, 현상의 다양성을 쉽게 단순화하지 않으며, 현실 속 사물·인물·사건 등을 언급하고, 예상치 못한 발견을 무시하지 않고 추적해 조사하며, 연구자 자신의 존재가 생산되는 자료에 주는 영향을 의식하려고 노력한 흔적이 보이는 글이다.

이렇게 양질의 질적 연구에 대한 명시적 기준 제시를 통해 저자들은 질적 연구자는 물론 질적 연구를 읽는 독자의 질적 리터러시를 한층 더 높여 줄 것을 목표로 하고 있다. 국내에서도 사회문제와 공공 정책에 관해 발간되는 많은 대중서, 연구서, 보고서 등을 보면 통계 외에도 일대일, 포커스 그룹 인터뷰, 참여 관찰 등이 쓰이는 것을 어렵지 않게 볼 수 있다. 이런 상황에서 질적 연구를 읽고 이해하고 평가하는 능력은 업무와 일상에서 질적 연구와 접하는 모든 이들에게 큰 도움이 될 것이다. 나아가 이 책이 반복적으로 제시하는 질적 자료 수집 실패 사례와 이에 대한 첨삭식 조언은 초심 연구자들의 질적 자료 수집 능력을 향상하는 데도 큰 도움이 될 것이다.

이 책에 자주 등장하는 번역어에 대해 언급하고자 한다. 우리는 ethnography를 '에스노그라피'로 번역했다. '에스노그라피'란 연구의 대상이 되는 현장에 연구자가 직접 방문하거나 거주하며 그곳에서 삶을 꾸려가는 인물, 일어나는 사건 등에 대한 총체적 지식을 생산하는 연구 방법을 가리킨다. '문화기술지,' '민속지'로 번역하기도 하지만, 오늘날 인문사회과학자들이 특정 문화나 민족 집단을 기술하는 것을 넘어 다양한 연구 목적을 성취하기 위해 에스노그라피를 활용하는 경향을 충분히 반영하지 못하기에 이 책에서는 '에스노그라피'로 한다.

많은 분의 도움이 있었기에 지난해 출간된 이 책을 한 해 만에 번역 출간할 수 있었다. 마리오 스몰과 제시카 칼라코 교수님 두 분 모두 번역을 흔쾌히 반겼고 여러 질문에 매우 빠르게 답해 주셨다. 심성보 님, 정수남 교수님, 최혁규 님, 이상길 교수님, 네 분 모두 번역 구상 초기, 출판을 격려하고 출판할 곳을 알아보는 데 도와주셨다. 최성수 교수님과 연세대학교 교육불평등랩의 학생분들은 초기 번역 원고를 읽고 세미나에 임해 주셨다. 한국사회과학자료원의 최문희 실장님이 기획해 주신 질적 연구 특강을 통해 이 책에 대한 수요를 가늠할 수 있었다. 김미소 교수님, 김지민 님, 조민서 님, 최지원 님 모두 번역 초고를 읽고 특강 리허설에 참여해 조언해 주셨다. 정고운 교수님과 최율 교수님은 추가 특강을 마련해 더 많은 학생과 연구자들의 반응을 청취할 기회를 주셨다. 고원태와 이종식, 루데스 아구아스Lourdes

Aguas, 윤혜수, 이예나, 이언 캘러핸Ian Callahan, 임영신 등은 각각 종교, 스페인어, 도시사회학과 스몰의 작업 전반, 질적 연구, 성소수자, 양적 연구 관련 번역어를 정하는 데 도움을 주었다. 추천사를 흔쾌히 써 주신 임소정 교수님과 이상길 교수님, 최문희 실장님, 최율 교수님께도 다시 한번 감사의 말씀을 드린다. 이 책을 준비하면서 번역하는 것과 이를 한국어로 된 한 권의 책으로 만드는 것은 다른 차원이라는 점을 절감했다. 이 과정을 이끌어 주시고 저자와 독자가 보다 원활한 대화를 할 수 있게 수고를 아끼지 않으신 컬처룩 이여진 편집장님과 편집진분들께 감사를 드린다. 더 많은 분의 도움이 있었지만, 지면상 생략하니 양해를 구한다. 독자 여러분 모두 저자들의 안내와 함께 질적 연구의 세계로 즐거운 모험을 떠나길 바란다.

2023년 낙성대에서

옮긴이를 대표하여 이지원

이 책은 단순한 질문에서 출발했다. 누군가에게 다른 책 두 권을 받았다고 해 보자. 모두 1년간의 에스노그라피적 관찰을 근거로 쓴 책이다. 책을 건넨 사람은 다음과 같이 말했다. 한 권은 양질의 경험적 사회과학 작업이고, 다른 한 권은 내용도 흥미롭고 문체도 아름답지만 경험 연구로서는 그다지 질이 좋지 않다. 두 연구를 구분하려면 어떤 기준을 활용할 것인가? 에스노그라피가 아닌 다른 종류의 질적 연구에도 같은 질문을 던질 수 있다. 이번에는 두 책 모두 같은 응답자를 대상으로 한 심층 인터뷰에 기반을 두고 있다. 마찬가지로 책을 건네 준 사람이 다음과 같이 말했다. 한 권은 좋은 경험 연구이고 다른 한 권은 그렇지 않다. 어떤 기준으로 두 연구를 구분하겠는가?

　이 질문은 불평등, 교육, 부와 빈곤, 이주, 가족, 범죄와 처벌, 경영과 공공 기관, 공공 의료, 지역, 노동, 차별, 주거와 주택소유권, 고령화, 환경과 사회의 관계 등등 사회적으로 중요한 주제에 대해 출판되는 질적 연구를 읽는 독자에게 중요하다. 지난 20년간 많은 수의 다양한 독자층이 관련 질적 연구를 소비했다. 여기에는 에스노그라퍼나 인터뷰를 기반으로 하는 연구자뿐 아니라 양적/통계적 방법을 사용하는 사회학자, 인구학자, 경제학자, 심리학자, 응용통계학자를 비롯해 각 분야의 연구자, 정책결정자와 입법자, 싱크탱크와 재단 관계자, 실무자와 활동가, 언론인 등이 포함된다. 또 형식을 갖춘 연구를 수행하는 것은 아니지만 자신의 업무와 신념이 현장 연구자의 연구로부터 깊은 영향을 받는 비전문인도 포함된다. 연구가 경험적으로 잘 수행되었는지는 다양한 수준에서 독자에게 영향을 준다.

우리는 답을 궁금해했을 법한 여러 사람에게 같은 질문을 던져보았다. 토론자로서나 학술지를 위해 각자의 전문 분야에서 질적 연구를 읽는 양적 사회과학자, 직접 질적 연구를 생산하는 온갖 유형의 에스노그라퍼, 질적 연구에 대한 연구비 지원을 결정하는 민간·공공 재단 프로그램의 관계자, 연구를 평가해 고용과 승진을 결정하는 대학의 학과장·학장·총장, 질적 연구를 보도하는 언론인, 타인의 삶을 개선하고픈 바람을 가지고 질적 연구를 활용하는 실무자와 정책결정자 등등. 어떤 기준을 활용할지 질문해 보면, 누군가는 경험과 직감으로 부실한 연구서와 탄탄한 연구서를 구분할 수 있다고 주장했다. 하지만 이들은 무엇을 기준으로 판단했는지는 분명하게 정리해 표현하지 못하겠다고 인정했다. 또 누군가는 신뢰도reliability나 대표성처럼 양적 사회과학에서 보편적으로 활용되는 기준을 내세웠다. 하지만 한 가지 사례만을 다룬 에스노그라피에 이런 기준이 어떻게 적용될 수 있을지는 명확한 의견을 내놓지 못했다. 사실 질문에 답했던 거의 모든 사람이 모호한 반응을 보였다. 가장 흔한 대답은 다음과 같았다. "잘 모르겠네요."

이런 막연함은 마리오 스몰이 말한 "질적 리터러시Qualitative Literacy"의 부재, 즉 질적 자료를 능숙하게 읽고, 해석하고, 평가할 수 있는 능력이 부재하다는 점을 여실히 보여준다.[1]● 수십 년 전부터 과학자와 교육자는 사회 전반에 걸쳐 '양적' 리터러시Quantitative Literacy의 중요성을 강조해 왔고, 이런 능력이 전파되도록 강력하게 밀어붙여 어느 정도 성공을 거두었다. 학교와 대학이 앞장서 학생들의 수리 능력을 향상시키려 노력했고, 사회과학계의 대학원 교육 과정은 양

● 질적 연구에 대한 막연함은 단지 독자의 질적 리터러시가 부족하다는 사실에서 비롯된 것만은 아니다. 노련한 에스노그라퍼라면 좋은 연구와 그렇지 못한 연구를 구분할 수 있겠지만, 결국 이들도 둘을 어떻게 구분하는지는 분명하게 이야기하지 못하기 때문이다. 현장 연구자가 자신이 사용한 기준을 하나하나 열거하며 정리하여 표현하는 일이 드물다는 점이 질적 연구가 막연하게 느껴지는 이유 중 하나다. 우리의 목적 중 하나는 그 기준을 명백히 밝혀나가기 시작하는 것이다.

적 연구 방법의 경험적 훈련을 선호하며 추상도가 높은 이론에 대한 강조를 점차 줄여나갔다. 이삼십 년 전과 비교해 보면 위에서 나열한 주요 이슈에 대한 사회 담론은 이제 더 양적으로 읽어 내야 한다. 신문과 잡지는 점점 더 정확하게 기록되는 양적 자료를 일상적으로 생산하고, 때로는 기사 내용의 기반이 되는 통계 원자료를 제공하기도 한다.●

그러나 이 과정에서 대중 담론의 질적 리터러시는 전혀 향상되지 않았다. 이런 흐름은 사회과학 내부에서도 똑같이 두드러진다. 예컨대, 미국의 가장 우수한 사회학 박사 과정 프로그램은 양적 연구 훈련을 필수 사항으로 요구하지만, 그중 대다수가 질적 연구 훈련은 요구하지 않는다. 해당 프로그램 졸업생들이 동시대 사회문제에 관해 주요한 에스노그라피와 인터뷰 기반 연구를 생산하고 있음에도 말이다.●● 더구

● 예를 들어, 〈뉴욕 타임스*New York Times*〉의 업샷The Upshot 같은 기획 기사는 자신의 학구가 전국 학업 성취 점수 분포 중 어디에 위치하는지, 다른 미국인과 비교하여 개인의 소득이 어디에 위치하는지 등을 볼 수 있는 실제 데이터 기반의 보고서를 주기적으로 만든다.

●● 예를 들어, 미국 내 상위 10개의 사회학 박사 과정 프로그램은 적어도 두 개의 통계방법론 수업 수강을 요구하지만, 단 세 개 프로그램만이 모든 박사 과정 학생들에게 별도의 질적 연구 방법 과목을 수강할 것을 요구했다. 버클리대학교, 프린스턴대학교, 스탠퍼드대학교, UCLA, UNC는 모두 2개의 연계된 통계 과목 수강을 요구하나, 별도의 질적 연구 방법 또는 현장 연구 방법 과목 수강은 아예 요구하지 않았다. 미시간대학교와 시카고대학교는 방법론 필수 학점을 따는 데 질

나 심리학, 정치학, 경제학 같은 다른 여러 사회과학에서는 질적 연구 훈련을 피상적으로나마 접하는 일도 거의 사라져 버렸다. 자연스러운 현상처럼 보일지 모르지만, 실은 이런 전공의 졸업생도 각자의 전문 분야 안에서 연구 지원 재단과 일하면서, 종신 교수직 심사를 위해, 또는 다른 여러 다양한 기관을 위해 질적 연구를 평가해야 한다. 질적 연구의 평가에 대해서는 단 한 번도 공부한 적이 없는 경제학자라 해도, 교육대학원에 재직하면서 학교를 연구하는 에스노그라퍼가 종신 교수직을 받을 만한지를 두고 표결해야 할 수도 있다. 최근 사회문제에 관한 연구 경향이 지적으로 개방되어 간다는 점은 분명 반가운 일이다. 그러나 양적 연구자들을 비롯하여

적 연구 방법 과목을 선택할 수 있게 했지만, 통계 방법은 두 개 이상을 반드시 수강하도록 한다. 하버드대학교, 노스웨스턴대학교, 위스콘신대학교만이 별도의 질적 연구 방법 두 과목과 2개의 연계 양적 연구 방법 수업을 필수로 수강할 것을 요구한다. 상위를 차지하는 박사 과정 프로그램은 2021년 미국 뉴스 및 월드 리포트 랭킹US News & World Report Rankings을 활용해 선정했으며, 버클리대학교, 하버드대학교, 프린스턴대학교, 미시간대학교, 스탠퍼드대학교, UCLA, 시카고대학교, UNC, 위스콘신대학교가 선정되었다(www.usnews.com/best-graduate-schools/top-humanities- schools/sociology-rankings). 일반적으로 상위권 프로그램의 졸업생들이 상위권 프로그램이나 박사 과정이 있는 대학의 교수직을 차지할 가능성이 불균형적으로 높다(Clauset, Arbesman, & Larremore, 2015; Fetner, 2018). 그 결과, 상위권 학과의 교수진이 학술지 편집자나 장학금 검토 패널과 같이 학계에서 영향력을 행사할 수 있는 지위를 차지할 가능성도 불균형적으로 높다.

연구 지원 과정에서 심사자도 인정하건대, 이들은 질적 경험 연구가 흥미로운지, 정보를 제공해 주는지, 잘 썼는지, 좋은 아이디어와 인상적인 이야기를 담았는지 등이 아니라, 그것이 좋은 사회과학인지를 도대체 어떻게 평가할 수 있는지를 설명하지 못해 곤혹스러워한다.

이런 현실은 분명 문제가 있다. 인터뷰나 참여 관찰 기반의 연구를 통해 생산된 고유한 지식은 불평등, 주거, 공공 의료, 차별, 이주, 교육 등 앞서 말했던 많은 이슈에 대해 우리가 얼마나 알고 있는지 확인하고, 또 그것을 얼마나 효과적으로 해결할 수 있는지 답하는 데 필수적이다. 그러므로 일련의 질적 발견이 과학적으로 신뢰할 만한지 아는 일은 중요하다. 우리가 보기에, 그러한 판단을 하는 데 필요한 지식과, 질적 연구를 평가하거나 연구비를 지원하고 질적 연구를 토대로 보고서를 쓰고 배우고 의사 결정을 내리는 사람들의 지식 사이에는 커다란 간극이 있다. 바로 그 간극을 메우는 것이 이 책의 목적이다.

서론

최근까지도 사회학을 비롯한 다른 여러 전공에 속한 질적 방법 연구자와 양적 방법 연구자는 종종 "패러다임 전쟁"이라 불리는 갈등에 휩싸이곤 했다.[2] 현장 연구자는 자신의 '적'이 "실증주의적"이고 비성찰적이며 단순하게 연구한다고 비판했고, 양적 연구자는 자신의 '적'이 "가볍고" 엄밀하지 못한 작업 그리고 "그냥 그리된 일이다"라는 식의 이야기를 별다른 과학적 근거 없이 한다며 다그쳤다. 경제학, 인구학, 통계 분석, 여론 설문 조사 등이 국가 수준의 정책 결정에 깊은 영향을 미치면서 이 '전쟁'에서 승기를 잡은 것은 분명 양적 연구였다.●[3] 하지만 현장 연구를 외면한 양적 연구자들도 위험을 감수해야 했다. 방대한 양의 에스노그래피와 인터뷰 기반 연구가 학생, 실업자, 부부, 저소득층 가족, 고용주, 이민자 등 국

●　예를 들어 토머스 마허Thomas Maher와 그 동료들은 "경제학자는 다른 사회과학자에 비해 훨씬 더 많이 국회에 출석해 증언하고, 산업계와 정부 측 입장에서 증언하는 사회과학자 중에서도 더 많은 비중을 차지한다"라고 말한다(Maher et al., 2020).

가 수준의 논의와 관련된 인구 집단population●의 경험을 이해하는 데 중요한 통찰을 기록하고 생산했기 때문이다.[4] 요약하자면 이 '전쟁'은 사회과학의 역사가 짧다는 것 이상을 보여주지 못한 매우 비생산적인 논쟁이었다.●●

하지만 이제 많은 것이 바뀌었다. 주요 사회문제에 관한 사회과학적 논쟁에서 여전히 양적 연구가 지배적이긴 하지만, 지난 20년 동안 질적 연구는 과학자, 정책결정자, 그리고 대중이 불평등, 빈곤, 인종과 민족, 젠더, 교육, 보건, 조직, 이민, 동네, 가족 등을 생각하는 방식에 극적인 영향을 미쳤다.[5] 이 연구들은 우리가 다음과 같은 주제를 이해할 수 있게 도와주었다.

- 어떤 동네에 거주하는지가 왜 중요한가[6]

●　population은 통상 인구, 집단 또는 인구 집단의 의미로 번역하지만 사회과학에서는 표본sample에 대비되는 의미에서 모집단이라는 용어로 옮기기도 한다. 많은 경우 모집단(예를 들어, 한국인 전체)을 비용 문제로 직접 연구할 수 없는 사회과학에서는 그중 일부를 표집sampling하여 생성된 표본으로부터 모집단의 성격을 추론inference하는 접근을 사용한다. 양적·질적 접근은 추론하고자 하는 모집단의 성격에는 차이가 있지만 넓게 볼 때 모집단 일부를 추출하는 표집을 시행한다는 공통점을 가진다. 이런 맥락을 고려해 population을 인구 집단으로 주로 옮기되 표본과 대비되는 의미로 사용될 때는 모집단으로 번역했다. ─ 옮긴이

●●　학문 분야로서 천문학과 역사학은 수천 년 동안 존재해 왔지만 사회학, 정치학, 경제학, 심리학의 역사는 수세기에 불과하다.

- 아이들의 기회, 기대, 자기 인식 등에 학교는 어떤 영향을 미치는가[7]
- 왜 누군가는 목숨까지 걸어가며 미국 남부 국경을 넘으려고 하는가[8]
- 고용주는 입사 지원자를 어떤 과정을 통해 평가하는가[9]
- 사람들은 결혼, 취업, 육아 등에 관한 결정을 어떻게 내리는가[10]
- 사람들은 사법 기관에 어떻게 대처하는가[11]
- 사회적·경제적 조건은 사람들의 일상생활에 어떻게 영향을 미치는가, 그리고 다른 무수한 주제들.[12]

과거와 달리 이제 온갖 종류의 경제학자, 인구학자, 정치학자 그리고 양적 사회학자가 자신의 작업에 질적 연구를 인용하고, 이를 활용해 가설을 만들고, 발견에 대한 예시를 들며, 연구 결과를 해석한다.●[13] 그 결과, 질적 연구자도 국회에서 증언하거나 정부의 정책 수립을 돕고, 지역 실무자에게 조언하거나 공공 담론에 이바지하며, 어떻게 기업과 비영

● 예를 들어, 아네트 라루Annette Lareau의 《불평등한 어린 시절*Unequal Childhoods*》과 앨리 러셀 혹실드Arlie Russell Hochschild의 《돈 잘 버는 여자, 밥 잘 하는 남자*The Second Shift*》는 각각 1만 회 이상 인용되었으며, 두 연구를 인용한 다른 연구 중에는 불평등이나 시간 사용에 관한 양적 연구도 포함되어 있다.

리 단체의 이사회가 자원을 투자하고 지출해야 할지에 영향을 주기도 했다.● 인터뷰와 에스노그라피 방법이 사회과학과 사회에 중요하다는 사실은 더 이상 의문의 여지가 없다.

그러나 이런 발전에도 불구하고 사회과학자들은 양질의 질적 사회과학을 구성하는 요소가 무엇인지에 대해서는 합의에 이르지 못했다. 사실 질적 연구가 정보를 제공하는 것을 넘어 과학적 작업이어야 하는지에 대한 합의조차도 이르지 못했다.[14]

● 마리오 스몰은 사회자본에 대한 자신의 작업에 기초하여 미국 상원 경제공동위원회the Joint Economic Committee of the US에 출석해 증언했다(Small, 2017b, 2009b). 트레시 맥밀런 코텀Tressie McMillan Cottom은 대학 교육에 관한 자신의 작업에 기초하여 미국 상원에 출석해 고등교육법의 재인준과 관련된 증언을 했다(Cottom, 2018, 2019). 신시아 밀러–이드리스Cynthia Miller-Idriss는 자국 국민 또는 거주민에 의한 자국 내 테러 관련 작업을 토대로 미국 하원에 출석해 백인 국민주의white nationalism에 관해 증언했다(Miller-Idriss, 2018, 2019).《대가를 지불하기Paying the Price》의 저자인 사라 골드릭–랩Sara Goldrick-Rab은 대학·공동체·정의를 위한 희망센터the Hope Center for College, Community, and Justice를 설립했으며(Goldrick-Rab, 2016), 이 기관에서는 고등 교육 정책과 관행 변화를 위해 연구를 활용한다. 저가 주택 정책에 관한 스테파니 드 루카Stephanie De Luca의 연구는 여러 가지 초당적 입법 시도에 직접적 영향을 미쳤다(https://otheramerica.org/policy-impact).

어떻게 질을 평가할 것인가

최근 역사를 보자. 1994년 게리 킹Gary King, 로버트 코헤인 Robert Keohane, 시드니 버바Sydney Verba가 쓴 《사회과학 연구의 설계Designing Social Inquiry》는 신뢰성, 비편향성, 효율성과 같은 양적 연구의 기본 원칙에 기초해 질적 연구의 수행과 평가를 위한 명확한 가이드라인을 제시했다. 그리하여 질적 연구의 과학적 기초에 관해 제기되던 의심을 잠재우리라 기대되었다.[15] 이 책은 이례적으로 상세하고 포괄적이면서도 풍부한 사례로 가득 차 있었고 엄밀한 경험적 과학이라는 공통의 전망 아래 질적 연구자와 양적 연구자를 단결시키겠다는 다짐을 보여 주었다. 하지만 이 책은 오히려 더 많은 논쟁을 일으켰다.[16] 오늘에 이르기까지 이 책은 연구자들을 격렬하게 분열시키고 있으며 질적 연구자들은 가이드라인이 적절하지 않다고 거듭 비판했다.[17]

2000년대 초, 미국의 사회과학 연구 지원 기관인 국립과학재단(the National Science Foundation: NSF)은 한 가지 문제에 직면했다. 사회학 분야에서 "연구비 지원에 응모하는 질적 프로젝트 숫자가 점점 늘어나고 있었던" 것이다. 이 과정에서 재단은 많은 심사자가 질적 연구 작업을 어떻게 평가해야 하는지 모르며, 그 방법을 아는 이들조차도 적합한 평가 기준에 대해서 서로 동의하지 않는다는 점을 알게 되었다.[18] 재단은 어떤 질적 연구를 엄밀한 것으로 보아야 하는지, 어떤 기준을 연구계획서 평가에 활용해야 하는지 등에 관한 기준을 명확히 하고자 사회학자로 구성된 팀을 조직했고, 이후에는 여러 전공에 걸친 사회과학자를 모아 또 다른 팀을 조직했다.[19] 저명한 사회과학자들이 두 팀에 참여했고, 각 연구팀은 간략한 가이드라인과 함께 보고서를 출간했다.

그러나 연구자들 사이에 접근 방식과 관점의 공통점이 거의 없었기에 권고 사항 중 많은 항목이 질적 연구에 특화된 새로운 기준을 제시한다기보다는, 연구계획서라면 당연히 갖추고 있을 법한 기본 원칙을 단순히 반복하는 데 그쳤다. 예를 들어, 첫 번째 팀이 발표한 기준은 연구자가 "폭넓은 독자층을 대상으로 흥미롭고 쉽고 분명하게 써야" 하고, "연관된 기존 선행 연구 문헌과 연구를 연결"해야 하며, "프로젝트의 실행 가능성에 대한 근거를 제시"할 것을 비롯해 여러 사항을 권고했다.[20] 두 번째 팀 역시 비슷한 아이디어를 제시했다. 가령, 여기에는 "연구를 적절한 문헌과 연결할 것," "연구 결과 이외에 개연성 있는 다른 설명에도 주의할 것," "연구의 한계를 구체적으로 명시하고 심사자가 잠재적으로 반대할 만한 부분을 예상할 것" 등의 권고가 포함되었다.[21] 모두 일리 있는 내용이었지만, 특별히 현장 연구자에게

만 관련되거나 새로운 가이드라인이 아닌, 어느 전공이더라도 숙련된 연구자라면 이미 따라야 한다는 것을 알고 있을 법한 제안이었다.

국립과학재단의 모든 권고가 이러했던 것은 아니었다. 질적 연구에 특화된 사항들도 있었다. 예를 들어, 재단의 지침은 연구자가 "연구자의 존재 및 개인사가 가지는 잠재적 영향을 평가"하고, 연구자의 "해당 문화에 대한 익숙함, 어학 능력, …… 특정 연구 맥락에 대한 지식"을 논하며, "연구 사례를 선택한 이유에 대해 묘사하고 설명"해야 한다고 권고했다.[22] 하지만 재단의 가이드라인은 그럼에도 불구하고 논쟁에 불을 지폈다. 미국 역사상 가장 유명하고 영향력 있었으며 국립과학재단 연구팀에도 참여했던 한 에스노그래퍼가 재단의 지침을 공개적으로 비판했고 매우 뛰어난 소수의견 보고서를 내놓았다.[23] 국립과학재단의 노력은 의미가 있었지만, 결국 전문가들에게 의뢰해 해결해야 했던 과제는 마무리되지 못했다.

이러한 막연함이 계속되었기 때문에 그 후 수년간 현장 연구와 관련해 세간의 주목을 끈 여러 논쟁이 줄곧 이어졌다. 많은 사람으로부터 회자되는 책을 저술한 유명 에스노그래퍼들은 자료를 형편없이 다루고, 믿기 힘든 주장을 펼치며, 검증 불가능한 발견을 제시한다는 비난을 받았다.[24] 최근 출간된 한 책에서는 여러 주요 에스노그라피의 주장이 법적 검증 기준을 충족하지 못한다며 "현장 연구를 추궁"하기도 했다.[25] 사실 오늘날 질적 연구에 대한 가장 논쟁적 평가 중 일부는 질적 연구자들이 제기했다. 이 논쟁의 기나긴 목록에는 근거 이론, "카우보이 에스노그라피,"● 최근 에스노그라피에서의 재현가능성, 인류학에서의 과장, 사례 연구에서의 표집, 행위를 연구할 때 인터뷰 방법의 적절성, 질적 연구에서 정체성 감추기의 윤리에 관한 것 등이 들어 있다.[26]

논쟁이 계속되자 이제 막 연구를 시작한 초보 현장 연구자는 어떻게 연구를 수행해야 할지 몰라 우왕좌왕했다. 심사자는 연구의 질을 판단하기 위해 어떤 증거를 보아야 할지 혼란스러워했고, 학자, 기자, 이용자도 질적 연구자가 만들어 내는 연구를 어떻게 판단해야 할지 갈피를 잡지 못했다.

사회과학을 더 낫게 만들기

앞서 말한 전반적 불확실성은 사회과학계가 자신의 연구 방

● 일부 에스노라피에서 연구자가 연구 참여자에 대한 이해보다는 고난을 감수하고 역경을 이겨내는 모험가나 영웅으로 자신을 묘사하는 것을 우선시하는 경향을 비판하기 위해 고안된 어휘이다. ― 옮긴이

법을 더 꼼꼼히 돌아보게 된 사회적 맥락에서 등장했다. 최근 몇 년 동안 심리학, 경제학, 정치학, 양적 방법을 사용하는 사회학 등에서의 통상적 연구 관행이 포괄적이고 면밀한 검증을 거치게 되면서, 양적 사회과학은 심판대에 놓이게 되었다. 비평가들은 크고 작은 여러 결함을 지적했다. 일부 문제는 심각하지만 다른 문제는 상대적으로는 대수롭지 않은 것이었으며, 무언가를 더 해서 발생하는 문제라기보다는 해야 할 것을 하지 않아 생기는 문제였다. 예컨대, 많은 세부 전공 분야의 연구는 백인이며White 교육받았고Educated, 산업화되고 Industrialized 부유하며Rich 민주화된Democratized 국가에 사는 사람이라는 "특이한WEIRD" 표본에 지나치게 의존하는 것으로 나타났다. 이러한 의존성은 과연 연구가 경험적으로 일반화될 수 있는지 의심을 초래했다.[27] 또 다른 문제는 과학적 실천 자체의 핵심과 관련된다. 널리 알려진 양적 연구자들이 발견의 통계적 유의성을 과장하기 위해 올바르지 않은 방식으로 자료를 분석하는 p해킹p-hacking, 결과를 확인한 뒤 가설을 사후적으로 작성하는 하킹HARKing을 저지르거나, 심지어 연구 결과를 위조까지 했던 것으로 밝혀졌다.[28] 게다가 수많은 주요 실험 연구의 결과가 재현이 불가능한 것으로 밝혀지기도 했다.[29] 이러한 관행은 과학 수준을 떨어뜨리고 대중의 신뢰를 손상할 뿐만 아니라, 일부 정치인이 과학의 신뢰성을 의

심하는 오늘날에는 특히 더 유해하다.[30]●

심판대에 올라서게 되자 양적 연구자들은 해결책을 제도화했다. 학술지는 기존 연구 결과의 재현을 목표로 하는 논문을 더 많이 출판하고, 연구자에게 자신의 가설을 공개된 저장소에 사전 등록하도록 장려하며, 분석의 기반이 된 자료와 코드를 공개적으로 게시하도록 요구하는 등 양적 연구의 투명성과 책임성을 개선하기 위해 많은 실천을 공식화했다.[31]●● 이런 노력 중 적어도 일부는 효과가 있었다. 부정행위, 실수, 의문의 여지가 있는 분석 과정에서의 판단은 신속하게 발견되어 공개적으로 논의되었으며 필요한 경우에는 철회되었다.[32] 편집자가 연구자에게 더 높은 투명성을 요구하거나 여러 차례의 강건성robustness 검정●●●을 기대하고, 심사자가 코드와 자료에 쉽게 접근할 수 있도록 요구하면서

● 코로나19로 수십만 명의 사망자가 나온 가운데, 많은 미국인이 마스크 착용을 거부한 것은 극명한 사례다.

●● 우리는 전공마다 큰 차이가 있으며 이러한 실천을 모든 양적 사회과학에 적용할 수 없다는 점을 알고 있다. 예를 들어, 가설의 사전 등록은 다른 분야보다는 심리학에서 훨씬 널리 쓰인다. 하지만 이러한 실천이 귀납적 방법을 주로 활용하는 대다수의 자료 중심 사회과학에서도 연구의 질을 반드시 향상시킬 것이라고 말하기 어려울 것이다.

●●● 특정 통계 모델로부터 도출된 분석 결과값이 세부 사항은 조금 다르지만 마찬가지로 이론적으로 합리적인 모델을 적용했을 때도 큰 변화 없이 유지되는지를 확인하는 사후 검정 과정을 의미한다. — 옮긴이

10년 전만 해도 흔했던 나쁜 연구 관행은 우수한 전문 학술지에서는 점점 찾아보기 어려워졌다.

질적 연구자에게 이러한 진전이 희소식일 수도 있지만, 사실 양적 연구자가 제기한 상당수 권장 사항이 질적 연구에는 적합하지 않다. 예컨대, 연구자에게 에스노그라피를 재현하라고 요구하는 것은 말이 되지 않을 것이다. 아랍의 봄이나 조지 플로이드 관련 시위같이 한 사건을 관찰한 사례 연구는 재현이 불가능하다. 미래의 연구자가 과거로 돌아가 해당 사건을 다시 일으키고 그것을 실시간으로 목격한 사람이 경험한 것과 완전히 똑같은 것을 경험할 수는 없기 때문이다.● 마찬가지로, 모든 현장 연구자에게 가설을 온라인 저장소에 사전 등록하도록 요구한다면, 연구란 귀납적으로 수행해야 한다고 믿고 실천해 온 질적 연구의 주요한 전통이 훼손될 것이다. 또한, 가설을 검증할 의도 없이 연구 현장에 진입하는 에스노그라퍼는 사전 등록할 거리가 아무것도 없을 것이다.

최근 몇 년간 일부 질적 연구자는 질적 연구의 투명성을 높이기 위해 여러 대안을 제안했다.[33] 일부 학자는 꼭 필요한

● 연구 현장은 물론 '재방문할revisited' 수 있지만 재방문revisits과 재현 replications은 다르며, 현장을 재방문하면 전혀 다른 질문이 제기된다. Burawoy, 2003을 참조하라

것이 아니라면 에스노그라퍼가 연구 현장을 익명화해서는 안 된다고 주장했다.[34] 또 어떤 학자는 연구자가 개인 식별 정보가 포함되지 않은 녹취록을 모든 사람이 이용할 수 있도록 공개해야 한다고 주장했다.[35] 하지만 모두가 이런 제안에 동의한 것은 아니다.[36] 나아가 이런 제안은 개인 식별 정보가 연구 참여자에게 너무 큰 위험을 초래하거나, 개인 식별 정보를 완전히 지워 버려 녹취록을 공유하는 것 자체가 무의미해져 버리는 연구에서처럼 많은 종류의 프로젝트에 부적합할 수 있다. 마지막으로, 이러한 제안이 우리가 제기한 문제를 해결하기 위한 핵심이 될 수는 없다. 투명성을 높이는 일이 특정 연구를 개선할 수 있을지는 몰라도 질이 좋은 연구와 나쁜 연구를 내재적으로 구분해 주지는 않기 때문이다. 예컨대, 현장의 익명화에 반대하는 의견도 있다. 여러 서투른 에스노그라퍼가 어디에서 연구를 수행했는지 공개했지만, 역사상 가장 중요한 에스노그라피 중 하나인 윌리엄 풋 화이트William Foot Whyte의 《골목길 사회Street Corner Society》는 연구 현장을 "코너빌Cornerville"이라고 부르며 익명화했다.●

투명성은 책임성을 향상시킬 수도 있지만, 여전히 이 책

● 이 장소가 보스턴의 노스엔드 지역이었다는 것은 책이 출판되고 수십 년이 지나서야 공개적으로 알려졌다. Whyte, 1943을 보라.

의 출발점이 된 질문, 즉 잘된 질적 연구를 어떻게 평가할 것인지는 답해 주지 않는다. 당신이라면 경험적으로 견실한 질적 사회과학을 그렇지 못한 작업과 구분하기 위해 어떤 기준을 사용할 것인가? 우리는 이 질문을 사회학자뿐만 아니라 경제학자, 심리학자, 통계학자 등 다양한 방법론적 관점과 전공에 속한 학자, 그리고 원로 학자부터 이제 막 현장 연구를 시작하는 대학원생까지 다양한 경력 단계에 있는 연구자들에게 물었다. 많은 이들이 결국 어떻게 답해야 할지 모르겠다고 털어놓았다. 우리의 목표는 심층 인터뷰나 참여 관찰을 수행하는 모든 사회과학자에게 적용할 수 있는 보편적 기준을 제시하는 것이다. 앞으로 살펴보겠지만, 현장 연구자 사이에서 공개적으로 벌어진 인식론 논쟁에도, 연구자들은 질적 연구의 숙련 수준과 관련해서는 대개 암묵적 동의를 보인다. 그렇기에 앞으로 우리가 함께 살펴볼 여러 기준은 현장 중심 연구를 수행하는 질적 연구자라면 그 누구라도 인정할 법한 것이다. 몇 가지 용어를 명확하게 정리하면서 논의를 시작해 보자.

'질적 연구'란 무엇인가

엄밀한 의미의 '질적 연구'란 존재하지 않는다.[37] 모든 학자가 자신의 연구를 설명하기 위해 '질적 연구'라는 용어를 사용하지만, 모두가 따르는 단일한 연구 실천, 관점, 자료에 대한 태도, 사회과학에 대한 접근 방식은 존재하지 않는다. 스몰이 썼듯이,

어떤 사람들은 분석이 형식화되어 있는지와 관계없이 작은 수의 표본을 가진 연구를 묘사하기 위해 '질적'이라는 용어를 사용한다. 이러한 연구가 통계적 일반화 가능성이 부족하다고 생각하기 때문이다. 연구 대상의 숫자와는 별개로 (조직이나 국가와 같은) 실체가 변수로 분할되는 것이 아니라 사례로 분석되는 경우, 이를테면 특정한 역사적 상황에 초점을 맞춰 국가를 분석하는 혁명 연구와 같은 접근의 특징을 '질적'이라는 용어를 사용해 설명하는 사람들도 있다. 또 다른 이들은 실증주의적 지향이 아니라, 해석학적hermeneutic 또는 해석적 interpretive 지향에 기반을 두는 연구를 지칭하기 위해 '질적'이란 용어를 사용한다. 이러한 차이 때문에 양적 연구와 질적 연구의 대립은 다수의 연구 대상을 가진 연구 대 소수의 연구 대상을 가진 연구, 법칙 정립적 연구 대 사례 기술적 연구, 인과적 연구 대 해석적 연구, 변수 중심적 연구 대 사례 중심적 연구, 설명적 연구 대 기술적 연구, 확률론적 연구 대 결정론적 연구, 그리고 그 외 수많은 경우를 포함하여 서로 대치되는

여러 종류의 연구를 대조하는 데 사용되었다.[38]

질적 연구의 정의가 다양성을 보이는 이유를 이해하려면 '질적'이라는 용어가 연구 프로젝트의 세 가지 요소, 즉 '자료의 유형,' '자료 수집' 방법, 또는 '자료 분석' 접근 중 여러 가지를 의미할 수 있다는 점을 이해해야 한다. "첫 번째 요소는 연구를 위해 수집한 것을 말한다. 예컨대, 인터뷰 녹취록, …… 신문 스크랩, 현장 기록, 행정 기록 같은 것들이 포함된다. 두 번째 요소는 인터뷰나 참여 관찰처럼 "자료를 획득하기 위한 수단을 의미한다."[39] 세 번째 요소는 "수집된 자료를 이해하기 위한 수단"을 말한다.[40] 자료를 분석하기 위해 연구자는 인터뷰 녹취록을 개방 코딩하거나 폐쇄형 코딩●을 하는 등 다양한 방법뿐 아니라, 근거 이론을 적용하거나 사례 확장 방법을 적용하는 등 여러 일반적 접근법에 이르기까지, 방법과 일반적 접근 모두에서 결정을 내려야 한다.[41]

자료 유형이나 자료 수집 방법에 따라 반드시 어떤 특정한 분석 기술을 필수적으로 사용해야 하는 것은 아니다.

● 질적 연구 자료 분석에 쓰이는 용어로, 개방 코딩이란 사전에 코드북을 작성하지 않고 자료에 집중해 귀납적으로 범주를 도출하는 분석 방법을 가리킨다. 폐쇄형 코딩은 관련 이론에 근거해 사전에 코드북을 작성하고 인터뷰 녹취록에서 코드에 부합하는 사례를 연역적으로 식별하는 분석 방법을 가리킨다. ─ 옮긴이

확장된 전기 서사extended biographical narratives를 작성하거나 통계적 회귀 분석을 시행하기 위해 인터뷰 녹취록을 사용할 수도 있고,[42] 고전적 의미에서의 에스노그라피를 쓰거나 형식화된 양적 분석을 수행하고자 현장 관찰 일지를 사용할 수도 있다.[43] 따라서 '질적 연구'에 대한 단일한 정의를 제안하는 것은 큰 의미가 없으며, 이 책에서는 편의상 다양하고 복잡한 접근을 통칭하는 의미에서 '질적 연구'라는 용어를 사용할 것이다.

우리가 주목한 점

자료 수집 방법

이 책은 제한된 범위에만 주안점을 둔다. 우리는 자료의 유형, 자료 수집 방법, 분석의 유형 중 자료 수집 방법에 집중하며, 그렇기에 자료의 질에 대해서도 논의한다. 완결된 글을 읽고 인터뷰나 에스노그라피적 현장 기록field notes이 성공적으로 수집되었는지(그리하여 좋은 자료를 생산했는지) 평가하는 방법을 논의할 것이다.● 자연스레 두 가지 질문이 이어진

● 인터뷰 기반 연구자와 참여 관찰 연구자는 비디오 클립, 사진, 신문 스크랩 등을 포함해 다양한 자료를 수집할 수 있다. 하지만 우리가 중점적으로 다루는 자료

다. 왜 자료 수집 방법에 초점을 맞추는가? 왜 심층 인터뷰
와 참여 관찰을 함께 묶어 다루는가?

왜 자료 수집 방법에 초점을 맞추는가

분석적 접근이 아닌 자료와 방법에 집중하는 주된 이유는 바
로 범위scope 때문이다. 근거 이론 연구자, 민속방법론자,[●] 사
례 확장 방법 연구자, 페미니스트 인식론 연구자, 비판적 인종
이론에 기반을 둔 에스노그라퍼, 설문 조사를 활용하는 인터
뷰 기반 연구자, 통계에 기반을 둔 추론 분석가 등 질적 연구
의 많은 학파는 질적 연구의 목적을 무엇으로 보는지, 연구
질문을 어떻게 설계하는지, 사회적 세계의 어떤 요소가 관찰
할 만한 가치가 있다고 믿는지 등에서 극히 다른 입장을 지
닌다. 이런 차이 모두가 불가피하게 자료 분석 방법에 영향을

는 (오디오) 녹취록과 현장 기록으로, 각각은 인터뷰 기반 연구자와 에스노그라퍼
가 분석하는 자료 중 가장 흔한 유형의 자료다. 이 책을 통해서 보게 될 것처럼, 더
많은 유형의 자료를 논의하면 우리가 토론해야 할 이슈는 매우 늘어날 것이다. 또
한 녹취록이든 현장 기록이든 연구자가 직접 수집하지 않는 자료를 분석할 수도
있다는 점도 주의해야 한다. 그러나 우리 논의는 주로 연구자가 직접 수집한 자료
의 분석에 초점을 맞춘다.

● 민속방법론ethnomethodology은 사회학 분석 방법론의 한 분파로서 특정 사회
집단이 자신들이 공유하는 규범을 어떤 고유한 상호 작용을 재생산하는지에 주의
를 기울인다. 구체적인 연구 방법으로 특정 대화가 이루어지는 과정을 세분화해서
분석하는 대화 분석converstaion analysis을 발전시켰다. — 옮긴이

미친다.[44] 이러한 분기점의 수는 너무 많아서 모든 차이를 여기에서 검토하는 것은 불가능하다. 양적 방법과의 비교를 위해 가상의 책을 상상해 보자. 이 책은 표본 선정, 검정력 분석, 계층화와 군집화, 질문지 설계 등 양적 자료 수집 방법에 대한 논의를 펼칠 뿐 아니라 빈도주의와 베이지언 관점, 최소제곱 및 최대 우도 추정, 연속형 또는 범주형 종속 변수 모델, 고정 효과와 확률 효과 모델, 여러 도구 변수, 매칭과 성향 점수 모델 등 자료 분석에 대한 접근을 통합하려고 시도한다. 이런 과제를 달성하려면 방대한 분량의 책이 필요할 것이다. 질적 방법을 다루는 우리 과제도 유사하다. 완성된 책이나 논문을 가지고 수집된 자료와 자료 수집 방법의 질을 어떻게 식별할지 논의하는 것만으로도 이미 충분히 복잡하다. 여기에 어떻게 자료를 코딩할 것인지, 어떻게 이론을 통합할 것인지 등 질적 자료 분석에 따르는 많은 결정을 추가하면 우리의 논의는 이 짧은 책 한 권이 다룰 수 있는 범위를 훌쩍 넘어 버릴 것이다.[45]

하지만 우리는 분석에 대한 논의를 완전히 피할 수 없다는 점 역시 알고 있다. 완성된 논문이나 책은 필연적으로 분석상의 결정을 반영하며, 많은 질적 연구 프로젝트가 자료 수집과 자료 분석 사이를 반복적으로 오가기 때문에 분석과 관련된 판단은 자료의 질과 수집 방법 모두에 영향을 미친다.[46] 예를 들어 많은 에스노그라퍼가 현장에서 한 해를 보내며 자료를 분석한 뒤, 더 많은 자료 수집을 위해 현장으로 돌아올 필요가 있다는 것을 깨닫고 자료의 초점을 좁히는 방식으로 추가 자료를 수집한다. 이때 분석적 접근을 무시한 채 자료 수집 방법을 평가하기는 쉽지 않을 것이다. 따라서 자료가 성공적으로 수집되었다는 증거를 찾아내는 방법에 중점을 둔다 하더라도, 자료 분석과 같은 질적 연구의 다른 여러 측면 역시 함께 다루어야만 한다.

왜 인터뷰와 참여 관찰을 함께 다루는가

우리가 인터뷰와 참여 관찰을 함께 논의하는 주된 이유는 두 방법이 중요한 특성을 공유하기 때문이다. 물론 실험과 설문 조사가 다른 것만큼이나 두 방법 사이에도 큰 차이가 있다. 능숙한 인터뷰 기반 연구자는 유능한 청취자이며 누구로부터든 이야기를 끌어내는 데 숙련되어 있다. 정반대로 뛰어난 에스노그라퍼는 예민한 관찰자이며 다른 사람들은 놓칠 수 있는 요소, 가령 장소가 어떻게 보이고, 어떤 소리가 들리고, 어떤 냄새가 나며, 무엇이 느껴지는지를 감지하는 데 숙련되어 있다. 에스노그라피와 인터뷰 연구의 질을 함께 논의하려는 우리의 의도에 불편함을 느낄 에스노그라퍼도 있을 것이다. 인터뷰 기반 연구자도 마찬가지다. 각각의 연구자 집단이 수집하는 자료, 즉 녹취록과 현장 기록은 그 성격이 상당히 달라서 두 자료 모두에 공통으로 해당하는 기준을 찾아내는 것이 이상해 보일지도 모른다. 두 방법에 대한 평가 기준은 실제로 다르다. 이 책의 각 장에서 우리는 인터뷰와 에스노그라피적 관찰에 대한 논의를 구분한다.

그러나 두 방법은 다른 방법들은 가지고 있지 않은 고유하면서도 중요한 요소를 공유한다. 이는 단지 인터뷰 기반 연구자와 에스노그래퍼 모두 자료를 직접 수집한다는 점에 그치지 않는다. 일반적으로는 실험 연구자도 직접 자료를 수집하며, 직접 설문 조사 자료를 수집하는 연구자도 있다. 나아가 현장 연구만 연구자 개인의 선입견이 연구에 영향을 미치지 않도록 주의해야 하는 것도 아니다. 이는 모든 종류의 자료 수집 방법에서 흔히 등장하는 문제다. 예를 들어 설문 조사에서는 연구자가 묻기로 판단한 질문에 대한 답만을 끌어내기 때문에 반드시 연구자의 관심사나 관점, 선호를 반영할 수밖에 없다.

인터뷰와 참여 관찰이 공유하는 독특한 요소란 연구자가 자료를 수집할 뿐 아니라 '생산'하며, 자료를 수집하는 사람이 그 자료 안에 명시적으로 존재한다는 것이다.[47] 개방형 인터뷰는 반응형reactive 상호 작용이다. 연구자는 응답자가 말하거나 말하지 않는 것에 반응해 인터뷰마다 질문이나 발화의 어법, 순서, 형식, 내용 등을 바꾼다. 그렇기에 인터뷰마다 달라지는 연구자 자신의 말도 분석되어야 하는 자료다. 참여 관찰도 마찬가지다. 심지어 가장 수동적 연구자조차도 단지 현장에 있는 것만으로도 자연스레 관찰 결과에 영향을 준다. 또한 에스노그라퍼가 현장 기록을 이루는 수십만 개의 단어 하나하나를 모두 직접 쓴다는 것을 생각해 본다면, 관찰자도 필연적으로 자료 자체의 일부라고 할 수 있다.

심층 인터뷰나 관찰 자료를 수집할 때, 연구자는 눈앞에서 일어나는 사건에 실시간으로 반응한다. 연구자는 누군가의 말에 대해 반응해 질문하거나 침묵하기도 하고, 펼쳐진 사건의 특정한 측면에 관심을 가지거나 무심해지기도 하며, 관찰한 사건을 전달할 것인지 말 것인지, 또 어떻게 전달할 것인지를 판단한다. 이러한 예측 불가능한 반응이 질적 연구를 통해 생산되는 자료의 핵심 요소다. 만약 (인터뷰가 개방형일 경우) 같은 질문지를 가진 두 명의 연구자가 같은 사람을 따로 인터뷰한다면 두 연구자는 서로 다른 자료를 생산하게 될 것이다. 참여자의 말에 다르게 반응하고, 다른 후속 질문을 하고, 무엇을 어떻게 묻고 덧붙여 말할 것인지 순간적으로 다른 결정을 내릴 것이기 때문이다.[48] 두 에스노그라퍼가 같은 질문을 염두에 두고 같은 시간에 같은 장소를 관찰한다면, 두 연구자 역시 서로 다른 현장 기록을 생산할 것이다. 현장에서 발생하는 무수한 상호 작용, 이야기, 풍경, 소리, 냄새 등등 중 무엇을 포함할 것인지, 무엇을 의도적으로 배제할 것인지, 또는 자기도 모르는 사이에 무엇을 놓쳤는지 서로 다를 것이기 때문이다.[49]● 물론 인터뷰 참여자나 연구 현장에 충분히 접촉한다면 서로 다른 두 명의 연구자나 관찰자도 하나의 집단이나 현장에 관해 근본적으로 동일한 사회적 사실에 도달할 수 있다. 그러나 생산된 녹취록이나 현장 기록처럼 실질적 자료는 서로 매우 다르게 나타날 것이다.

이처럼 수집 방법의 특성상 수집된 자료가 수집하는 사람의 순간적 결정에 따라 달라질 수 있기 때문에 사회과학

● 인터뷰 기반 연구자와 에스노그라퍼로 구성된 대규모 연구팀을 구성해 질적 자료를 수집할 수도 있고, 실제로 많은 연구자가 이러한 방식으로 자료를 수집한다(Andrews et al., 2010; Lareau, 2011; Creese & Blackledge, 2012; Conlon et al., 2015; Jarzabkowski, Bednarek, & Cabantous, 2015; Harris, Wojcik, & Allison, 2020). 이때 연구 책임자가 자료 수집에서 발생하는 차이를 해결하는 한 가지 방법은 질문지를 표준화해 모든 연구자가 같은 순서로 같은 질문을 하고 같은 접근 방식을 따르도록 후속 질문을 관리하는 것이다. 이러한 프로젝트는 사전 질문지 preset가 있는 설문 조사의 경우에는 잘 기능하지만, 개방형 질문을 사용하는 경우는 그렇지 않다. 완전히 반대 방식의 해결책으로는, 연구 책임자가 연구자에게 인터뷰 기술을 훈련시키고, 연구자가 인터뷰 흐름에 따라 자유롭게 후속 질문을 하도록 내버려 두어 다양한 답변이 나오게 할 수 있다. 두 접근을 혼합하는 경우도 있다. 인터뷰를 시작할 때마다 매번 모든 응답자에게 공통 질문을 한 뒤(기본적으로 설문 조사에 해당하는 부분), 보다 개방적, 상호 작용적, 귀납적 성격의 대화로 넘어가기 위한 질문을 제시한다(통상적 심층 인터뷰에 해당하는 부분).

적 지식을 축적해 나가고자 하는 여러 질적 방법은 독특한 문제에 부딪힌다. 연구 방법에는 자료의 질을 판단할 수 있는 분명한 기준이 있어야 하는데, 전통적인 기준은 연구자가 현장에서 내리는 결정이 아닌 현장 진입 전 미리 설정할 수 있는 수집 원칙에 기반을 두었기 때문이다. 질적 연구의 수집 과정과 대비되는 예를 생각해 보자. 만약 어떤 설문 조사 기반 프로젝트에서 같은 응답자에게 같은 설문지를 배포한 두 연구 조교가 완전히 다른 답변을 얻었다면 자료 수집 과정에서 무언가가 근본적으로 잘못되었을 것이다. 설문 조사나 실험 연구의 자료 수집에서 신뢰성의 기본 정의에 따르면 (연구 설계에서 발생하는) 차이는 나타나지 않아야 한다. 하지만 이런 차이는 서로 다른 심층 인터뷰나 참여 관찰 자료 수집에서는 언제나 존재하기 마련이다. 연구자는 즉흥적 결정을 내려야만 하고 이러한 결정이 궁극적으로는 생산된 자료의 일부가 되는데, 이를 연구자가 사전에 완벽하게 예측할 수는 없기 때문이다.●

● 우리는 특정 방법을 통해 자료를 수집하는 연구자가 자료의 일부인지, 자료 수집 과정에서 객관성과 주관성 사이의 엄격한 구분이 가능한지 등 보다 심층적인 인식론적 질문은 다루지 않는다. 설문 조사에서보다 개방형 인터뷰에서 연구자가 더 적극적으로 반응한다는 점은 논쟁의 여지가 없다. 다른 방법에서보다 전통적인 참여 관찰에서 연구자가 더욱 적극적으로 반응한다는 점 역시 논쟁의 여지가 없다.

현장에서 실제 실행되는 기술

연구자의 즉흥적 결정이 자료의 질을 결정하므로 특정 종류의 기술craft은 자료 수집 과정에서 특히 중요하다. 여기서 논의되는 기술이 무엇인지 분명히 이야기하려면 자료 수집의 과정에서 구상conception과 실행execution을 구분해야 한다. 구상이란 자료 수집이 시작되기 전 설계 과정을 의미한다. 이를테면 인터뷰 대상자들을 하나의 표본으로 간주할 것인지 복수의 사례로 간주할 것인지, 많은 응답자를 연구할 것인지 소수의 응답자만을 연구할 것인지, 여러 번 인터뷰할 것인지 일회성 인터뷰로 만족할 것인지, 하나의 현장에 집중할 것인지 여러 현장에 초점을 맞출 것인지 등에 관한 설계다. 실행이란 연구자가 자료를 수집하는 동안 수행하는 행동, 즉 질문을 던지거나 다른 사람을 실시간으로 관찰하는 실천을 의미한다. 구상은 연구실에서, 실행은 현장에서 일어난다. 이 책은 설계와는 별개로 실행 단계를 우선해 다루며, 실행 단계에서는 연구자의 숙련성이 자료의 질 향상에 커다란 도움이 된다.

왜 구상에 초점을 맞추지 않는가

우리는 자료 수집을 어떻게 구상하는지에는 초점을 맞추지 않는다. 이러한 주제를 다루려면 별도의 책이 더 필요할 것이다. 첫 번째 이유는 설계 과정이 너무 많은 차원을 포함한다는 것이다. 여기에는 얼마나 많은 사람을 인터뷰해야 할지, 얼마나 길게 인터뷰해야 할지, 인터뷰 대상자를 어떻게 선택해야 할지, 하나의 현장을 선택할 것인지 아니면 다수의 현장을 선택할 것인지, 얼마나 자주 관찰해야 할지, 어느 정도로 깊이 관찰해야 할지 등등의 요소가 포함된다. 이 주제를 고려하면 추가로 다루어야 하는 이슈의 범위가 너무나도 넓다.

두 번째 이유는 어떤 연구 설계 방법이 가장 바람직한지뿐만 아니라, 특정한 연구 설계가 모든 질적 연구 프로젝트에 적용되어야 하는지 등 수많은 연구자의 의견이 일치하지 않기 때문이다. 설문 조사 연구에서 영감을 받은 질적 연구자는 무작위로 응답자가 선택될 수 있도록 모든 인터뷰 기반 연구가 보다 큰 표본을 가져야 한다고 믿는다. 실험에서 영감을 받은 연구자는 모든 에스노그라피 연구가 비교(또는 '통제')를 위한 현장이나 집단을 포함해야 한다고 믿는다. 실제로 질적 연구 설계에서 가장 논쟁적 작업 중 한 연구는 표본의 크기, 특정 확률에 기반을 둔 참여자 선정, 표집 편향 등등, 설문 조사 자료를 수집하기 위해 개발된 기준을 질적 자료를 수집하는 과정에도 똑같이 적용해야 한다고 제안하기도 했다.[50]

우리는 설문 조사나 실험에서의 자료 수집 원칙이 질적

자료 수집의 원칙이어야 한다거나, 인터뷰 연구가 반드시 큰 표본을 가져야 한다거나, 에스노그라피가 꼭 복수의 현장을 연구해야 한다는 명제에는 동의하지 않는다. 지난 한 세기 동안 가장 중요하고 크게 주목받은 여러 질적 연구들이 소수의 응답자 혹은 단 하나의 집단, 조직, 연구, 현장, 사건에 초점을 맞췄다.[51] 서로 다른 연구 목표를 위해서는 서로 다른 설계가 필요하며, 때로는 작은 표본과 하나의 장소에 관한 연구가 필요한 경우도 있다. 하지만 이 짧은 책의 범위 안에서 우리의 주장을 입증하는 것은 불가능하다. 또한 연구자들이 각자 특수한 설계를 옹호하면서 그것들이 다른 연구자에게도 보편적으로 쓰여야 한다며 내세우는 모든 근거를 평가하는 것 역시 불가능하다.[52] 앞으로 살펴보겠지만, 이러한 견해 차이는 우리의 논의에 영향을 미치지 않는다. 연구 구상에 대한 생각이 다르다고 해서 연구 실행에 관한 생각까지도 서로 달라야 하는 것은 아니기 때문이다.

그렇지만 어떻게 설계를 구상하는지와 관련해 한 가지 큰 원칙은 반드시 언급해야 한다. 이 원칙이 우리가 이 책 전체에 걸쳐 연구의 질을 묘사하기 위해 사용하는 여러 용어에 영향을 미치기 때문이다. 우리의 관점은 다음과 같다. '모든 방법은 자신이 가장 잘해 낼 수 있는 것을 얼마나 잘해 내는지를 기준으로 그 성공 여부를 판단해야 하며, 다른 방법이 더 잘할 수 있는 것을 얼마나 더 잘 따라 했느냐를 기준으로 삼지 않는다.' 큰 표본 기반의 설문 조사는 큰 모집단을 정확하게 묘사하는 데 최적화된 수단이다. 실험 연구는 통제된 상황에서 한 변인의 효과를 정확하게 판단하는 데 적합하다. 참여 관찰은 현상을 있는 그대로의 맥락에서 관찰하는 데, 심층 인터뷰는 사람들이 자기 자신과 자신이 처한 상황을 어떻게 이해하는지를 명시적으로 이끌어 내는 데 적합하다. 각 과제를 성공적으로 수행하는 데 필요한 기법은 서로 다르다.

각각의 작업에는 자체적 평가 기준이 필요하다. 예를 들어, 성공적인 설문 조사에는 반드시 충분히 큰 표본이 필요하다. 하지만 큰 표본이 지닌 특성이 양질의 인터뷰 연구를 하는 데는 도움이 될지 몰라도 인터뷰 기반 연구에 '필수적'이지는 않다. 마찬가지로, 잘 선택된 비교 집단, 즉 통제 집단은 성공적 실험에 필수적이지만 성공적인 에스노그라피를 위해 꼭 필요한 것은 아니다. 실험실에서 이루어지는 실험을 연구 참여자가 큰 모집단에서 특정 확률에 기반을 두고 선택되었는지로 평가하지 않듯이, 그리고 설문 조사를 연구 응답자가 실험군에 무작위로 할당되었는지로 평가하지 않듯이, 개방형 인터뷰나 참여 관찰의 핵심 장점과는 큰 관련이 없는 평가 기준이나 용어로 그것들을 평가해서는 안

된다. 이러한 이유에서 우리의 논의에서는 '선택 편향,' '표집 편향,' '분산,' '대조군' 같은 용어는 사용하지 않을 것이다.●

심층 인터뷰의 핵심 장점을 고려할 때, 심층 인터뷰는 사람들이 어떻게 자신과 자신의 상황을 이해하는지를 연구자가 성공적으로 끌어냈는지에 따라 평가되어야 한다. 참여 관찰의 강점을 고려한다면, 참여 관찰은 에스노그라퍼가 사회 현상을 그 맥락 안에서 성공적으로 관찰했는지에 따라 평가되어야 한다. 우리의 과제는 '성공적으로effectively'라는 말이 각 사례에서 정확히 무엇을 의미하는지 구체화하는 것이다.

왜 기술에 집중하는가

하지만 독자가 용어 사용에 대한 우리의 관점에 동의하거나, 연구 설계와 자료 분석에 관해 특정한 접근을 택해야만 이후 논의할 내용을 따라올 수 있는 것은 아니다. 용어 사용, 연구 설계, 자료 분석 같은 이슈는 현장에서 실제로 실행되는 기술에 대한 논의를 포함하지 않기 때문이다. 많은 장인 업계에서 그렇듯이 질적 연구에서도 기술의 수준을 평가할 때는 전문

● 물론 이런 개념이 질적 현장 연구를 수행하면서 누군가가 고민하는 쟁점과 맞닿아 있을 수도 있다. 그런 지점들이 등장할 때는 따로 논의할 것이다. 그러나 앞으로 보여 줄 것처럼, 질적 현장 연구에서 생겨나는 고민은 사실 양적 연구 개념의 관심과는 완전히 다른 질문에 의해 촉발된다.

가들 사이에 큰 이견이 보이지 않는다. 덴마크의 가구 장인과 일본의 사시모노● 장인은 수납장을 구상하며 설계하는 방식이 상당히 다르겠지만 서로 각자의 작업에서 숙련된 기술이 사용되었음을 분명히 알아볼 수 있다. 마찬가지로, 여러 유형의 현장 연구자들은 프로젝트에 접근하고 이를 구상하며 설계하는 데 서로 이견을 보이는 것이 일상이지만, 이들은 인터뷰 기반 연구자가 대화를 통해 어떻게 자료를 끌어냈는지, 또는 어떻게 에스노그라퍼가 신뢰를 얻고 맥락을 포착했으며 현장 기록을 생산했는지 등등 실제 실행된 기술의 수준이 높았는지를 알아보는 데는 서로 동의한다.

따라서 이 책은 연구자들의 연구 프로젝트에 대한 분석적 접근이나 방법론적 구상 방법에 대한 수많은 이견이 아니라, 현장에서 실제로 실행되는 기술에 대해 연구자들이 일반적으로 합의하는 지점에 관심을 가진다.

마지막으로, 기술에 초점을 맞추기는 하지만 우리의 최종 목표는 현장 연구 방법에 대한 지침이 아닌 평가 방법을 가이드하는 것임을 언급하고 싶다. 현장 연구를 수행하는 방법에 관심이 있는 독자에게는 시중에 이미 출간된 여러 교재

● 사시모노는 나사를 쓰지 않고 나무로 된 조각만을 조립해 만드는 일본식 나무 수납장을 말한다. — 옮긴이

를 추천한다.[53] 에스노그라피적 관찰 연구를 위한 교재는 상당히 많으며 이 외에도 최근 출간된 많은 경험 연구 저술에 부록으로 첨부된 방법론 논의를 참조해 보완할 수도 있다.[54] 사회과학 방법으로서 인터뷰에 관한 논문집은 아마 에스노그라피에 비하면 상대적으로는 적지만 꽤나 많이 출간됐으며 마찬가지로 수많은 방법론 부록을 참조할 수 있다.[55] 또한 우리는 연구자가 직접 질적 연구를 수행할 수 있는 유능한 현장 연구자로 성장하는 것을 목표로 삼기 바란다. 인터뷰와 관찰 자료 수집을 위한 기술은 직접 해 보지 않으면 결코 배울 수 없기 때문이다. 하지만 현장 연구를 수행하지 않은 사람도 현장 연구를 읽으며 그 성취quality를 알아보는 방법을 배울 수 있다. 마치 톱을 단 한 번도 잡아보지 않은 사람도 정교한 일본산 가구를 감상할 수 있듯이 말이다.

이어질 내용

이후 이어지는 다섯 개의 장에서는 자료 수집이 잘 이루어진 경험 연구와 그렇지 못한 경험 연구를 구분하기 위한 지표를 하나씩 제시한다. 이 다섯 가지 지표만이 훌륭한 질적 연구를 규정하는 것은 아니며, 다른 현장 연구자도 손쉽게 다른 지표를 추가할 수 있을 것이다. 또한 훌륭한 질적 연구가 반드시 이 다섯 가지 기준을 모두 충족해야 하는 것도 아니다. 다만, 다섯 기준은 중요하면서도 훌륭한 질적 연구에서 보편적으로 발견할 수 있다.

하나의 전제 조건: 접촉

하지만 다섯 가지 기준과 별도로 훌륭한 현장 연구 프로젝트라면 모두가 가지고 있는 하나의 전제 조건이 있다. 바로 높은 정도의 '접촉exposure'을 보여 준다는 것이다. 에스노그라피적 관찰과 심층 인터뷰의 장점은 각각의 방법이 사회적 세계 혹은 그 세계 속에서 살아가는 사람들과 직접 접촉한다는 점이다. 접촉이 많아질수록 더 좋은 자료가 나온다. 인터뷰 연구에서는 연구자가 응답자들과 대화하는 데 쓰인 시간에 따라 접촉 정도가 결정되며, 연구자들은 일반적으로 더 많은 시간의 인터뷰가 더 나은 자료로 귀결된다는 데 동의한다. 참여 관찰에서는 연구자가 현장을 경험한 시간에 따라 접촉 정도가 결정된다. 에스노그라퍼들 역시 일반적으로 현장에서 더 많은 시간을 보낼수록 더 나은 자료가 생산된다는 데 동의한다.

하지만 연구자들은 접촉을 달성하는 방법에 관해서는 서로 다른 의견을 내놓는다. 설문 조사에서 영향을 받은 연구자들은 큰 표본이 양질의 자료를 위한 전제 조건이라고 믿지만 이러한 믿음은 접촉이라는 개념에 대한 하나의 해석일 뿐이지 반드시 그러한 것은 아니다. 120명의 인물을 1시간씩 인터뷰한 연구는 40명의 인물을 3시간씩 네 번 인터뷰한 연구에 비해 인터뷰 응답자와의 접촉이 훨씬 적을 것이다. 첫 번째 연구는 120시간 동안 접촉했지만 두 번째 연구는 480시간이나 접촉했다. 관점이 서로 다른 연구자들이라면 두 접근 중 어떤 것이 더 바람직한지 의견이 다를 것이다. 어떤 연구자는 큰 표본이 언제나 더 낫다고 주장할 것이고, 또 어떤 연구자는 단발성의 인터뷰는 늘 의심스럽다고 주장할 것이다. (우리처럼) 여전히 둘 중 어떤 접근이 좋은지는 연구 질문에 따라 다르다고 이야기하는 연구자도 있을 것이다. 그러나 다른 모든 조건이 동일하다면 연구자는 480시간 동안 접촉해 획득한 자료가 120시간 동안 접촉해 획득한 자료보다 훨씬 방대하다는 점, 그리고 경향적으로 더 많은 양의 자료가 인터뷰 대상자에 대해 더 나은 '질적' 통찰을 생산해 낸다는 점에 동의할 것이다. 이러한 차이는 어째서 '표본의 크기'가 인터뷰의 질을 평가하는 데 유용하지 않은 지표인지, 반면 표본 크기까지 포괄하는 보다 일반적 아이디어로서의 접촉에 대해서는 별다른 논쟁의 여지가 없는지 설명해 준다.

마찬가지로, 실험이나 비교 관점의 연구자들은 다수의

장소를 연구하는 것이 훌륭한 에스노그라피를 위한 전제 조건이라고 생각할지도 모른다. 그러나 매주 20시간씩 총 10주 동안 4개의 현장을 관찰하는 연구는 매주 20시간씩 총 18개월 동안 한 현장을 관찰하는 연구보다는 훨씬 적게 현장과 접촉할 것이다. 첫 번째 연구는 800시간 동안, 두 번째 연구는 1,560시간 동안 현장과 접촉했다. 둘 중 더 나은 접근이 무엇인지는 연구자마다 생각이 다를 것이다. 그러나 1,560시간 현장을 접촉해 획득한 자료가 800시간 동안 접촉해 획득한 자료보다 방대하고, 하나의 현장에서 시간을 더 많이 보낼수록 그곳에서 일어나는 일들에 대해 더 나은 통찰을 얻는다는 데는 거의 틀림없이 동의할 것이다. 인터뷰 연구에서와 마찬가지로, 이러한 차이는 어째서 에스노그라피 연구의 질을 평가하는 데 사례나 현장의 수가 유용한 지표로 활용되는 경우는 거의 없는지, 반면 더 많은 접촉에 대해서는 대부분의 에스노그라퍼들이 동의하는지를 설명해 준다.

따라서 우리는 모든 양질의 질적 자료가 지니는 핵심 전제 조건은 '표본 크기'나 '대조군,' 혹은 '대표성'이 아니라고 본다. 이 모든 기준은 질적 연구 방법이 아닌 다른 방법에 필수적인 기준이며, 일부 질적 연구에는 유용할 수도 있겠지만 모든 질적 연구에 필요한 것은 아니다. 좋은 질적 연구의 핵심 전제 조건은 접촉이다.

다섯 가지 지표

접촉은 기본적 토대이지만 보증 수표는 아니다. 이어지는 장에서는 유능한 연구자가 충분한 접촉을 경험했을 때 현장에서 무슨 일이 일어나는지, 즉 자료를 생산하는 과정에서 연구자가 무엇을 성취할 수 있을지 소개한다.

1장에서는 '인지적 공감cognitive empathy'을 살펴본다. 인지적 공감이란 연구자가 관찰 대상을 그들이 자신을 이해하는 방식에 얼마나 가깝게 이해했는가를 의미한다. 이런 종류의 이해 — 사람들이 무엇을 인식하는지, 그것이 그들에게 무엇을 의미하는지, 무엇이 그들에게 동기를 부여하는지 등에 대한 이해 — 는 많은 질적 연구의 목표다. 현장 연구자가 이러한 이해를 얼마나 성취하는지는 자료 수집 전략에 직접적으로 달려 있다. 인터뷰에서의 전략은 참여 관찰에서의 전략과는 다르다. 우리는 완성된 인터뷰 및 참여 관찰 연구에서 각각의 전략을 어떻게 알아볼 수 있을지 독자에게 보여 줄 것이다. 1장뿐 아니라 이후 이어지는 네 개의 장에서도 가상의 예시를 통해 자료 수집 전략을 묘사한 후 실제 발표된 연구 사례를 제시한다.

2장은 '다원성heterogeneity'에 초점을 둔다. 다원성이란 묘사된 사람들이나 장소가 얼마나 다양하게 재현되는가를 의미한다. 연구 대상에 대한 높은 접촉 결과, 연구자는 그 이전에는 볼 수 없었던 차이를 감지할 수 있게 된다. 이는 연구자가 인지적 공감을 획득했다는 신호다. 인터뷰 기반의 연구와 참여 관찰 연구 모두에서, 다원성을 밝혀내지 못한 연구는 궁극적으로는 설득력이 떨어진다는 점을 보여 줄 것이다.

3장은 '구체성palpability'에 집중한다. 구체성이란 제시된 증거가 추상적이지 않고 얼마나 사실적인가를 의미한다. 앞서와 마찬가지로 '구체성 있는' 증거가 어떤 모습일지는 해당 프로젝트가 인터뷰 기반 연구인지 관찰 연구인지에 따라 다르다. 하지만 두 경우 모두에서 독자는 높은 수준의 구체성을 가진 증거를 통해 참여자의 실제 경험에 가깝게 다가갈 수 있다. 앞으로 살펴보겠지만, 증거에 구체성이 부족하면 연구 결과물의 경험적 설득력은 확연하게 떨어진다.

4장은 '추적follow-up'에 초점을 맞춘다. 추적이란 연구자가 자료를 수집하는 과정에서 새롭게 떠오른 질문에 대답하기 위해 얼마나 자료를 수집했는가를 의미한다. 자료 수집 전 예상하지 못했던 질문에 대답하기 위해 추가적인 자료를 모으는 것은 현장에 반응하는 방식이자, 훌륭한 현장 연구가 인터뷰하거나 관찰하는 사람들의 경험에 한층 더 가까이

다가가기 위해 사용하는 수단이다. 현장 연구자가 연구에서 발견한 예상치 못한 질문에 모두 답하는 것은 불가능하다. 하지만 우수한 연구들은 대부분 꼼꼼한 추적을 수반한다.

5장은 '자기 인식self-awareness'에 초점을 맞춘다. 다른 지표보다는 다소 일반적이지만 우리는 이 용어를 연구자의 존재와 연구자가 지닌 전제가 인터뷰나 관찰 대상에게 미치는 영향을 연구자 스스로 얼마나 잘 이해하는지로 한정해 정의한다. 앞서 언급했듯이 자료 수집 방법으로서 인터뷰와 관찰이 지닌 핵심적 어려움은 자료가 단순히 수집되는 것이 아니라 생산되며, 연구자가 불가피하게 자료 그 자체에 포함될 수밖에 없다는 것이다. 연구자는 이러한 사실이 지닌 함의를 서로 다른 방식으로 받아들인다. 이러한 차이는 연구자가 자신이 현장에서 내린 결정과 그 결과로 생산된 경험적 자료에 관해 서술하는 방식에서 알아볼 수 있다.

결론에서는 이 책을 시작하게 만들었던 보다 넓은 주제로 돌아간다. 질적 연구, 그중에서도 특히 축적 지향의 사회과학cumulative social science에 기여하고자 하는 작업을 평가하기 위한 표준이 분명히 제시되어야 한다는 점이다. 인지적 공감, 다원성, 구체성, 추적, 자기 인식에 대한 우리의 주장은 다양한 연구자가 동의할 수 있는 지표를 도입하고, 여러 연구자가 이미 믿고 있는 생각을 좀 더 명확히 표현하고 정리하려는 시도다. 우리가 사용하는 용어 중 일부가 생경할지도 모르지만, 경험이 많은 현장 연구자라면 우리가 서술한 내용의 대부분을 이해할 것이다. 여기에서 논의된 많은 쟁점이 암묵적으로는 받아들여져 왔지만 명시적으로 표현되고 정리된 적은 거의 없었기 때문이다. 우리는 우리가 열거한 다섯 가지 지표를 넘어 다른 현장 연구자들이 또 다른 지표를 어렵지 않게 추가할 수 있다고 보며, 또 그러기를 바란다. 우리가 제시한 내용에 근거해 추가적 논의를 전개하는 것 자체가 우리의 더 큰 주장, 즉 경험적으로 설득력 있으면서도 과학성을 추구하는 현장 연구가 지식을 축적하는 데 꼭 필요하다는 주장을 뒷받침하는 직접적 증거가 될 것이기 때문이다.

1

인지적 공감

여러 질적 연구가 각기 다른 방식으로 증거에 접근한
다. 연구를 통해 무엇을 하려는지, 어떻게 이론을 사용
하는지, 어떻게 자료를 분석하는지 연구마다 다르기 때문이
다. 하지만 이와 별개로 좋은 현장 기반 연구는 언제나 명확
한 인지적 공감의 흔적을 보여 준다. 질적 경험 연구가 추구
하는 여러 주요한 목적 중에서도 인지적 공감은 인터뷰나 관
찰의 대상이 세계와 자신을 어떻게 바라보는가를 연구자가
그들의 관점에서 이해했는지 가늠할 수 있는 척도가 된다.[56]

　다른 이들이 말한 것을 기록할 수 있다고 해서 인지적
공감이 가능한 연구자라고 볼 수는 없다. 왜냐하면 단순히
기록만을 한다면 연구자는 그 대상의 관점에서 그들의 시각
을 이해할 필요가 없기 때문이다. 만일 누군가가 임신중절은
곧 한 생명을 죽이는 것과 같다는 신념을 지녔다면, 연구자
는 그 사람이 왜 그러한 신념을 가지게 되었는지, 왜 다른 신
념은 이 신념만큼 강하지 않은지, 이 신념이 어떤 중요성을
지니는지 등을 굳이 이해하지 않더라도 그것을 기록할 수 있
다. 인지적 공감은 타인이 이해하는 것을 이해하는 능력을
말하며, 이는 그 정도에 따라 연구의 질에 영향을 미친다. 연
구자가 인지적으로 공감하면 할수록, 연구자는 타인의 관점
을 더 정확하게 기술하고, 그 관점이 대상에게 어떤 의미를
지니며 어떻게 형성되었는지 등을 드러내고, 그것이 얼마나

합리적이고, 성찰적이며, 일관성 있는지 등을 설명할 수 있다. 또한 타자가 다른 문제를 어떻게 생각하는지 짐작해 보거나, 그 대상에게 우리가 이해했다는 확신을 줄 수도 있다.

공감empathy과 연민sympathy이 다르다는 점은 중요하다. 스몰이 최근 논의했듯이, "연민은 타인이 겪는 어려움에 대한 동정이나 슬픔의 감정인데 반해, 공감은…… 타인이 겪는 곤란을 그가 이해하는 방식 그대로 이해하는 것이다. 가령, 한 직장 동료가 회의 중 다른 사람에게 소리를 지른다면, 그에게 안쓰러운 마음을 느끼지 않아도 혹은 그가 무례하다고 생각하면서도 우리는 왜 그가 소리를 질렀는지를 이해할 수 있다. 이러한 이해는 타인이 어떻게 보는지를 알 수 있는 능력에서 나온다. 반대로, 장기간 굶주린 고통이 어떤 것인지 이해하지 않아도 영양실조에 걸린 아이에게 연민을 느낄 수 있다. 동정심을 갖는 데 공감이 필요한 것은 아니다."[57] 많은 현장 연구자가 자신이 연구하는 이들에게 연민을 느낀다. 하지만 연구자가 연구 대상에게 연민을 느끼는지 아닌지는 좋은 경험 연구의 기준이 될 수 없다. 오히려 훌륭한 현장 연구자는 자신이 만난 사람들을 연민하거나 동정하지 않는다.[58]

공감과 연민의 차이는 너무나 명확해 보이지만 많은 연구와 언론 보도가 실제로는 연민의 태도를 보이면서 자신의 작업을 공감이라고 표현하곤 한다. 앞으로 더 이야기하겠지만, 사실 많은 경험 연구가 공감보다는 연민에 기대고 있기에 그리 성공적이지 못한 결과로 이어진다. 연구 대상이 어떻게 세계를 바라보며 왜 그렇게 바라보는지 이해하기보다 연구 대상의 입장에서의 연대감을 강조하는 것이다.

연구자는 여러 측면에서 타인의 경험에 인지적으로 공감할 수 있다. 여기에서는 그중 중요한 세 가지 측면에 초점을 맞춘다. 첫 번째는 '인식perception'이다. 연구자는 사람들이 자기 자신이나 사회적 세계를 어떻게 바라보는지를 이해한다. 두 번째는 '의미meaning'다. 연구자는 사람들이 보고말하고 행하는 것을 그들 스스로가 어떻게 해석하는지를 이해한다. 세 번째는 '동기motivation'다. 연구자는 사람들이 자신의 행위 이면에 있는 이유라고 표현하는 것을 이해한다. 인식을 이해하는 것은 좋은 현장 연구의 가장 기본적인 최소 조건이지만, 의미와 동기에 대해 얼마나 많은 것을 보여줄 수 있는지는 경험 연구에 따라 차이가 있다. 이어지는 글에서는 연구자가 연구 대상을 그들이 자신을 이해하는 방식그대로 이해했다는 점을 연구에서 어떻게 보여 줄 것인지이야기해 본다. 논의의 배경에서부터 이야기를 시작해 보자.

배경

타자의 관점에서 이해하기

타자의 관점에서 이해한다는 생각은 아주 오랫동안 여러 사상가에게 영감을 주었다. 애덤 스미스Adam Smith는 도덕 morality이 자신이 "동료애fellow-feeling"라 부른 것, 즉 "[타인의] 상황에 처해 있다면 어떻게 느낄 것인지에 관한 상상"[59]에 뿌리내려야 한다고 말했다. 타자의 입장에서 생각하는 일은 타자의 행동에 대한 가치 판단에 필수적이며 따라서 도덕적 행위의 핵심이었다. 조지 허버트 미드George Herbert Mead는 이를 더욱 강조했다.[60] 그는 자신을 "나self"로 이해하는 한 인간이 되기 위해서는 반드시 타자의 눈을 통해 자신을 바라보아야 한다고 생각했다. "개인은…… 타자가 자신의 대상인 것처럼, 또는 타자가 자신의 경험 안에서 하나의 대상으로 나타나는 것처럼 스스로가 자기자신에 대한 대상이 될 때…… 자신의 경험으로 들어간다…… 나와 타자가 얽혀 있는 경험과 행위의 사회 환경, 맥락 안에서 스스로를 향해 타자로서의 태도를 취할 때만 비로소 자신을 대상으로 바라볼 수 있다."[61] 미드에게 타자의 입장에서 생각할 수 있는 능력은 자아 충족감self-fulfillment을 완성하기 위해 필수적이었다. "만약 한 인간이 자신의 자아를 완전히 개발하려면…… 보편적인 사회 활동의 여러 단계와 측면을 향해, 타자가 자신에게 혹은 타자가 또 다른 타자에게 취하는 태도와 같은 방식의 태도를 보여야 한다. 나와 타자는 조직화된 사회와 사회 집단의 구성원으로서 모두 관계 맺고 있기 때문이다."[62]

이처럼 타자를 이해하는 일은 당시 막 싹트던 사회에 대한 과학적 접근의 핵심이었다. 미드를 포함한 여러 사상가는 '이해Verstehen'의 개념에 토대를 두었는데, 이는 타자에 대한 이해를 지칭하기 위해 19세기 독일 사상가들이 발전시킨 개념이었다.[63] 가령, 빌헬름 딜타이Wilhelm Dilthey는 인간의 행동이 의미로 가득 차 있으며, 이를 이해하기 위해서는 반드시 해석되어야 한다는 점에서 "인문학"이 자연과학과는 구분된다고 보았다.[64] 더 나아가, 딜타이는 이러한 과정에서 반드시 타자의 삶을 경험해야 한다고 생각했다. "타자와 타자의 삶이 표현하는 것들을 이해하는verstehen 작업은 체험lived experience…… 그리고 스스로에 대한 이해와 지속적 상호 작용을 이해하는 일에 토대를 둔다."[65]

유사한 맥락에서 '이해'를 개념화하는 데 가장 영향력을 미친 사상가는 아마 막스 베버Max Weber일 것이다. 그에게 이해는 사회과학의 근간이었다. 《경제와 사회Economy and Society》 제1권 제1장에서, 베버는 과학으로서의 사회학이

"사회적 행동에 대한 해석적 이해," 다시 말해 사람들이 자신이 하는 일에 의미를 부여하거나 타자의 행동을 고려하면서 행하는 모든 행동에 대한 해석적 이해를 가장 먼저 탐구해야 한다고 주장했다.[66] 베버에게 사회학의 핵심 목적 중 하나는 타자의 행동을 이해하는 것이었고, 타자의 행동을 이해하기 위해서는 해석이 필요했다. 딜타이의 모델에서처럼, 이해와 해석은 베버에게도 언제나 한 쌍으로 존재했다. 사회적 행동을 연구하는 것은 곧 사람들이 자신의 행동에 대해 부여하는 의미를 연구하는 것과 다름없었기 때문이다.

인식, 의미, 동기

딜타이와 베버를 비롯한 여러 사상가가 이야기했던 '이해'는 우리가 인지적 공감이라 부르는 개념과 상응한다. 질적 연구자라면 최소한 인식, 의미, 동기의 세 측면에서 이러한 종류의 이해에 도달할 수 있어야 한다. 이 중 인식은 인지적 공감과 관련된 모든 연구의 기반이며, 타인이 자신을 어떻게 인식하는지, 자신을 둘러싼 세계를 어떻게 인식하는지를 일컫는다.

의미란 사람들이 자신이 보고 생각하고 말하고 행하는 것에 부여하는 중요성이다. 만약 연구자가 의미를 이해하려한다면, 이는 엄밀히 말해 인간의 행동과 인식이 "의미로 가득 차 있다meaningful"라는 점에서 다른 동물의 행동이나 인식과는 다르다는 독일 낭만주의 사상을 따르는 것이다.[67] 클리퍼드 기어츠Clifford Geertz가 이야기했듯, "막스 베버와 마찬가지로, 나는 인간이 스스로가 자아 만든 의미의 그물에 매여 있는 동물이며, 문화란 바로 그 그물망이라고 본다. 따라서 문화의 분석은 법칙을 찾는 실험 과학experimental science이 아니라 의미를 찾는 해석 과학interpretive science이 되어야 한다."[68] 연구 목적은 곧 인식, 행동, 발화가 사람들에게 어떤 의미인지를 이해하는 것이다. 연구자가 어떤 인구 집단이 결혼에 부여하는 중요성을 이해하려고 하는 것처럼 말이다.[69]

동기는 좀 더 까다롭다. 베버는 동기를 "행위자 자신이나 관찰자에게 행동의 적절한 근거로 보이는 주관적 의미의 복합체"라고 설명한다.[70] 달리 말해, 동기가 있는 행동이란 행위자가 특정한 목표나 결과를 마음속에 그리면서 행하는 행동이다. 동기는 그 자체가 의미로 가득 차 있다. 따라서 사람들이 자신의 행동에 부여하는 의미를 이해하는 것, 즉 자신이 한 일을 어떻게 해석하고 설명하는지를 이해하는 것은 동기를 이해하는 작업의 일부다.[71] 하지만 동기를 이해하는 일에는 행동을 한 사람 스스로가 자신이 행동하도록 이끈 것이 무엇이라고 생각하는지를 이해하는 일 역시 포함된다. 사람들은 목표를 이루기 위해서나 어떤 의도를 가지고 자신이 행동한다고 생각하지만, 모든 행동에 반드시 동기가 있는 것은 아니다. 오히려 많은 행동이 반사적으로 혹은 별다른 생각 없이 습관적으로 이루어지며, 실질적으로 유의미한 동기가 없는 경우도 있다. 그러므로 사람들의 행동에 대한 인지적 공감을 얻기 위해서는, 그 행동이 무엇을 의미하는지 혹은 전혀 의미를 지니지 않은 행위인지, 그 행동의 동기가 무엇인지 혹은 아무런 동기가 없는 행동인지 이해해야 한다.[72]

또한, 동기가 있는 행동이라 할지라도, 누군가에게 어떤 행동을 하게 한 동기가 무엇인가를 이해하는 일은 그 행위의 원인을 이해하는 일과는 다르다. 먼저, 궁극적 원인은 인식이나 이해, 심지어는 개인의 경험을 넘어서는 차원에 존재할 수 있다. 동기는 언제나 행동과 근접해 있지만, 원인은 행위와 그리 가깝지 않으며 멀리 떨어져 있을 수도 있다.[73] 둘째, 하나의 행동에도 동기가 여럿일 수도 있다. 누군가가 자신의 동기를 설명한다 해도 전체 이야기의 일부일 수도 있다. 여러 동기 중 일부는 인지적 공감을 통해 포착할 수 있겠지만, 어떤 동기를 포착하는 데는 또 다른 방법과 기법이 필요하다.

인식, 의미, 동기는 직접 관찰할 수 없다. 연구자는 다수의 인터뷰를 수행하거나 그 밖에 다양한 노력을 동원하여 행위로부터 인식, 의미, 동기를 이끌어 내야 한다. 더구나 인식,

의미, 동기는 온전하게 또는 완벽하게 포착할 수 없어서 인지적 공감을 얼마나 포착하느냐는 문제일 수밖에 없다. 하지만 어느 정도 성공적으로 포착해 낼 수는 있다. 그리고 연구자가 사람들의 말과 행동을 통해 인식, 의미, 동기를 해석하는 것처럼, 그 연구를 읽고 평가하는 사람들도 연구 결과를 통해 현장 연구자의 능력을 평가해야 한다. 그것이 어떻게 가능한지 인터뷰 기반의 연구에서부터 시작해 살펴보자.

심층 인터뷰에서의 인지적 공감

인터뷰하는 연구자에게는 녹취록이 곧 자료다. 인지적 공감에 주의를 기울이는 연구자라 하더라도, 오직 자료 안에 인지적 공감이 반영된 만큼만, 달리 말해 인터뷰 자체에서 대상의 인식, 의미, 동기를 밝혀낸 만큼만 자신이 획득한 이해를 독자에게 명확하게 전달할 수 있다. 연구에서 무엇을 읽어 내야 하는지 아는 독자라면 인터뷰가 인지적 공감을 자료 수집 과정에 잘 반영했는지를 그리 어렵지 않게 알아볼 수 있다. 인식에서부터 출발해 보자.

인식

가상의 예시를 드는 것이 논의를 진행하는 데 도움이 될 것이다. 다음 글을 보자.

열일곱 살인 마리아는 인구 대다수가 흑인이고 빈곤율이 높은 필라델피아의 한 동네에 산다. 마리아가 말했다. "이 동네를 좋아하지 않아요. 여기에서 빨리 벗어나고 싶어요. 학교 상담 선생님은 성적이 좋아서 펜실베이니아주립대에 갈 수 있을 거래요. 하지만 장학금을 받으려면 SAT(Scholastic Assessment Test)를 잘 봐야 해요. 빨리 벗어나고 싶어요."

한 10대 청소년이 자신이 사는 동네를 어떻게 생각하는지 보여 주는 논리적 기술이다. 하지만 이 글은 마리아가 동네를 어떻게 바라보는지에 대한 이해가 부족하다. 연구자는 (다시 한번 말하지만, 연민을 느끼는지와는 무관하게) 마리아의 인식에 공감하지 못했거나 그게 아니라면 의도적으로 자료를 보여 주지 않고 있다.

연구자가 마리아가 인식하는 것 중 한 측면, 즉 그녀가 동네를 어떻게 바라보는지를 이해하는 데만 관심을 지녔다고 가정해 보자. 이 글에서는 마리아가 자기 동네에서 무엇을 인식하는지 전혀 알아낼 수가 없다. 이 지역의 인구 대부분 흑인이고 빈곤율이 높아서 다양한 이야기를 상상해 볼 수 있겠지만, 그런 이야기는 자료가 아닌 그저 상상력의 산물일 뿐이다. 더 심각한 것은 이런 이야기는 여러 연구나 영화, 선입견 등을 통해 알려진 것일 뿐, 마리아가 사는 지역과 직접적 관련이 전혀 없다는 점이다.[74] 기본을 갖춘 연구자라면 최소한 마리아에게 질문을 던졌어야 한다.

열일곱 살인 마리아는 인구 대다수가 흑인이고 빈곤율이 높은 필라델피아의 한 동네에 산다. 마리아가 말했다. "이 동네를 좋아하지 않아요." 나는 물었다. "그래요? 왜요?" "메스꺼워요. 여기 사람들 도저히 못 견디겠어요. 빨리 벗어나고 싶어요."

이 글에서는 훨씬 더 나은 인지적 공감으로 나아간다. 연구자, 그리고 이제 독자도 그녀가 적어도 두 가지 이유에서 동네를 좋아하지 않는다는 점을 이해했다. 하나는 이 동네의 겉모습을 싫어한다는 것이고, 또 다른 하나는 이 지역에 사는 사람들을 싫어한다는 것이다. 또한 우리는 적어도 마리아가 이웃들에게 부여하는 의미 중 한 가지, 즉 (뒤에서 좀 더 논의할) 메스꺼움을 알게 되었다.

하지만 여전히 그녀를 많이 이해하지는 못했다. 마리아가 동네를 이해하는 방식대로 마리아가 머릿속에 그리는 것들을 따라 그려 볼 수 없기 때문이다. 공간, 사람, 문화적 대상에 대한 재현으로서의 이미지는 인식의 핵심이다. "메스

껍다"라거나 "여기 사람들"이라는 표현은 다양한 방식으로
그려질 수 있기에 상상의 가능성은 아주 많이 열려 있다. 하
지만 우리가 머릿속에 그리는 것이 마리아가 떠올리는 모습
과 같은지 알 수 없다. 더 능숙한 연구자라면 최소한 명시적
으로 질문을 던졌을 것이다.

열일곱 살인 마리아는 인구 대다수가 흑인이고 빈곤율이 높
은 필라델피아의 한 동네에 산다. 마리아가 말했다. "이 동네
를 좋아하지 않아요." 나는 물었다. "그래요? 왜요?" "메스꺼
워요." "뭐가 그렇게 메스꺼워요?" "딱 보면 알잖아요? 사람들
은 쓰레기를 아무 데나 버리고 시에서는 쓰레기 차를 한 달에
한 번 겨우 보내요. 바보 같은 그라피티랑 갱단 마크도 아무
데나 널려 있어요. 패거리를 지어서 다니든 말든 누가 신경이
나 쓰나요? 현관 앞은 아무도 안 치우고 인도에는 쓰레기가 널
려 있어요. 바비큐 파티를 하고 치우지도 않아서 쿠킹 포일이
막 굴러다녀요. 버스정류장 옆에 가면 찌든 냄새가, 죄송해요,
지린내가 진동해요. 여기 사람들도 도저히 못 참겠어요. 빨리
벗어나고 싶어요. 학교 상담 선생님은 성적이 좋아서 펜실베
이니아주립대에 갈 수 있을 거래요."

이제 독자는 마리아가 인식하는 것을 더 잘 이해하고

더 선명한 그림을 얻게 되었다. 인터뷰 과정에서, 연구자가 이해하지 못했을 법한 내용을 마치 이해한 것처럼 지레짐작하지 않았기 때문이다.

앞선 예시에서, 우리는 논의를 위해 연구자가 참여 관찰을 수행하지 않았다고 가정했다. 지금 우리가 다루는 연구 질문에서 참여 관찰 수행 여부는 인터뷰를 성공적으로 해내는 데는 그리 중요치 않다. 연구자가 이 지역에서 1년을 보내서 마리아가 메스껍다고 표현한 것에 특정한 견해를 가졌다 하더라도, 이는 마리아가 왜 메스껍다고 보았는지 이해하는 일과는 전혀 다른 일이기 때문이다.

의미

인터뷰를 통해 연구자는 마리아가 인식하는 것에서 더욱 선명한 그림을 도출해 냈다. 그뿐 아니라 그녀가 부여하는 의미도 포착해 냈다. 우리는 그전에도 "메스껍다"라는 표현을 들었지만 실제로 마리아가 무엇을 말하고자 했는지는 알 수 없었다. 메스꺼움을 추상적으로 이해하기는 했지만 이 동네의 어떤 특징 때문에 그렇게 이야기하는지는 알지 못했다. 이제 우리는 마리아가 쓰레기, 그라피티, 바비큐 파티의 흔적, 지린내 때문에 이 동네를 혐오한다는 것을 이해한다.

마리아가 이런 표현과 자기 동네에 부여하는 의미를 이

해하는 일은 연구자나 독자가 가치 평가를 동반해 그녀의 의견에 동의하는가와는 전혀 관계가 없다. 우리의 목표는 연민을 느끼는 것이 아니라 공감하는 것, 즉 마리아의 인식과 그녀가 부여하는 의미에 동의하거나 반대하는 것이 아니라 그것을 이해하는 것이기 때문이다. 물론, 대부분의 사람은 쓰레기 냄새에 대해 불쾌감을 나타내겠지만 누군가는 마리아가 "메스껍다"라고 표현한 물리적 특성에 대해 다른 의미를 부여할 수도 있다. 가령 연구자는 그라피티가 바보 같기는커녕 오히려 다채롭고 창의적이라고 생각할 수도 있고, 바비큐 파티의 흔적을 피하고 싶기보다는 가족이나 공동체에 대한 추억을 불러일으킨다고 생각할 수도 있다. 하지만 인지적 공감에서 중요한 것은 이런 특징들이 정말 그러한지 혹은 많은 사람이 정말 그렇게 생각하는지도 아니고, 연구자가 그 특징을 어떻게 생각하는지도 아니다. 오직 인터뷰 대상이 어떻게 해석하는지가 중요하다.

동기

가장 처음 글에서 연구자는 마리아가 동네를 떠나고 싶어 하는 동기가 무엇인지를 서술했다. "이 동네를 좋아하지 않아요." 하지만 이 글에서 동기에 대한 이해는 그리 깊지 않다. 마지막 글에서 마리아의 동기에 대해 더 잘 이해할 수 있는데, 그녀가 동네의 어떤 면을 좋아하지 않는지 알게 되었기 때문이다. 그러나 연구자가 마리아의 인식과 의미를 이해하려 하지만, 여전히 이 글은 그녀가 동네를 떠나고자 하는 욕망 배후에 있는 동기에 대해서는 약간의 통찰만을 보여줄 뿐이다.

동기를 제대로 이해하려는 연구자가 마리아의 마지막 말에 어떻게 접근할 수 있을지 살펴보자. 연구자는 아마 동기에 대해 추가적 질문을 던졌을 것이다.

"버스정류장 옆에 가면 찌든 냄새가, 죄송해요, 지린내가 진동해요. 이런 사람들 도저히 못 참겠어요. 빨리 벗어나고 싶어요." "나간다고요? 왜요?" 나는 물었다. "네? 딱 보면 알잖아요? 내 말 들은 거 맞아요?" "음, 이 동네를 싫어하는 다른 친구들도 다 여기를 떠나고 싶어 하나요?" "네, 물론이죠. 다들 떠나고 싶어 하죠. 있잖아요, 남자애들은 '난 이 바닥에서 절대 안 떠날 거야' 이러는데 정말 멍청한 거예요. 한 여자 친구는 당장 대학 갈 생각은 없고 뭘 하고 싶은지 찾을 때까지 '지역 살리는 일' 같은 걸 하고 싶다고 하더라고요. 그런데 그건 그냥 지난해 삼각함수하고 영어 과목에 낙제해서 그렇게 말하는 거예요."

연구자는 특정한 인식이 반드시 어떤 행동의 동기를 암시한다고 전제하지 않음으로써 중요한 일을 했다. 동네에 대해 똑같이 인식하는 사람들도 동네를 떠나고 싶어 하느냐는 질문을 던져서, 마리아의 동기를 더 명확하게 이해할 수 있는 열린 공간을 만들었다. 개연성 있는 대안적 설명에 대해 질문을 던져 대상이 표현한 동기에 반응하는 기법이다. 이런 기법을 좀 더 활용해 볼 수도 있다.

"그럼 몇몇 과목에서 낙제했으면 마리아 씨도 여길 벗어날 생각을 안 했을 거라는 말인가요?" "중요한 건, 저는 제가 대학에 가고 싶다는 걸 안다는 거예요. 엄마가 열일곱 살에 저를 낳았어요. 나는 그렇게 안 살 거예요. 절대 안 되죠. 꼭 대학에 가야 해요. 학교 상담 선생님은 성적이 좋아서 펜실베이니아 주립대에 갈 수 있을 거래요. 하지만 장학금을 받으려면 SAT를 잘 봐야 해요. 빨리 벗어나고 싶어요."

이렇게 반사실적counterfactual 질문을 던지는 기법은 동기를 끌어내기 위한 여러 접근 중 하나일 뿐이고,[75] 그 이외에 다른 기법도 있다.[76] 여기에서 눈여겨봐야 할 점은 연구자가 동네를 떠나고 싶어 하는 마리아의 열망에 단 하나의 동기만이 있다고 가정하지 않았다는 것이다. 다양한 방식을 통해 동기를 더 깊게 조사하면 마리아 자신이 동기라 생각하는 것을 더 명확히 이해할 수 있다. 그녀의 열망은 최소한 동네에 대한 불쾌감과 어머니의 경험을 반복할지도 모른다는 공포, 그리고 학업적 성취가 가져다준 기회에서 비롯되었다.

전체적으로 보면 마지막 글이 첫 번째 글보다 더 길다는 점을 눈치챘을 것이다. 연구자가 인지적 공감을 획득하는 데는 많은 시간이 걸린다. 그리고 인지적 공감을 충실하게 보여 주는 좋은 인터뷰를 독자에게 전달하려면 연구자가 알맞은 시점에 알맞은 질문을 던졌다는 증거를 보여 줄 수 있는 충분한 지면이 필요하다.

또한, 마지막 글이나 그 이후 조금 더 추가된 글에서도, 한 사람이 한 동네를 어떻게 이해하며 그 함의가 무엇인지에만 천착한다는 점에 주목해야 한다. 질문이 복잡하면 복잡할수록 대상이 자신을 어떻게 이해하는지를 연구자가 이해한다는 점을 보여 줄 지면이 더 많이 필요하다. 인터뷰에 기반을 둔 훌륭한 연구 중 대다수가 논문이 아닌 단행본이고, 반대로 논문으로 쓴 인터뷰 기반 연구가 필연적으로 협소한 부분을 다룰 수밖에 없는 이유다.

연구 사례

여러 훌륭한 인터뷰 기반의 연구들이 매우 높은 수준의 인지적 공감을 보여 주며, 이러한 연구에서는 연구자가 연구 참여자들이 자신을 이해하는 방식에 가깝게 그들을 이해했다는 점이 선명하게 드러난다.● HIV(human immunodeficiency virus 인체면역결핍바이러스)를 지니고 살아가는 여성 — 대부분이 아프리카계 미국인 — 에 대한 셀레스트 왓킨스-헤이즈 Celeste Watkins-Hayes의 연구가 그 예가 될 수 있다.[77]●● "HIV 보균자 흑인 여성"이라는 표현은 이들의 외모가 어떤지, 어떻게 세계를 바라보는지, 소득 수준은 어느 정도인지, 투표 성향은 어떤지, 어떤 환경에서 살고 있는지 등, "임신중절이 불법이 되어야 한다고 생각하는 사람"만큼이나 수많은 이미지와 선입견을 불러일으킨다. 각종 미디어나 언론, 선행 연구를 통해 접하게 되는 선입견은 인간을 편견 없이 이해하려는 진지한 연구자에게는 커다란 위협이다.[78] 이러한 인구 집단을 연구하기 위해서는, 긍정적이든 부정적이든, 혹은 동정적이든 적대적이든, 연구자의 믿음이 연구 대상자가 자

● 예시로 제시할 수 있는 수많은 단행본과 논문이 있겠지만, 글의 간결함을 위해 장별로 두 가지 사례만 싣기로 한다. 하나는 인터뷰 기반 연구의 기준을 잘 보여 줄 수 있는 연구, 다른 하나는 에스노그라피의 기준을 잘 보여 줄 수 있는 사례를 골랐다.

●● 《다시 삶을 만들기Remaking a Life》는 HIV가 있는 흑인 여성에 주목한 연구다. 하지만 모든 등장인물이 흑인인 것은 아니다. 트리샤처럼 백인이거나, 로사리아처럼 라틴계 여성도 있다.

신을 바라보는 방식 그대로 그들을 이해하는 데 방해가 되지 않도록 주의해야 한다.

대단히 능숙한 인터뷰 기반 연구자인 왓킨스-헤이즈는 이러한 위험을 매끄럽게 피해 높은 수준의 인지적 공감을 보여 준다. 왓킨스-헤이즈가 던에 관해 언급한 내용을 보자. 1985년, 당시 스물네 살(현재는 중년)이었던 던은 HIV 보균 진단을 받았다. 왓킨스-헤이즈는 던의 다소 놀라운 발언을 인용하며 시작한다. "HIV가 아니었으면 벌써 죽었을 거예요."[79] 그녀가 도대체 왜 이런 말을 했는가를 묻게 만들 수밖에 없는 인용이다.

연구를 위해 던을 포함한 수많은 여성을 10년간 인터뷰하면서 왓킨스-헤이즈는 엄청난 수준의 접촉을 경험했다. 여기에서 그녀의 모든 분석을 다 이야기할 수는 없다. 다만, 왓킨스-헤이즈의 핵심 주장은 주거, 지원 단체, 치료, 사례 관리, 의료에 대한 접근, 변화를 위해 자기 목소리를 정치적으로 사용할 기회 등, HIV 안전망이 던을 비롯한 여러 여성에게 HIV 보균자가 아니었을 때 접근할 수 있었던 것보다 더욱 강력한 자원을 제공했다는 것이다.

던에게 HIV 안전망은 진단 이전에 겪었던 각종 어려움으로부터 탈출할 수 있는 통로였다. 그녀는 왓킨스-헤이즈에게 개인적이고 고통스럽고 모멸스럽기까지 한 삶의 단편을 털어놓았다. 던은 열여섯 살이 되기도 전에 친척들에게 성폭행을 당하고 트라우마로 고통받은 피해자였다. 10대 후반부터 이삼십 대의 대부분을 심각한 마약 중독으로 보냈으며, 매우 위험한 조건의 길거리 성노동자로 일하면서 수년 동안 여러 차례 감옥을 드나들었다. 홈리스가 된 적도 여러 번이고, 성인이 된 후 50번 이상 이사를 다녔다. 중년이 되기 전까지 평범한 삶을 살기 위해 수없이 노력했지만 그리 성공적이지 못했다. 길거리에서의 삶을 살아가는 동안, 던은 다른 성노동자들이 폭력에 시달리는 것을 지켜봤다. "한 여자가 차로 질질 끌려가는 걸 봤어요. 얻어맞거나 성폭행당하는 것도 봤어요. 나도 거리에서 살긴 하지만, 그렇게는 되지 않기로 결심했어요."[80] 서른한 살이 되던 해 "던은 성폭행을 저지르려던 성 구매자에게 칼을 휘둘렀다는 혐의로 체포되었다."[81] 1992년 던은 교도소에서 다시 한번 HIV 진단을 받았지만 심란했던 그녀에게 HIV 진단이 큰 영향을 주지는 못했다. 출소 후 던은 의무 교육 프로그램에 들어가 자신의 질병이 얼마나 심각한 것인지 배웠다. 습관성 마약에 심각하게 중독되었고 성노동자로 일하며 자신과 타인을 위협에 노출시키고 복지 기관이 그녀에게서 네 아이를 격리했기에, 던의 상황은 더욱 악화할 수도 있었다. 하지만 그녀는 연민을 구하지 않았다.

HIV 보균 여성을 위한 주거 복지 시설에 근무하면서 던의 삶은 완전히 변하기 시작했다. 여기에서 던은 지속적 변화를 만들어 낼 수 있는 심리학적, 의학적, 제도적 도구를 얻었다. 시설에 함께 거주하던 동료를 만나 사랑에 빠졌고, 자신의 섹슈얼리티와 건강한 형태의 친밀한 관계에 대해 깊이 배워 나가기 시작했다. 주거 복지 시설에서 보낸 2년간 그녀가 자신을 바라보고, 가족과 관계를 맺고, 건강을 유지하는 방식은 완전히 바뀌었다. 그녀가 HIV 보균자라는 사실은 이제 겉모습으로 판단하기 어려울 정도였다.

던이 왓킨스-헤이즈에게 털어놓은 삶의 단편들은 그녀가 연구자를 신뢰한다는 점을 명백히 보여 준다. 이러한 신뢰는 독자가 연구자를 신뢰하도록 만든다. 여기에서는 짧게 언급했지만, 우리는 던의 인식, 의미, 동기 등 많은 것을 알게 되었다. 던이 자신의 성노동을 어떻게 인식했는지(위험하지만 때때로 원동력이 되는 것으로), 또 왜 그렇게 인식했는지를 알게 되었다. HIV 진단이 그녀에게 어떤 의미였는지(1985년과 1992년 두 차례 진단을 받았을 때는 무의미했다), 무엇 때문에 칼을 휘둘러 서른한 살에 감옥에 가게 되었는지(성폭행을 당하지 않기 위해) 알게 되었다. 왓킨스-헤이즈가 독자에게 전달한 것을 보면 연구자가 깊은 수준의 인지적 공감을 얻었음을 알 수 있는데, 독자인 우리도 던에 대해 점차 인지적으로 공감하기 때문이다. HIV 안전망이 없었다면 던은 가난, 외로움, 홈리스 상태, 수감과 출소의 반복, 약물 중독 등으로 인해 서른다섯 살까지도 삶을 유지하지 못했을 가능성이 크다. 하지만 복지 시설은 HIV를 진단받은 여성에게만 허락되었고, 바로 이 때문에 ― 책에서 언급된 또 다른 이유가 많이 있기는 하지만 ― 우리는 왜 던이 HIV가, 더 구체적으로 말하면 HIV 안전망이 자신의 인생을 구원했다고 생각하는지를 이해하게 되었다.

참여 관찰에서의 인지적 공감

특정 지역이나 조직, 마을, 또는 다른 여러 장소에서 연구하는 많은 에스노그라퍼는 연구를 위해 현지인을 인터뷰하곤 한다. 그렇기에 앞서 이야기한 여러 이슈가 동일하게 적용될 수 있다. 인지적 공감을 얻기 위해 연구자는 타인이 자신만의 언어로 이야기하는 것에 귀 기울여야 한다.[82] 하지만 잠시 관찰의 측면만 한정해 이야기해 보자. 이때 연구자가 마음대로 활용할 수 있는 자료는 인터뷰 녹취록이 아니라 자신의 현장 기록뿐이다. 현장 기록이 어떻게 인지적 공감을 전달할 수 있을까?

인식

인터뷰 기반 연구자와는 달리, 관찰자는 질문이 아니라 장소, 사람, 그리고 양자 사이의 관계를 관찰할 때 생기는 직접 경험을 통해 사람들의 인식을 이해해야만 한다. 이러한 경험에는 장점도 있다. 타인의 재현representations에 의존할 필요가 없고, 관찰이 완전히 다른 종류의 자료를 가져다주기도 한다.

우리가 출발했던 글의 첫 문장들을 생각해 보자. "열일곱 살인 마리아는 인구 대다수가 흑인이고 빈곤율이 높은 필라델피아의 한 동네에 산다. 마리아가 말했다. '이 동네를 별로 좋아하지 않아요. 빨리 벗어나고 싶어요.'" 앞서와 마찬가지로 연구자가 동네에 대한 마리아의 인식에만 관심이 있다고 가정해 보자. 또한 논의의 전개를 위해 연구자에게는 마리아와 대화를 나눌 기회가 없었고 그래서 인터뷰 자료가 없었다고 가정해 보자. 잘 훈련된 연구자라면 마리아가 무엇을 인식했는지 기록할 것이다.

그녀는 버스에서 내렸다. 쿠킹 포일, 숯, 일회용 접시…… 바비큐 파티에서 나온 온갖 쓰레기를 피해 까치발을 들고 북쪽으로 향했다. 길을 건너려던 찰나, 그녀는 20대 초반쯤으로 보이는 두 남자가 구석에 있는 건물 담벼락에 그라피티를 그리는 모습을 보았다.

마리아를 인터뷰한 것은 아니지만, 연구자는 그녀가 무엇을 인식했는지를 합리적으로 이해하기 위한 여러 과제를 잘 수행해 냈다. 연구자는 발생한 사건을 사실적으로 묘사하거나 마리아가 무엇을 보았는지에 대한 그림을 우리에게 전달한다(3장 참조).

하지만 두 가지 한계가 있다. 첫째, 독자는 마리아가 무엇을 보았는지는 알게 되었지만 연구자가 무엇을 보았는지는 모른다. 예를 들어, 우리는 연구자가 묘사한 이 사람이 어떻게 생겼는지 전혀 알지 못한다. 연구자가 무엇을 보았고 경험했는지 제대로 알지 못하기 때문에, 관찰자로서의 연구자가 정말 마리아가 인식한 대로 이 동네를 인식했는지 확신할 수 있는 근거가 거의 없다. 둘째, 마리아가 본 것에 대해 피상적 이해만을 전달했다. 인식은 단지 시각적 풍광뿐 아니라 냄새, 촉감, 맛, 소리 같은 모든 감각을 포함한다. 주위 환경에서 느낀 모든 것이 인식에 영향을 주기 때문이다.

이 두 가지 문제를 해결하면 훨씬 더 나은 자료를 도출할 수 있다. 마리아가 이 동네의 냄새를 싫어했다는 이전의 사실을 떠올려 보자. 자신이 관찰하는 이 여성이 무엇을 인식했는지를 이해하고 이를 포착해 전달하고자 하는 더 나은 관찰자라면, 아마 다음과 같이 썼을 것이다.

인구 대다수가 흑인이고 빈곤율이 높은 필라델피아의 한 동네에서, 10대 후반 가량으로 보이는 한 여성이 버스에서 내렸다. 파란색과 하얀색이 섞인 교복을 입었고 한쪽 어깨에는 등교용 가방을 메고 있었다. 어두운 갈색의 피부에 부피가 큰 아프로 헤어스타일이었다. 쿠킹 포일, 숯, 일회용 접시…… 그녀는 바비큐 파티에서 나온 온갖 쓰레기를 피해 까치발을 든 채 북쪽으로 향했다. 상쾌한 9월의 어느 오후였다. 비행기가 굉음을 내며 머리 위로 날아갔다. 길을 건너려던 찰나, 그녀는 20대 초반쯤으로 보이는 두 남자가 구석에 있는 건물 담벼락에 그라피티를 그리는 모습을 보았다. 둘 다 딱 달라붙는 검은 바지에 펑퍼짐한 스웨터를 입고, 하이탑 스니커즈를 신고 있었다. 블록 끝자락 버스정류장 근처에 이르자, 그녀는 인도에 묻은 누런 얼룩을 응시했다. 블록 전체가 지린내로 진동했다.

연구자는 자신이 버스에서 내린 여성을 왜 고등학생이라고 생각하게 되었는지 독자가 이해할 수 있도록 여성의 모습에 대해 상세한 요소를 충분히 제시하고 있다. 그 장소가 어떻게 생겼고, 어떤 소리가 들렸는지, 냄새는 어떠했는지도 전달하고 있다. 독자로서 우리는 이제 이 장소를 더 선명하게 인식할 수 있고, 이를 통해 여성이 무엇을 봤는지 이해하면서도 관찰자가 여성의 인식에 대해 어느 정도의 이해에 도달하게 되었다는 점을 믿을 수 있게 되었다. 가치 판단을 하지 않고도 연구자는 아주 많은 양의 자료를 제공했다. 당연하게도, 더 많이 인식할수록 더 많이 이해할 수 있다.

의미

기어츠는 관찰된 행위 배후에 있는 의미를 그려 내는 것을 "심층 기술thick description"이라고 했다.[83] 인류학자는 구조가 아닌 문화를 연구해야 하며, 특히 사람들이 자신의 상황에 대해 부여하는 의미에 초점을 맞추어야 한다는 것이다. 기어츠는 '심층 기술' 개념을 통해 의미를 밝혀내는 것을 목적으로 하는 기술적descriptive 연구를 규정하고자 했다. 현대의 많은 학자는 '심층 기술'을 '풍부한rich' 혹은 '상세한detailed' 묘사의 동의어로 간주하는 경향이 있다. 세부 묘사가 많을수록 대부분 에스노그라피적 자료에 도움이 되기는 하지만, 풍부한 묘사가 그 자체로 심층 기술은 아니다. 사실 심층 기술은 그리 세부적일 필요가 없다. 심층 기술의 핵심은 사람들의 삶을 최대한 상세히 묘사하는 것이 아니라, 말, 상징, 상호 작용, 문화적 사물 등이 사람들에게 무엇을 의미하는지, 그 의미를 기술하는 것이기 때문이다.

다시 위의 글을 살펴보자. 연구자가 관찰한 여성이 무엇을 인식했는지 상세한 그림을 충분히 보여 주지만, 이 인식이 그녀에게 어떤 의미인지는 아무것도 말하고 있지 않다. 글에 등장한 고등학생은 사실 자신이 본 것을 메스꺼워하는 것이 아니라 아무렇지 않게 생각할 수도 있다. 만약 그라피티가 갱단과 연관되어 있고 이 여학생도 갱단에 소속되어 있다면, 오히려 그라피티를 보고 좋아할 수도 있다. 아니면 아예 관심이 없을 수도 있다. 연구의 목적에 따라 이 동네가 여학생에게 어떤 의미인가를 이해하는 일은 중요할 수도, 중요하지 않을 수도 있다. 하지만 의미를 이해하는 것은 인식을 이해하는 것과는 다른 목표를 가진 작업이며, 사람들이 인식한 것을 묘사하는 일은 그것이 사람들에게 의미하는 바를 기술하는 일과는 다르다는 점을 명심해야 한다.

그러면 의미는 어떻게 밝혀낼 수 있을까? 인터뷰 연구자가 질문을 던질 수 있는 데 반해 관찰자는 사람들에게 직접 질문을 던질 수 없으므로 다른 도구를 활용해야만 한다. 두 가지의 상호 작용이 가장 중요하다. 하나는 공간과 사람 사이의 상호 작용이고, 다른 하나는 사람들 사이의 상호 작용이다. 상호 작용은 공간, 사람, 문화적 사물이 타자에게 무엇을 의미하는지 포착할 수 있는 아주 강력한 증거다. 다음 글을 보자.

인구 대다수가 흑인이고 빈곤율이 높은 필라델피아의 한 거주 지역에서, 10대 후반 가량으로 보이는 한 여성이 버스에서 내렸다. 파란색과 하얀색이 섞인 교복을 입었고 한쪽 어깨에는 등교용 가방을 메고 있었다. 어두운 갈색의 피부에 부피가 큰 아프로 헤어스타일이었다. 쿠킹 포일, 숯, 일회용 접시…… 얼굴을 잔뜩 찡그리고 고개를 절레절레 저으며 그녀는 바비큐 파티에서 나온 온갖 쓰레기를 피해 까치발을 든 채로 북쪽으로 향했다. 상쾌한 9월 어느 날 오후였다. 비행기가 굉음을 내며 머리 위로 날아갔다. 길을 건너려던 찰나, 그녀는 20대 초반쯤으로 보이는 두 남자가 구석에 있는 건물 담벼락에 그라피티를 그리는 모습을 목격했다. 둘 다 딱 달라붙는 검은 바지에 펑퍼짐한 스웨터를 입고, 하이탑 스니커즈를 신고 있었다. 그들이 낄낄대며 웃었다. 그녀는 다시 고개를 저었다. "이 멍청한 놈들아, 그게 멋있어 보이니?" "닥쳐, 마리아. 네 일이나 신경 써!" "너나 닥쳐, (스페인어로) 이 개자식아Hijo 'e puta!" 블록 끝자락 버스정류장 근처에 이르자, 그녀는 코를 막고는 인도에 묻은 누런 얼룩을 응시했다. 블록 전체가 지린내로 진동했다. 그녀는 또다시 고개를 저었다.

이제 우리는 의미를 추론할 수 있는 두 가지 강력한 자료를 얻었다. 주위 환경과 그녀 사이의 상호 작용(쓰레기와 소변으로 생긴 얼룩을 보고는 얼굴을 찡그리고 고개를 젓는 행위)을 보면, 그녀가 인식한 것이 그녀에게 어떤 의미였는지 더 잘 이해할 수 있다. 또한, 두 남자와 그녀 사이의 상호 작용(말과 말하는 태도)을 보면, 벽에 그라피티를 그리는 남자들과 그 그라피티에 대해 그녀가 어떻게 생각하는지 이해할 수 있다. 마리아와 주위 환경, 다른 사람들 간의 상호 작용을 세심하게 들여다봄으로써 관찰자는 인터뷰에 의지하지 않고도 많은 의미를 합리적으로 추론해 냈다. 이런 설명을 현장 기록에 넣는다면 관찰자가 이해한 것을 이해하도록 독자를 도울 수 있다.[84]

동기

사람들이 자기 행위의 동기라고 믿는 것을 포착하는 데는 인터뷰가 가장 좋은 방법이다.[85] 하지만 동기의 일부는 관찰을 통해서도 발견할 수 있다. 마리아의 사례에서, 연구자는 그녀가 얼마나 자주 과외 수업과 SAT 준비반에 가는지 관찰하고 여기에서 대학에 가고자 하는 동기가 얼마나 강한지 추론해 낼 수 있다. 마리아가 학교에서 하는 안전한 성관계에 대한 수업에 참석해 무료로 나눠 주는 피임약을 가져가는 것을 관찰함으로써 피임을 하려는 강한 동기가 있음을 추론할 수도 있다. 점심시간에 친구들에게 어떻게 이야기하는지, 동네를 떠나는 것에 대해 어떻게 이야기하는지를 관찰해 동네에 대한 반감이 동기의 큰 부분을 차지한다는 것을 추론할 수도 있다. 질문과 관찰 중 어떤 것이 동기에 대해 더 나은 통찰을 줄 수 있을지는 프로젝트의 목적에 따라 다르지만 관찰은 여전히 강력한 도구다.

연구 사례

에스노그라퍼도 인터뷰를 활용하지만 예시에서는 현장 기록 자료에만 초점을 맞출 것이다. 숙련된 에스노그라퍼는 현장 기록만 활용해도 자신이 이해한 것의 상당 부분을 제대로 전달할 수 있다. 캘리포니아 베니스의 소수 인종·민족ethnic● 간 갈등과 계급 갈등을 다룬 앤드루 디너Andrew Deener의 최근 연구를 보자.[86] 디너는 5년 이상 이 지역을 연구했는데, "150개 이상의 지역 단체 모임, 축제, 집회 등"에 참여했고, 주민들의 삶과 이웃에 관해 비공식적으로 엄청난 수의 주민을 인터뷰하여 매우 높은 수준으로 현장을 접촉했다.[87]

현장에서 충분히 오랜 시간을 보낸 에스노그라퍼는 사

● 통상적으로 ethnic은 민족(적), racial은 인종(적)으로 구분해 번역된다. 미국에서도 이 둘을 엄밀하게 구분하는 이론적 입장도 있지만, 이 책에서 ethnic은 좀 더 느슨하게 흑인과 백인 등 인종도 포괄하는 의미로 쓰인다. 이와 관련한 문의에 저자는 인종(적)·민족(적)racial or ethnonational으로 번역할 것을 제안했다. — 옮긴이

람들이 어떻게 자신을 바라보는가에 대해 더 잘 이해하게 되지만, 단지 현장을 많이 접촉하는 것만으로는 충분치 않다. 만일 연구자가 세심하게 조사하고 관찰하지 못하거나, 좋은 현장 기록을 작성하지 못하거나, 주요 사건을 기록하지 못하면, 그저 피상적 수준의 인지적 공감을 획득하고 전달할 수 있을 뿐이다.

반면, 디너는 높은 수준의 인지적 공감을 보여 준다. 여기에서 책 전체를 다룰 수는 없겠지만, 몇 가지 예시를 살펴보면 주민들 스스로가 자신이 인종·민족 간 갈등과 마주한 지역에 산다고 생각한다는 점을 디너가 어떻게 독자에게 설득하는지를 명확히 알 수 있다. 디너는 일련의 사건을 묘사한다.

> 베니스의 아파트 부엌에 앉아 책을 읽던 때였다…… 귀가 먹먹할 정도로 큰 소리가 바닥과 벽을 흔드는 바람에 깜짝 놀라 더 집중하지 못했다. 처음에는 지진이 난 줄 알았다. 진동과 굉음이 계속되자 조심스럽게 현관문을 열었다…… 헬리콥터 그림자가 바닥을 가리고 있었다. 위를 올려다보자 한 대가 아주 낮게 날고 있었다. 너무 낮게 날아서 헬리콥터에서 나오는 바람이 느껴졌고, 헬기가 공중에서 뱅글뱅글 돌 때 L-A-P-D(Los Angeles Police Department)라는 글자가 선명하게 보일 정도였다.[88]

나중에서야 디너는 베니스고등학교 근처에서 "히스패닉 남학생"이 살해당했고, 경찰이 헬리콥터로 "10대 남성 아프리카계 미국인"으로 보이는 총격자를 찾고 있었다는 사실을 알게 되었다.[89] 이 지역 전체의 흑인 남성이 용의선상에 올랐다. 디너는 이웃과 나눴던 대화를 회상했다.

아프리카계 미국인 주민인 라케샤 홀트는 직장에서 일하던 중 자기 집이 텔레비전에 나오는 것을 보았다고 이야기했다. 경찰관들이 헬기에서 밧줄을 타고 지붕으로 내려와 총을 겨눈 채 집을 사방으로 포위하고 자기 조카를 찾는 장면이었다. 용의자는 열일곱 살이고 라케샤의 조카는 서른 살인데도 불구하고 경찰이 인상착의가 용의자와 일치한다고 생각했기 때문이었다.[90]

그날 저녁, 한 시의원이 "인종 및 계급 간 긴장에서 비롯된 문제를 다루기" 위해 지역 사회 회의를 개최했다.[91] 회의에 참석한 "대략 100명의 사람 중…… 약 70%가" 흑인이었고 "라틴계는 열 명 이하"였으며, 나머지는 백인이었다.[92] 회의에서 디너는 여러 흑인 남성이 연단에 올라 이야기하는 장면을 지켜봤다. "한 명 한 명씩 경찰에게 구타와 괴롭힘을 당했던 감정적 상처를 털어놓기 시작했다."[93]

사건을 회고하면서 디너는 많은 일을 훌륭하게 수행해 냈다. 첫째, 인종·민족 간 갈등을 일반적 용어로 묘사하지 않고 갈등이 드러나는 실제 사건, 예컨대 인종·민족 간 총격이나 경찰의 인종 프로파일링racial profiling●에 집중했다. 둘째, 앞 가상의 예시를 통해 이야기했듯, 디너는 자신이 알고자 한 것을 어떻게 알아냈는지 명확하게 제시했다. 우리는 그의 서사에서 그가 어디에 있었는지 안다. 그는 집에, 이 동네에, 헬리콥터 밑에, 그리고 그날 저녁 회의에 있었다. 그래서 우리는 그가 어떤 근거에서 그렇게 서술하고 있는지 평가해 볼 수 있다. 셋째, 관찰한 것을 묘사하기 위해 다양한 감각을 사용했다. 목격한 것이 어떤 모습이었는지(헬리콥터가 너무 낮게 날아서 헬리콥터에 쓰인 글씨를 읽을 수 있었다), 소리는 어땠는지(시끄러운 굉음), 느낌은 어땠는지(지진이 난 것 같은 진동과 바람)를 독자에게 이야기해 준다. 넷째, 주민들이 자신의 거주지를 어떻게 이해하는지를 그들이 이해한 방식 그대로

● 인종 프로파일링이란 범죄 발생시 경찰이 근거보다는 편견에 기반해 특정 인종 집단 내에서 범죄자를 찾는 치안 관행을 가리킨다. 미국의 맥락에서는 주로 아프리카계 미국인을 대상으로 이루어진다는 비판을 받는다. 인종 프로파일링 중단은 1960년대 민권 운동에서부터 최근 '흑인의 삶도 소중하다Black Lives Matter' 운동에 이르기까지 미국의 인종 정의 운동이 주요 해결 과제로 삼아온 목표였다. — 옮긴이

독자에게 보여 주고 있다. 그는 주민들이 본 것을 그대로 묘사하고 있다. 앞 예시에서 한 젊은 여성이 길을 걷다가 두 남자가 그라피티를 그리는 모습을 보았다는 사실을 우리가 알게 된 것처럼, 디너는 라케샤가 텔레비전에서 경찰관이 밧줄을 타고 그녀의 집에 뛰어내리는 것을 봤다고 독자에게 말해 준다. 마지막으로, 사건에 대한 사람들의 반응(회의에서의 말)을 묘사함으로써 사건이 주민들에게 무엇을 의미하는지 밝혔고, 주민들이 인종·민족 간 갈등이 있다고 생각한다는 더 큰 주장에 대해 명확한 근거를 제시한다.

유능한 에스노그라퍼는 이런 기법들을 활용해 인식뿐 아니라 의미나 동기와 관련해 인지적 공감을 전달할 수 있다. 디너는 주민들이 인식한 것을 자신도 인식했다는 점을 보여 주었다. 그는 군대식의 감시가 무의미한 것이 아니라 많은 흑인 주민을 분노하게 만들었다는 점을 보여 주었다. 여러 흑인 주민들이 연단에 올라 이를 표현했기 때문이다. 그는 인종·민족 간 갈등으로 인해 회의가 열렸다는 점도 보여 주었다. 단지 시의원이 그것을 회의의 동기로 공표했다는 사실 때문이 아니라, 회의에서 주민들이 논의한 내용 자체가 바로 인종·민족 간 갈등이었기 때문이다. 그 이외에도 여러 기법이 디너의 책 전체에 걸쳐 계속해서 활용되는데, 막바지에 이르면 독자는 디너가 연구 대상에게 인지적으로 공감했다는 점을 확신하게 된다.

～～～～

인지적 공감은 단단한 질적 연구의 핵심적 특징이다. 인지
적 공감이 정도degree의 문제라는 점은 중요하다. 그 어떤 연
구자도 완벽하게 타인의 입장에서 이해할 수는 없지만, 섬세
한 연구자라면 타인에게 훨씬 더 가깝게 다가갈 수 있으며,
이는 양질의 질적 과학에 필수적이다.

2

다원성

지금까지 우리는 현장을 얼마나 접촉하는가, 즉 연구자가 인터뷰 대상이나 관찰 대상과 얼마나 많은 시간을 함께 보내는지가 좋은 질적 연구의 가장 중요한 전제 조건이라고 주장했다. 현장을 많이 접촉하면 연구자에게도 많은 일이 생긴다. 이를테면 연구자는 연구 대상과 라포 rapport●를 형성하거나 신뢰를 쌓게 된다. 인지적 공감의 수준이 향상되거나 연구자가 이해하게 된 사람이나 맥락과 관련하여 주제의 외연을 확장할 수도 있다. 연구 초기에는 놓치고 지나갔을 법한 미묘한 말과 행동에 대한 연구자의 민감도도 전반적으로 높아지게 된다.

완결된 서사 안에서 묘사가 높은 다원성을 보여 줄 때, 독자는 연구자의 민감함을 포착할 수 있다. 다원성이란 인식, 경험, 동기를 비롯해 그 이외에도 연구하고자 하는 특정한 집단이나 맥락의 여러 측면이 얼마나 다양하게 제시되는지로 정의할 수 있다. 인터뷰 기반 연구와 에스노그라피 연구는 다원성을 각각 다른 형태로 묘사하지만, 다원성은 두 종류의 연구 모두에 걸쳐 연구의 질을 보여 주는 일관된 증표다. 좋은 질적 연구는 대상과 처음 마주한 이들이 예상한

● 연구 과정 이전이나 도중, 연구자와 연구되는 사람 사이에 형성되는 신뢰 관계를 가리킨다. ─ 옮긴이

것보다 훨씬 더 다양하게 사람과 장소를 묘사한다. 설령 연구가 하나의 현장이나 인구학적 집단에 국한된다고 해도 말이다.

배경

다원성을 묘사하는 서사를 생산하는 일은 간단하지도 않고 자연스럽게 되는 것도 아니다. 심리학자들이 설명했듯이 사람들은 외집단 동질성 편향out-group homogeneity bias, 즉 자신이 속한 집단을 속하지 않은 집단보다 더 다양하고 다원적이라고 생각하는 경향이 있다.[94] 우리는 신념, 태도, 외양, 지향, 취향, 맥락, 환경 등 우리가 속한 집단 구성원 간의 차이는 쉽게 알아차리지만, 다른 집단 구성원 간의 차이를 알아차리는 데는 큰 어려움을 겪는다. 다양성을 분별하지 못하는 문제는 관찰자가 관찰되는 대상과 다른 집단에 속해 있다면 어떤 맥락에서든 생겨날 수 있다. 정치적 견해에서도 이를 확인할 수 있는데, 민주당 지지자가 공화당 지지자를 모두 같다고 보는 것처럼("공화당 지지자는 전부 인종차별주의자에 반이민주의자야"), 공화당 지지자도 민주당 지지자가 모두 같다고 생각한다("민주당 지지자는 전부 급진적 사회주의자야").[95] 얼굴의 특징도 마찬가지다. 인종적으로 동질적 환경에서 온 백

인은 흑인의 얼굴을 구분하는 데 어려움을 느끼며, 그 반대
도 마찬가지다.[96] 최근 심리학 연구에 따르면, 사람들은 내집
단에 대한 정보를 외집단에 대한 정보와 다른 방식으로 처
리하는데, 이때 외집단에 대한 정보를 처리하는 데 수반되
는 정신 활동이 덜 정교한 것으로 나타났다.[97] 외집단 동질
성 편향의 결과로, 자신과 다른 인구 집단이나 자신이 속한
환경과 다른 맥락을 연구하는 이들은 적어도 연구 초기에는
대상을 꽤 동질적인 덩어리로 바라보게 된다.

하지만 이런 편향이 영구히 지속하는 것은 아니다. 연
구자들은 집단에 친숙해질수록 정보를 처리하는 뇌 부분이
변화한다고 주장한다.[98] 연구 대상의 세계를 더 많이 접촉할
수록 연구자는 더 많은 차이를 감지하게 된다. 인터뷰 대상
과 여러 번의 인터뷰를 진행하여 더 많은 시간을 함께 보낼
수록 대상의 모순, 기분의 변화, 의견의 전환, 인식의 다양성
을 더 많이 감지하게 된다. 대기업이든 저소득 지역이든 명
문 학교든, 에스노그라퍼가 현장에서 더 많은 시간을 보낼
수록 집단의 구성원과 특징, 그리고 둘 모두의 변화에서 발
견되는 차이들을 더 많이 감지하게 된다.

물론 '외집단 동질성 편향'은 심리학적 용어이지 사회학
적이거나 인류학적 용어는 아니다. 참여 관찰자나 인터뷰 기
반 연구자가 연구에서 사용하거나 다른 연구자들과 명시적

으로 논의하는 용어도 아니고, 현장 연구 방법에 관한 대부분 교과서에도 거의 등장하지 않는다. 그러나 경험이 많은 연구자는 은연중 느끼든 명시적으로 드러내든 외집단 동질성 편향에 민감하다. 연구자가 현장에서 시간을 보내면 그전에는 알지 못했던 다원성을 반드시 인지하게 되기 때문이다. 현장을 충분히, 주의 깊게 접촉하면 그 결과 다원성을 감지하게 되므로 서사에서 드러나는 다원성은 자료 수집의 질을 가늠하는 지표다. 반대로, 서술이 동질적이라면 연구자가 현장을 충분히 접촉하지 않았거나 깊이 조사하지 않았다는 점을 시사한다.

다원성을 묘사하는 것이 사회과학자들이 흔히 이야기하는 '변이variation를 연구'하는 것과는 다르다는 점은 중요하다. 앞으로 자세히 살펴보겠지만, 다원성이 좋은 연구의 척도인 이유는 다원성을 보여 주는 연구가 특정 집단이나 공동체의 구성원 등 내부자라면 존재할 것으로 생각하는 인물과 맥락이 얼마나 다양할 수 있는지를 묘사하기 때문이다.[99] 일부 사회과학자들은 '변이'라는 용어를 연구 설계의 특징, 즉 자료 수집을 어떻게 구상할지를 설명하는 데 사용하면서, 연구가 시작 전부터 하나가 아닌 다수의 사람, 집단, 연구 현장, 맥락을 포함하도록 설계되어야 한다고 믿는다. 이러한 변이(또는 명시적 비교 집단을 포함하는 일)가 경험적으로 견고한 연구를 위해 꼭 필요한 것은 아니다. 이미 여러 뛰어난 에스노그라피가 한 지역이나 하나의 집단에 기반을 두고 이루어졌다.[100] 나아가, 하나의 현장이나 집단에 관한 연구라 해도 매우 높은 수준의 다원성을 보여 줄 수 있다. 우리는 '다원성'을 연구 설계가 갖춰야 할 요건이 아니라 완결된 서술에서 드러나는 특징으로 바라보고자 한다. 앞으로 살펴보겠지만, 인터뷰나 관찰 둘 중 어디에 기반을 두든, 설득력 있는 질적 연구는 거의 항상 사람이나 맥락 내의 다원성을 다채로운 방식으로 묘사한다.

심층 인터뷰에서의 다원성

인터뷰 대상과 많은 시간을 보내거나 많은 사람을 인터뷰하여 대상을 많이 접촉하면 자연스레 두 가지 일이 일어난다. 첫째, 연구 참여자가 자신 혹은 자신의 상황 등에 관해 이야기하는 내용에서 패턴이나 유사성을 알게 된다. 둘째, 연구 질문과 관련해 연구자가 관찰하는 사람들 전반에 걸쳐 여러 차이를 알게 된다. 다른 인종·민족 집단에 충분히 오랫동안 접촉하게 되면 얼굴을 구분하는 능력이 향상되고, 다른 언어를 사용하는 나라에 오래 있으면 억양을 구분하는 능력이 향상되는 것처럼, 연구자는 연구를 시작하기 전에는 전혀 알 수 없었던 차이들을 알게 된다.● 이주자의 미등록 상태에 대한 반응을 연구하는 연구자는 검거당하는 것을 무서워하는 정도가 이주자마다 얼마나 다른지를 알게 된다.[101] 시골의 보수 성향 유권자를 인터뷰하는 연구자는 국민주의nationalism에 대한 의견이 유권자마다 얼마나 다른지를 알게 된다.[102] 갱단원을 연구하는 연구자는 폭력에 대한 태도가 청년마다 얼마나 다른지를 알게 된다.[103] 살던 집에서 퇴거당한 사람들에 대해 인터뷰하는 연구자는 보호 시설보다 길거리를 선호하는 정도가 사람마다 얼마나 다른지를 알게 된다.[104] 충분히 오랫동안 현장을 접촉하면 연구자는 반드시 다원성을 드러내게 된다.

좋은 인터뷰 기반 연구자는 (오랜 현장 접촉 덕택에 알게 된) 다원성과 마주할 뿐만 아니라 그것을 진지하게 받아들인다. 그러나 어떤 방식으로 다원성을 받아들이느냐는 연구자가 발견한 다원성의 종류와 대답하고자 하는 경험적 질문 간의 관계에 따라 다르다. 논의의 전개를 위해 개인에 초점을 맞추는 인터뷰 기반 연구와 집단에 초점을 맞추는 인터뷰 기반

● 연구자가 성장한 환경, 즉 연구자가 외부인이 아니기에 이미 다원성에 대해 강한 이해를 획득한 환경이 아니라면, 이는 자신이 속한 인종·민족, 계급, 젠더 등을 연구하는 연구자에게서도 나타난다. 예컨대, Desmond, 2008; Khan, 2012를 보라.

연구를 구분하는 편이 유용할 것이다. 앞으로 살펴보겠지만, 어느 분석 단위를 택하더라도 다원성을 드러낼 수 있다.

개인

어떤 질적 연구자에게는 ─ 큰 표본 기반의 연구를 수행하는 인터뷰 기반 연구자에게는 더더욱 ─ 경험적 사회과학이 한 사람의 삶이나 소수의 인물에게만 집중하는 것이 낯설지도 모른다. 그러나 개인의 경험을 깊게 파고 들어가는 작업은 누군가의 상황, 경험, 동기에 대한 이해를 포착하는 데 핵심적이다. 실제로, 소수의 인물을 깊게 파고 들어가는 여러 연구 ─ 인터뷰 기반 연구와 관찰 기반 연구 모두 ─ 학계뿐 아니라 공공의 이익을 위해서도 중요하다는 점을 증명했다. 아네트 라루의 《불평등한 어린 시절》이나 매슈 데스먼드Matthew Desmond의 《쫓겨난 사람들Evicted》은 모두 열 가구 내외 가족의 이야기만을 중점적으로 다룬다.[105] 현재 3판까지 출판된 제이 매클라우드Jay MacLeod의 고전 《잘 안 될 거야Ain't No Makin It》도 대여섯 명으로 이루어진 두 10대 집단을 기반으로 한다.[106] 마리오 스몰의 《빅토리아 빌라Villa Victoria》는 다섯 인물의 삶에 관해 이야기하는 데 모든 장을 활용한다.[107] 메리 패틸로Mary Pattillo의 《검은 말뚝 울타리Black Picket Fences》, 니키 존스Nikki Jones의 《선택받은 사람들*The Chosen Ones*》, 셀레스트 왓킨스-헤이즈의《다시 삶을 만들기》도 각각 몇 장을 한 사람에게 할애한다.[108] 자주 인용되는 클리퍼드 쇼Clifford Shaw의《비행 청소년의 전과 경력에 대한 자연사*The Natural History of Delinquent Career*》는 책 전체가 한 청년의 형사 재판 경험에 기반을 둔다.[109] 윌리엄 풋 화이트의《골목길 사회》에 등장하는 '칙 모렐리'나, 캐럴 스택Carol Stack의《우리 친척 모두*All Our Kin*》에 등장하는 '루비 뱅크스'를 기억하는 독자라면, 숙련된 연구자가 한 인물이 쉽게 잊히지 않을 정도로 섬세하고 조심스럽게 그 경험을 기록할 때 어떤 일이 일어나는지를 경험해 보았을 것이다.[110]

그러므로 연구자가 한 개인이나 소규모 집단이 살아가는 환경을 제대로 연구할 때 일어나는 일을 검토하는 것은 분명 교육적 가치가 있다. 한 개인을 충분히 접촉할 때 연구자는 엄청난 다원성을 목격하게 되는데, 이러한 다양성은 여러 형태로 나타날 수 있다. 예컨대, 연구자가 만난 인물이 선거 때마다 다른 정당에 투표할 수도 있고, 일과 가정 중 무엇을 우선시해야 하는가에 관해 생애 과정별로 다른 생각을 할 수도 있다. 인터뷰 기반 연구자가 개인의 다양성을 기록할 수 있는 영역의 범위는 사실상 무한하다. 하지만 책이나 논문이 개인의 다양성을 보여 줄 때는 대개 다음의 세 가지 이슈를 중심으로 다양성을 묘사한다. 첫째, 개인이 자신

또는 자신이 처한 상황을 이해하는 방식, 둘째, 특정 이슈와 관련한 개인의 경험이 지니는 특성, 셋째, 개인이 자신의 행위 이면에 있는 동기라고 이야기하는 것. 앞으로 이 세 가지를 모두 자세히 다루어 볼 것이다.

논의를 위해, 연구자가 심층 인터뷰를 토대로 미등록 이민자의 사적 네트워크를 연구한다고 상상해 보자. 소피아라는 인물을 중심으로 하는 장에서, 연구자는 그녀의 사적 네트워크가 도움이 된다고 말한다.

열아홉 살에 공식 이민 서류 없이 뉴욕으로 이주한 소피아는 지원 네트워크에 속해 있는데, 이를 통해 구직 정보를 얻거나 비상시에 도움을 받기도 하고 감정적 지지도 얻었다. 소피아가 스페인어로 이야기했다. "필요한 게 있을 때 고향 사람들한테 의지할 수 있다는 걸 알고 있어요. 청소 일도 사촌이 자기 상사한테 말해 줘서 얻게 되었어요."

매우 논리적인 글이다. 소피아에 대해 이론적 주장을 펼치고, 그에 대한 증거를 제시한다. 실제 예도 제시한다. 그러나 만약 이 장 전체가 전적으로 이런 종류의 진술에만 근거해 소피아가 정보, 도움, 감정적 지지 등을 제공해 주는 네트워크에 속해 있으며 그녀 자신도 그렇게 생각한다는 진술이 계속해서 반복된다면, 아마 몇 가지의 결론을 내릴 수 있을 것이다. 연구자는 충분히 접촉하지 못했거나, 접촉했지만 제대로 조사하지 못했거나, 섬세하게 조사했지만 다원성을 일부러 무시했을 것이다. 아니면 다원성을 인지했지만 서술하지 않는 편이 낫다고 생각했을 수도 있다. 연구자가 현장을 충분히 접촉하여 섬세하게 조사하고 정확하게 서술하려 했다면, 다음 세 가지 형태 중 적어도 하나의 방식으로는 다원성을 묘사했어야 한다.

이해의 다원성을 묘사하기

다원성의 한 가지 형태는 사람들이 자신이나 자신이 처한 상황을 이해하는 방식에서 발견할 수 있다. 윗글에서, 연구자는 소피아가 자신과 자신의 상황을 어떻게 인식하는지에 초점을 맞추고 있으며, 우리는 소피아가 의지할 사람들이 있다고 이해한다는 점을 알게 되었다. 하지만 유능한 연구자라면 충분한 시간을 들여 더 주의를 기울였을 것이고, 여기에서 한 발짝 더 나아가 다원성을 밝혀냈을 것이다.

소피아가 스페인어로 이야기했다. "필요한 게 있을 때 고향 사람들한테 의지할 수 있다는 걸 알고 있어요. 청소 일도 사촌이 자기 상사한테 말해 줘서 얻게 되었어요."

"고향 사람들에 대해 항상 그렇게 생각했나요?" 내가 물었다.

"그게, 처음에는 아니었어요. 뉴욕에 처음 왔을 때는 사람을 많이 안 만났어요. 도와주는 사람이 별로 없었어요. 아마 내가 도움을 갚지 못할 거로 생각했나 봐요. 아니면 내가 제대로 부탁하지 않아서일지도 모르고요. 잘 모르겠네요."

"지금은 좀 달라졌나요?"

"지금은 항상 부탁해요. 고향 사람이면 누구나요. 뭐, 전부는 아니지만요. 고향에 서로 사이가 좋지 않은 두 큰 집안이 있는데요, 여기서도 구티에레즈 오초아 사람들한테는 부탁하기가 어려워요. 그래서 서로 알긴 아는데 거리를 두고 있어요."

연구자는 소피아가 구체적으로 어떻게 지원 네트워크를 이해하는지, 특히 고향 사람들에게 의지할 수 있다는 생각이 지속하여 온 것인지를 명확하게 묻고 있다. 우리는 그녀의 생각이 시간이 지나면서 달라졌고 사람에 따라(또는 가족에 따라)서도 다르다는 점을 알게 되었다. 여기에서 소피아가 자신의 네트워크를 인식하는 방식에 관해 우리가 얻게 되는 그림은 더 많은 다양성, 즉 다원성을 포함하고 있다. 우리는 그녀를 더 복잡한 한 명의 개인으로 이해하게 되었다. 이전 장에서 이야기했던 것처럼, 연구자가 더 깊이 연구해 인식에 대한 인지적 공감을 얻을수록, 그 결과로 도출된 그림은 더 다원적이다.

경험의 다원성을 묘사하기

인터뷰 연구가 다원성을 보여 주는 또 다른 방식은, 응답자의 경험 자체에 대한 묘사에서 다원성을 드러내는 것이다. 첫 번째 글은 소피아의 상황("의지할 수 있어요")과 경험("사촌한테 일자리를 얻었어요")에 대한 소피아 자신의 이해를 모두 묘사한다. 당연히 인식과 경험은 서로 관련되는데, 때때로 연구자는 사람들이 어떻게 인식하는지, 더 크게는 사람들이 어떻게 이해하는지 등에 집중하기보다는 사람들이 경험한 것에만 주목하기도 한다. 예를 들어, 연구자는 최저 임금을 받는 사람들이 어떻게 생계를 꾸리는지에 관심을 가질 수도 있고, 미국 남쪽 국경을 넘는 과정에서 무엇을 경험했는지, 성적 지향을 드러내는 것이 직장에서 어떻게 받아들여졌는지, 자연재해 이후 일상이 어떻게 변화했는지 등에 관심을 가질 수도 있다.

연구자가 소피아의 (자신을 이해하는 방식에는 그다지 관심이 없고) 경험에만 깊은 관심을 가졌다고 해 보자. 이어지는 글에서 연구자는 다른 질문을 던진다.

소피아가 스페인어로 이야기했다. "필요한 게 있을 때 고향 사람들한테 의지할 수 있다는 걸 알고 있어요. 청소 일도 사촌이 자기 상사한테 말해 줘서 얻게 되었어요."

"사촌이 종종 그렇게 도와주나요?" 내가 물었다.

"항상은 아니에요. 몇 년 동안은 도와주지 않았어요. 사촌이 첫 일자리를 구해 줬는데 일할 때 실수를 해서 잘렸거든요. 올해 제가 힘든 일을 겪고 나서 관계가 회복됐어요."

"그동안은 누가 도와줬나요?"

"뭐, 이복형제가 있는데 날 돕진 않을 거예요. 친척 언니가 몇 달 동안 소파에서 자게 해 줬어요. 그거 말고는 전부 혼자서 해결했죠."

여기서 소피아의 경험에 대한 설명은 더욱 다원적인 그림을 그리고 있다. 사촌이 가끔 도와주기는 하지만 어떨 때는 도와주지 않고, 어떤 가족은 아예 도와주지 않을 것이다. 설령 소피아가 전폭적으로 도움을 주는 지원 네트워크에 속해 있다 하더라도, 우리는 그 네트워크가 항상 모든 필요를 충족해 주지는 않는다는 사실을 알게 되었다. 우리는 현실 세계에서의 관계가 다원적이라는 사실을 알고 있으며, 글이 이를 드러내기 때문에 소피아의 경험에 대한 설명을 훨씬 더 신뢰할 수 있다. 복잡하지 않은 이야기를 해야 한다는 압박이나 지면 제한에 빠듯하게 맞춰 글을 써야 한다는 압

박은 경험의 다원성을 무시하거나 포기하도록 연구자를 유혹한다. 그러나 특정한 이슈나 주제를 둘러싼 사람들의 경험은 생애에 걸쳐서 혹은 상황에 따라 매우 다양할 수 있으며, 인터뷰 대상을 꼼꼼하게 조사하고자 하는 연구자라면 반드시 이러한 다원성을 포착해야 한다.

동기의 다원성을 묘사하기

행위의 동기를 서술하는 과정에서 다원성을 드러낼 수도 있다. 예컨대, 왜 사람들이 특정한 인물에게 투표하는지, 왜 노동 시장에서 빠져나오려고 하는지, 왜 갱단에 가입하는지, 왜 이혼하는지 등등 연구자는 행위의 동기가 가진 다원성을 연구할 수 있다. 앞 장에서 이야기했듯이, 행위 이면에 있는 동기를 연구하려면 특별한 주의가 필요하다.[111] 여기서 핵심은 유능한 연구자는 많은 행위가 다수의 동기에서, 심지어는 모순된 동기에서 발생한다는 사실에 그리 놀라지 않는다는 점이다. 만약 어떤 응답자가 계속해서 한 가지 동기만을 이야기한다면 아마도 무언가가 잘못되었을 것이다.

앞 장의 예시였던 마리아를 떠올려 보자. 비판적이지 않은 연구자였다면 동네에 대한 불만 때문에 대학에 가고 싶어 한다는 소피아의 말을 듣고 나서도 그대로 인터뷰를 진행했을 것이다. 하지만 앞선 예시에서 보았다시피 조금 더 캐묻자 적어도 한 가지의 또 다른 동기가 빠르게 발견되었다. 어머니의 경험을 반복하게 될지도 모른다는 공포였다. 현장과 사람에 대한 더 많은 접촉이 더 큰 다양성으로 이어졌듯이, 동기의 다양성도 접촉이 늘어날수록 증가한다. 이는 참여자가 심지어 한 명이거나 한 가지의 선택(행위)만을 다룬다 할지라도 마찬가지다.

경험적 다원성과 이론적 개념 사이의 관계

지금까지 사람들이 자신의 상황을 어떻게 이해하는지, 특정 상황에 대한 사람들의 경험은 어떠한지, 자신의 동기를 어떻게 표현하는지 등과 같이 인터뷰 기반 연구자가 경험적 사실을 정확히 묘사하는 능력에 한정적으로 초점을 맞춰 논의했다. 우리는 이런 사실을 제대로 묘사하면 엄청난 다양성과 다원성이 드러난다고 주장했다. 그러나 사회과학은 경험적 사실을 단순히 서술하는 것이 아니라, 경험적 사실을 이론적 개념과 연결한다. 그리고 연구자는 단순화된 개념이나 주장을 만들 때 어떻게 다원성을 통합할지 신중하게 생각해야 한다.

다시 첫 글을 보자. "열아홉 살에 공식 서류 없이 뉴욕에 이주한 소피아는 지원 네트워크에 속해 있다. 네트워크를 통해 구직 정보를 얻거나 비상시에 도움을 받기도 하고 감정적 지지도 얻는다…… '필요한 게 있을 때 고향 사람들한테 의지할 수 있다는 걸 알고 있어요. 청소 일도 사촌이 자기 상사한테 말해 줘서 얻었어요.'" 이 글이 단순히 인식이나 경험을 묘사하는 데 그치지 않고, '지원 네트워크에 대한 소속성/배태성embeddedness'이라는 이론적 개념을 도입해서 응답자가 무엇을 경험했고, 왜 그렇게 경험했는지 주장한다는 점에 주목해야 한다. 지원 네트워크는 구직 정보나 비상시의 도움, 감정적 지지를 제공한다. 이 개념은 미국 내 미등록 이주자의 삶에 대한 몇몇 이론에 부합한다. 하지만 이 글은 소피아의 경험이 해당 개념 또는 주장과 맞아떨어진다는 점을 보여 주는 무미건조한 증거, 즉 소피아가 네트워크 구성원에게 구직 정보를 얻었다는 사실만을 이야기한다. 연구자는 이와 관련해 더 깊게 조사했다는 별다른 증거를 제시하지는 않는다. 그러한 조사는 현실 세계에 내재한 다양성 때문에 개념과 증거 사이의 관계가 그렇게 간단하지만은 않다는 점을 보여 줄 것이다.

정확히 말하면, '지원 네트워크' 같은 개념은 그 정의상 현실 세계의 수많은 다원성을 가릴 수밖에 없다. 그러나 연구자가 개념을 만들기 위해 경험 세계의 다원성을 무시하거나 더 조사하지 않는다면, 연구자는 숙련된 독자의 신뢰를 훼손할 위험을 떠안게 된다. 다원성이 세상에 보편적이라는 점을 아는 독자라면, 이론을 위해 연구자가 무엇을 제외했는지 궁금해하기 때문이다.

다시 소피아에게 돌아가서 좀 더 나은 대안을 찾아보자. 어떻게 다원성을 소피아의 네트워크에 대한 이론과 화해시킬 수 있을지 두 가지 사례를 제시할 것이다. 두 사례는 이론에 다른 방식으로 접근하는데, 하나는 연역적 접근이고 다른 하나는 귀납적 접근이다. 두 경우 모두 연구자는 경험에 내재한 다원성을 거리낌 없이 드러내며, 다원성을 접한 독자는 이를 단순화된 개념을 이해하기 위해 활용한다.

첫 번째 방식은 연역적 접근법이다. 여기서 연역적이란 연구자가 경험 연구를 수행하기에 앞서 '지원 네트워크에 대한 소속성/배태성'이라는 개념을 생각하고 이 개념이 소피아의 경험에 부합하는지 판단한다는 의미다. 소피아의 경험에 해당 개념을 적용할 수 있을지 검증하면서도 동시에 다원성에도 민감한 연구자라면 다음과 같이 서술할 것이다.

열아홉 살에 공식 서류 없이 뉴욕에 이주한 소피아는 지원 네트워크에 속해 있다. 소피아가 스페인어로 이야기했다. "필요한 게 있을 때 고향 사람들한테 의지할 수 있다는 걸 알고 있어요."

"주로 어떤 걸 의지하나요?"

"청소 일도 사촌이 자기 상사한테 말해 줘서 얻게 되었어요."

"긴급한 일이 생기거나 문제가 생겨서 이야기할 사람이 필요할 때처럼 다른 때도 도움을 받나요?"

"긴급한 일이 생기면 당연히 도움을 받죠. 그런데 개인적인 일에 대해서는 고향 사람들한테 말할 수가 없어요. 그건 정말 아닌 거 같아요."

독자는 '지원 네트워크'라는 주요 개념이 복잡한 현실을 단순화한다는 점을 명확히 알게 되었다. 소피아의 현실은 구직 정보가 필요하거나 긴급 상황이 발생했을 때 네트워크가 도움을 준다는 개념과는 일치하지만, 정서적 도움을 제공한다는 개념과는 일치하지 않는다. 우리는 연구자가 이론을 위해 세부 사항을 감추지 않는다는 점을 더 잘 믿어볼 수 있다.

또 하나의 방식은 귀납적 접근법이다. 여기서 귀납적이란 연구자가 선험적 개념이 아니라 일반적인 질문만을 염두에 두며, 따라서 이론을 검증하는 것이 아니라 발전시켜 나간다는 의미다. 여기에서도 마찬가지로, 다원성에 민감한 연구자라면 앞선 예와는 조금 다르지만 역시 효과적으로 인터뷰를 진행했을 것이다.

열아홉 살에 공식 서류 없이 뉴욕에 이주한 소피아는 자신을 "잘 연결되어 있다[bien conectada]"라고 표현했다. 소피아가 스페인어로 이야기했다. "필요한 게 있으면 고향 사람들한테 의지할 수 있다는 걸 알고 있어요. 청소 일도 사촌이 자기 상사한테 말해 줘서 얻었어요. 동생이 관련 담당자를 알아서 딸을 헤드스타트Head Start●에 넣을 수 있었어요. 저번에는 친구가 추첨에 당첨돼서 공짜 영화표도 얻었어요. 난 어떻게든 방법을 찾아요." 소피아는 풍부한 자원 네트워크에 소속되어 있다고 볼 수 있다.

연구자는 '지원 네트워크'라는 개념에서 출발하지 않았다. 지원 네트워크에 대한 생각은 소피아에게서 나왔다. 소피아는 다양한 종류의 경험을 이야기했다. 여러 성찰과 고찰을 거친 뒤 연구자는 "풍부한 자원 네트워크"라는 결론을 내린다. 여기에서도 독자는 연구자가 단순화된 개념을 제시한다는 사실을 바로 알 수 있으며, 그러한 단순화가 정당한 것인지 평가해 볼 수 있다.

마지막으로, 연구자가 연역적으로 작업하든 귀납적으로

● 미국의 저소득층 자녀(유아)를 위한 프로그램으로 연방 정부가 저소득 가정 자녀를 위해 무료나 저렴한 교육비로 조기 유아 교육을 제공한다. — 옮긴이

작업하든, 결과로 도출된 이론적 개념을 얼마나 적극적으로 활용해 논의를 발전시킬지는 연구 프로젝트에 따라, 특히 프로젝트가 기술 지향적descriptive인지 설명 지향적explanatory인지에 따라 다르다. 앞선 예시에서는 소피아의 네트워크를 기술하고자 하는 연구자를 제시했다. 다원성을 있는 그대로 서술하는 이런 종류의 기술 지향적 프로젝트는 질적 작업에서 가장 과학적 가치가 높은 것에 속하는데, 특히 연구 대상이 되는 인구 집단에 대해 알려진 것이 거의 없을 때 그렇다. 설명 지향적 프로젝트라면, 연구자가 풀어낸 다원성이 어떻게 생겨났는지를 설명하는 것이 중요하다. 이를 위해 연구자는 예시를 통해 앞서 설명한 두 가지 작업을 더 수행해야 한다. 하나는 발견된 다원성을 추적하는 질문을 던지는 것(예를 들어, "왜 개인적 일에 대해 말하는 것은 적절하지 않은가요?")이고, 다른 하나는 결과로 도출된 대답을 일반화 혹은 단순화된 개념과 연결할 것인지, 만일 연결한다면 어떻게 연결할지를 고려하는 것이다. 두 경우 모두 아니라면, 연구가 밝혀낸 다원성의 원인이 아닌 결과를 설명하는 것이 중요하다. 이런 연구에서도 다른 연구와 마찬가지로 추적하는 질문을 던지고 어떻게 이론화할지를 고민하는 유사한 과정이 있어야 한다.

집단

많은 심층 인터뷰 기반 연구가 개인이 아닌 집단, 계급, 집합체 등에 관심을 둔다. 개인 기반 연구에서처럼, 집단에 초점을 맞춘 연구도 대상의 이해, 경험, 동기가 지닌 여러 측면을 기술하려고 한다. 각각에 대해 다시 논의하거나, 경험적 다원성과 이론적 개념을 연결할 때 신중하게 접근하는 것이 중요하다는 말을 반복하지는 않을 것이다. 분석의 단위가 개인이든 집단이든, 이런 일반적 쟁점들은 마찬가지로 중요하기 때문이다.

대신 집단의 다원성을 기록할 때 가장 눈에 띄게 나타나는 문제를 이야기해야 한다. 어떻게 종합aggregation할 것인가에 대한 문제. 집단이나 계급, 다른 여러 집합체를 연구할 때, 궁극적으로 연구자는 다수의 개인으로부터 도출한 관찰을 종합하고자 한다. 종합을 위해서는 경험 세계에 실재하는 복잡성과 다양성을 축소해야 한다. 하지만 유능한 연구자는 보통 두 가지 방식 중 하나로 집단의 다원성을 명확히 묘사한다. 종합된 패턴에 대한 예외를 찾아내거나, 다원성 자체를 집단의 핵심적 특징으로 묘사하는 것이다. 하나씩 이야기해 보자.

집단 패턴에 대한 예외로서 다원성을 묘사하기

논의의 간결함을 위해 집단의 (경험이나 동기가 아닌) 인식을 포착하고자 하는 연구를 예로 들어보자. 연구자는 소피아 대신, 다수의 미등록 이주자가 자신의 지원 네트워크를 어떻게 인식하는지에 관심이 있다. 다음 글을 보자.

> 뉴욕의 멕시코 이민자들은 지원 네트워크에 속해 있는데, 이를 통해 구직 정보를 얻거나 비상시에 도움을 받기도 하고 감정적 지지도 얻는다. 소피아가 스페인어로 이야기했다. "필요한 게 있으면 고향 사람들한테 의지할 수 있다는 걸 알고 있어요." 파트리시오도 비슷한 말을 했다. "아파트에서 쫓겨났을 때 도와줄 수 있는 친구가 있어서 정말 다행이었어요." 미겔도 말했다. "도와주는 지원 네트워크가 있어서 해낼 수 있었어요."

이 글은 완벽하게 논리적이다. 주장에 대한 근거를 제시하고, 나아가 한 명 이상의 사람이 같은 결론을 이야기하고 있다는 증거를 제시한다. 이 글만 보면 다원성에 대해 지적할 만한 부분은 없다. 그러나 만일 글이 이런 종류의 단락만 줄줄이 포함한다면 — 모든 인터뷰 대상이 일관되게 일반적 진술에 대한 증거를 제공한다면 — 독자는 연구자가 차이를 자세히 조사하지 않았거나, 조사했지만 그것을 감춰 두기로 했다고 의심할 것이다.

더 나은 연구자라면 최소한 다른 이야기를 하는 누군가를 등장시켰을 것이다. 이를테면,

> 뉴욕의 멕시코 이민자들은 지원 네트워크에 속해 있는데, 이를 통해 구직 정보를 얻거나 비상시에 도움을 받기도 하고 감정적 지지도 얻는다. 소피아가 스페인어로 이야기했다. "필요한 게 있으면 고향 사람들한테 의지할 수 있다는 걸 알고 있어요." 파트리시오도 비슷한 말을 했다. "아파트에서 쫓겨났을 때 도와줄 수 있는 친구가 있어서 정말 다행이었어요." 하지만 예외도 있었다. 시오마라가 이야기했다. "나는 대부분 혼자 해결해요. 도와줄 사람이 많지 않아요."

이 서술은 더 믿을 만하다. 연구자가 아주 적은 수의 사람을 인터뷰한 것이 아니라면, 이러한 다원성을 발견하지 못했을 리는 없기 때문이다. 여전히 우리는 소피아와 파트리시오[112]가 "일반"이고 시오라마는 예외라는 연구자의 말을 신뢰해야만 하는 입장이다. 하지만 연구자는 독자가 다원성을 기대할 만한 맥락 안에서 지속해서 그 다원성을 드러냄으로써, 자신이 다원성을 발견하고자 했다는 점, 그리고 그 과

정에서 필요한 자료를 제대로 조사하고자 했다는 점을 독자에게 납득시킨다.

집단의 특성으로서 다원성을 묘사하기

특정 주제와 관련해 기록할 만한 패턴이 없지만, 그 대신 다원성 자체가 핵심적 발견인 경우도 있다. 이때는 완전히 다른 전략을 구사하여 다원성만을 묘사할 수도 있다.

> 뉴욕의 멕시코 이민자들은 다양한 지원 네트워크에 속해 있는데, 때로는 그것들을 인지하기도 하고 인지하지 못하기도 한다. 예컨대, 소피아가 스페인어로 이야기했다. "필요한 게 있으면 고향 사람들한테 의지할 수 있다는 걸 알고 있어요." 그러나 이사벨라는 다른 경험을 이야기했다. "대부분 혼자 해결해요. 우리 가족은 각자 문제가 많아서 도와주기 힘들어요." 후아니타는 양가적 의견을 보였다. "가족이요? 가끔 도와주는데, 어떨 때는 애걸복걸해야 돼요. 그렇게까지 할 필요는 없어요. 가족들한테 도움을 구하지 않아도 됐으면 좋겠어요. 가족들은 항상 불평을 늘어놓거든요."

이 글은 앞 소절의 글과 마찬가지로 제일 처음 제시한 글보다 더 설득력 있는데, 존재한다는 것을 누구나 아는 다원성을 애써 감추기보다는 이해하려 노력하기 때문이다. 이 글은 참여자들이 자신의 상황을 어떻게 이해하는지에 대한 것이다. 경험이나 동기, 또는 대상의 다른 여러 측면에 관심을 지닌 연구자는 연구 참여자에게서 보이는 차이를 무시하지 않고 그것을 있는 그대로 활용한다.

백분율을 활용한 서술의 가능성과 위험성

지금까지는 통계나 숫자를 활용하지 않고 연구자의 발견을 질적으로 서술하는 예시를 살펴보았다. 이런 예시들은 집단 구성원의 수가 아니라 구성원 간의 차이에 초점을 맞추었다. 하지만 완전히 다른 접근도 있다. 특히 연구자가 자신의 작업을 통해 양적 연구자와 대화하기를 기대한다면 백분율을 활용하는 방법이 매력적으로 느껴질 것이다. 이는 상당히 까다로운 쟁점이기 때문에 더 논의해 볼 가치가 있다.

연구자가 일반적 패턴에 대한 예외를 발견했다고 가정해 보자. 연구자는 다음과 같이 기록할 것이다.

뉴욕의 멕시코 이민자들은 지원 네트워크에 속해 있는데, 이를 통해 구직 정보를 얻거나 비상시에 도움을 받기도 하고 감정적 지지도 얻는다. 소피아가 스페인어로 이야기했다. "필요한 게 있으면 고향 사람들한테 의지할 수 있다는 걸 알고 있어요." 주민 중 56%가 지원 네트워크에 속해 있다고 응답했고, 32%가 그렇지 않다고 응답했으며, 나머지 12%는 명확하지 않다고 응답했다.

이러한 서술 전략은 설문 조사 연구에서 그대로 빌려온 것이다. 많은 응답자를 다루는 인터뷰 기반 연구자에게 이는 좋은 전략이 될 수 있다. 이론적으로만 보면 연구자가 얼마만큼의 근거에 기반을 두어 일반화된 진술에 도달할 수 있었는지를 독자에게 알려주기 때문이다. 독자는 32%라는 수치가 정말 관심을 두기에는 작은 비중인지를 스스로 판단할 수 있다.

하지만 몇 가지 조건을 만족하지 않는다면 사실 백분율을 활용하는 것은 자료를 서술하는 데 '더 부정확한' 방법이다. 어떤 질문에 특정한 방식으로 대답한 응답자 비율을 정확하게 기록하기 위해서는 모든 응답자가 똑같은 질문에 똑같은 방식으로, 똑같은 순서로 응답해야 한다는 점을 생각해보면 된다. 세 조건이 모두 중요하다. 만약 모든 응답자가 똑같은 질문을 받은 것이 아니라면, 같은 질문을 받지 않은 사람의 수가 관찰된 분포를 변화시킬 정도로 많은지를 알 수 없다. 모든 응답자가 같은 질문을 받았으나 각각의 질문이 서로 다른 낱말과 문장으로 구성되어 있다면, 응답자들이 그것을 유사하게 해석했는지 알 길이 없다. 가령 한 응답자에게는 "도와주는 사람이 있나요?"라는 질문을 던지고, 다른 응답자에게는 "가족에게 도움을 받을 수 있나요?"라는 질문을 한다면, 설령 두 사람 모두 긍정적으로 대답했더라도 두 대답이 정말 같은 것을 가리키는지 확신할 수가 없다.

만일 모든 응답자가 똑같은 형태의 똑같은 질문을 받았으나 질문의 순서가 다르다면, 이미 우리가 익히 알고 있듯 질문 — 그리고 질문에 대한 응답자 자신의 대답 — 자체가 응답자가 이어지는 질문을 어떻게 해석하는지에 영향을 줄수 있다는 점이 문제가 된다.[113] 예컨대, 사람들은 대체로 긴 인터뷰의 처음보다는 끄트머리에서 지루함을 느낀다. 그 결과, 이전의 대답이 꼬리를 물고 다음 질문으로 이어지면 응답자는 인터뷰가 막바지에 이를수록 추가 질문이 나올 수있는 대답을 말하지 않는 식으로 인터뷰가 길어지는 것을 막으려 한다. 이런 효과는 이미 수차례 보고된 적 있고 영향력도 매우 크다.

하지만 질문 순서의 중요성이 단지 피로감에만 한정되는 것은 아니다. 설문 조사든 인터뷰든, 질문 전에 이루어지는 대화는 질문을 해석하는 방식에 영향을 준다. 만약 서로 다른 사람에게 다른 순서로 질문을 한다면 설령 같은 질문을 받았다 하더라도 다른 대답을 할 것이다.

미겔의 사례를 보자. 미겔은 지원 네트워크가 "해낼 수" 있었던 이유라고 이야기했다. 미겔을 만나기 전에, 그리고 지원 네트워크가 있는 응답자 비율을 활용할 수 있다는 점에 관심 두기 전에, 연구자가 모든 인터뷰에서 "도움을 받는 네트워크가 있나요?"라고 정확하게 같은 문장으로 질문하기로 마음먹었다고 가정해 보자. 자연스럽게 흘러가는 인터뷰에서 유능한 연구자는 다음과 같이 질문했을 것이다.

연구자　지인들이 힘든 일을 겪었던 적이 있나요?

미겔　네, 정말 힘들어했죠. 형이 저보다 몇 년 먼저 뉴욕에 왔는데, 오랫동안 잘 안 풀렸어요[no lesalió nada]. 식당에 취직했는데 벌이가 변변치 않았어요. 정말 어려웠어요. 형수를 데려올 때까지는 주위에 아무도 없었어요. 형한테는 지원 네트워크가 없었어요.

연구자　그럼 미겔 씨는 도움받는 네트워크가 있나요?

미겔　네, 저를 돕는 네트워크가 있어서 해낼 수 있었죠.

인터뷰 질문과 응답 모두 완벽하게 논리적이다. 하지만 심층 인터뷰에서 대개 그러하듯이 대화가 조금 다르게 흘러갔다고 가정해 보자.

연구자   소피아는 어떻게 만났어요?

미겔   그게, 소피아는 모르는 사람이 없어요. 헤드스타트에 있는 사람도 알고, 동네 사람들도 알고, 교회 사람들도 알아요. 교회에서 소피아를 만났는데 다 알더라고요. 자기가 얼마나 마당발인지 항상 이야기하는데 진짜였어요. 네트워크가 정말 넓어요.

연구자   그럼 미겔 씨는 도움받는 네트워크가 있나요?

미겔   아뇨, 소피아처럼 큰 네트워크는 없어요.

같은 질문이지만 다른 대답이다. 연구자가 대화를 따라가다 보면 설문 조사 연구자들이 '질문 순서 효과question-order effects'라 부르는 현상이 자연스럽게 발생한다. 이 책 전체에 걸쳐 말한 것처럼, 심층 인터뷰에서 연구자는 단순히 자료를 수집하는 것이 아니라 자료를 생산해 낸다.

이런 이유로 연구자가 백분율을 활용해 패턴을 정확히 묘사하려면 설문 조사와 흡사한 방식으로 인터뷰를 수행해야 한다. 설문 조사와 유사하게 설계된 인터뷰 기반 연구에서는 모든 응답자에게 고정된 절차대로 질문하므로 그나마 필요한 조건들을 어느 정도 충족하긴 한다. 그러나 이를 위해 인터뷰 시 연구자는 후속 질문을 어느 정도 제한해 더 자연스러운 대화를 회피해야만 한다. 많은 연구자가 심층 인터뷰만이 가진 중요한 강점을 훼손할 수 있다는 우려 때문에 인위적으로 후속 질문과 대화를 제한하지 않으려 한다. 어떤 연구자는 개방형 질문에 답한 응답자의 비중을 아예 서술하지 않거나, 같은 응답자를 대상으로 독립적인 설문 조사를 함께 수행해 설문 조사 자료에서 도출된 백분율을 기록하는 방식으로 인터뷰와 설문 조사를 결합하기도 한다. 어떤 연구자는 연구하는 인구 집단에 대한 통계적 대표성을 보여 줄 수 있는 설문 조사와 인터뷰를 결합하는 방법을 활용한다.[114]

정리하자면, 지금까지 논의한 사항들과 마찬가지로, 좋은 작업의 핵심은 자료를 수집하고 서술하는 데 신중하게 접근해야 한다는 것이다.

연구 사례

능숙한 연구자는 다원성이 중심에 있는 서사를 개인이나 집단에 초점을 맞춘 연구 모두에서 일관성 있게 생산해 낸다. 케이시 휴즈Cayce Hughes의 연구가 그 예가 될 수 있다.[115] 휴즈는 휴스턴 서니사이드 근교에서 공공 주택에 거주하는 저소득 아프리카계 미국인이자 자녀를 둔 여성 67명의 경험을 연구했다. 휴즈는 이들이 공공 기관의 감독하에서 살아가는 삶을 주택에서 살기 위한 제도적 조건으로 받아들인다는 사실을 알아냈다.

하지만 이런 공통적 조건은 다양한 방식으로 나타났다. 일부는 감시카메라를 통한 지속적 감시라고 생각했다. 인터뷰 대상인 자밀라가 말했다. "우울해요. 아무것도 못 하니까 답답하죠. 집을 드나들 때마다 망할 카메라가 눈에 보이니까 내 집이 내 집 같지가 않아요…… 뭐가 문제죠? 뭘 들여다보는 거죠? 도대체 뭘 찾는 거예요? …… 그냥 기분이 더러워요."[116] 그녀는 감시카메라가 계속해서 자신을 찍고 있다는 사실을 알고는 아연실색했다. "자밀라가 설명하길, 하루는 집에 돌아오자 아파트 문에 '쓰레기 투기와 부적절한 행동'에 대한 경고장이 붙어 있었다. 문의하려고 주민센터에 갔더니 주택 소유자가 그녀를 앉혀 놓고는 콜라 캔을 문 앞 공터에 버리는 감시카메라 영상을 틀었다."[117] 로넷과 같은 이들은 법규 위반이나 퇴거로 이어지는 자잘한 규칙이 너무 많다는 점을 지적했다. "우리에게 바라는 삶의 방식이 있다는 건 이해해요. 근데 어떤 규칙은…… 없어져야 해요. 미안해요. 그냥 정말 많은 것들이 우리를 통제하기 위해 있는 것 같다는 느낌이 들어요. 카메라 뒤에 앉아서 우리가 무슨 깡패인 것처럼 지켜보는 거잖아요."[118] 또 다른 사람들은 감옥과 별반 다르지 않은 불시 검사가 문제라고 이야기했다. "올리비아는 불시 검사 때 주택 관리인이 '경찰처럼 문을 두드려 대고······ 사전에 통지도 받지 못했다'라고 이야기했다. 그녀는 계속해서 이야기했다. '주택 관리인이 항상 영리하게 말해요. "이건 당신 아파트가 아니라 주택도시개발부 소유 아파트예요. 그러니까 규칙이 뭐든 따라야 해요. 아니면 쫓겨나거나 퇴거당할 수도 있어요." 가끔 관리인이 말하고 행동하는 걸 보면 감옥에 있는 것 같아요.'"[119] 자녀를 둔 여성들이 "감시하에서의 삶"을 다양한 방식으로 경험한다는 점을 명확하게 알 수 있기에, 우리는 개념과 경험적 증거 사이의 관계를 알게 된다. 또한 이들이 자신의 상황을 어떻게 이해하는지를 연구자가 적절하게 포착하려 했다고 믿게 된다.

나아가 휴즈는 이러한 공통의 이해가 존재함에도 감시에 대한 반응에 광범위한 다원성이 있다는 점을 간파했다. 자세히 논의할 수는 없지만, 그는 자녀를 가진 여성들이 가능한 한 실내에 있거나("거의 밖에 안 나가요······ 항상 집에만 있어요."), 협조하는 것처럼 보이도록 행동하거나, 강하게 맞서는 식으로 반응한다는 점을 보여 주었다.[120] 연구 전체에 걸쳐 연구자는 사건에 대한 자신의 해석을 우리가 신뢰할 수 있도록 경험과 이해의 다양성을 기술하고 있다.

참여 관찰에서의 다원성

인터뷰 기반 연구와 마찬가지로, 에스노그라퍼가 어떻게 다
원성을 묘사할 수 있는지 논의할 때도 개인에 초점을 맞추
는 연구자와 집단에 초점을 맞추는 연구자를 구분하는 것
이 유용하다. 하지만 에스노그라퍼는 사람들의 맥락 안으로
들어가 관찰하기 때문에 개인이나 집단이 아닌 장소에 주로
초점을 맞출 수도 있다. 이어지는 글에서는 개인, 집단, 장소
를 차례로 논의한다.

에스노그라퍼가 자료를 수집하는 주요 수단은 관찰이
다. 그래서 경험적으로 감지할 수 있는 모든 실체 ― 보고
듣고 냄새 맡고 만지고 맛보는 모든 것 ― 가 자료의 잠재적
원천이자 연구의 핵심이다. 따라서 에스노그라피적 연구는
주제와 접근의 범위가 다양하고, 에스노그라퍼는 거의 무한
한 방법을 통해 다원성을 밝혀낼 수 있다. 예컨대, 개인에 초
점을 맞추는 에스노그라퍼는 사람들이 어떻게 이야기하는
지, 어떤 옷을 입는지, 어떻게 행동하는지, 다른 사람과는 어
떻게 상호 작용하는지, 일상에서 어떤 경험을 하는지, 자신
이 목격한 것을 어떻게 해석하는지, 자신이 말한 동기에 근
거해 어떻게 어떻게 행동하는지, 누구를 혹은 무엇을 피하
려고 하는지 등등 수많은 것에 집중한다.

모든 논점을 다 다룰 수는 없고, 그럴 필요도 없다. 관찰한 것에 대한 다원성을 그려 내는 방식이 인터뷰에서 도출된 다원성을 묘사하는 방식과 어떻게 다른지 설명하는 것으로도 충분하다. 논의를 위해, 연구자가 개인, 집단, 장소 각각의 맥락에서 관찰할 수 있는 일상적 경험에 주목한다고 가정할 것이다.

개인

소피아와 네트워크 이야기로 돌아와서, 연구자가 소피아의 일상적 경험을 통해 그녀가 다른 사람들과 잘 연결되어 있다는 사실을 보여 주고자 한다고 해 보자. 현장 연구 이후 연구자는 다음과 같이 서술했다.

소피아는 지원 네트워크에 속해 있다. 네트워크를 통해 구직 정보를 얻거나 비상시에 도움을 받기도 하고 감정적 지지도 얻는다. 소피아는 커뮤니티 센터의 월간 모임에 몇 분 늦게 도착했다. 회의실에서는 열 명 내외의 여성이 두세 명씩 짝지어 테이블에 둘러앉아 이야기를 나누고 있었다. 소피아는 테이블을 돌며 모두에게 인사를 건넸다. 그중 사촌 호세파에게 고맙다고 말했는데, 호세파가 구직과 관련된 정보를 주었기 때문이다. 야니나에게는 영화표에 대해 고맙다고 말했다. 그녀의 딸이 영화 보는 내내 늘어지게 잤다는 말에 웃음을 터뜨렸다. 모든 과정이 소피아가 앉고 나서 몇 분 만에 일어났고, 회의는 몇 분 늦게 시작되었다.

이 글도 매우 논리적이다. 소피아에 대해 이론적 주장을 펼치고 있고, 주장을 뒷받침하는 여러 증거도 제시하고 있다. 또한 3장에서 이야기하겠지만, 증거가 사실적이어서 현재 기술하고 있는 것을 연구자가 직접 목격했다는 신뢰를 준다. 그러나 연구가 이런 종류의 진술에만 근거한다면, 다시 말해 등장하는 모든 진술이 소피아가 다른 사람들과 연결되어 있다는 주장과 일치한다면, 독자는 에스노그라퍼가 제대로 관찰하지 않았거나, 잘 관찰했지만 현장 기록을 형편없이 작성했거나, 현장 기록을 작성했지만 그 내용에 깊이가 없거나, 완벽하게 조사했지만 의도적으로 현장에서의 다양성을 감춘 것인지 의구심을 품을 것이다. 현장에서 관찰된 다원성을 표현하는 데는 여러 방식이 있다. 하나의 경험 자체가 지닌 다원성과, 여러 경험에 걸친 다원성을 살펴보자.

하나의 경험 안에서의 다원성을 묘사하기

경험 그 자체가 연구자가 기술한 것보다 더 다원적인 경우도 있다. 다음 글을 보자.

소피아는 지원 네트워크에 속해…… 모두에게 인사를 건넸다. 그중 한 명인 사촌 호세파에게 고맙다고 말했는데, 호세파가 구직과 관련된 정보를 주었기 때문이다. 야나나에게는 영화표에 대해 고맙다고 말했다. 그녀의 딸이 영화 보는 내내 늘어지게 잤다는 말에 웃음을 터뜨렸다. 영화표에 대해 이야기하고 나서 두 여성은 서로를 쳐다보고는 두리번거렸다. 소피아는 다른 사람에게 다가갔다. 대부분은 눈인사만 하고는 원래 하던 대화를 계속했다. 모든 과정이 소피아가 앉고 나서 몇 분 만에 진행되었고, 회의는 몇 분 늦게 시작되었다. 아나가 소피아를 째려보더니 손목시계를 반복적으로 가리켰다.

이 글은 앞선 글과 똑같은 경험을 묘사한다고 볼 수 있다. 하지만 연구자가 사건의 여러 측면을 세심하게 기록했고, 이를 통해 지원 네트워크에 대한 서로 다른 생각을 뒷받침하기 때문에 우리는 이 상황과 소피아에 대해서 이전과는 다른 인상, 그리고 더 복잡한 인상을 받는다. 소피아가 "지원 네트워크에 속해 있다"라는 점은 의심할 여지가 없지만, 거기에는 지원뿐 아니라 갈등도 포함된다는 점을 알게 된다.

여러 경험의 다원성을 묘사하기
유능한 에스노그라퍼는 주장에 대한 증거를 제시할 때 다수의 구체적인 경험이나 사건을 묘사한다. 연구 주제와 관련해 서로 다른 다양한 경험을 서술하면, 독자는 상황을 더 깊이 이해할 수 있으며, 서술이 현실적으로 보이게 되어 더 설득력 있는 그림을 그릴 수 있다.

에스노그라퍼가 소피아의 일상 경험을 통해 지원 네트워크에 관해 다르게 서술할 수도 있었을 것이다.

소피아는 커뮤니티 센터의 월례 모임에 두 번 참여했다. 첫 모임에서 회의실에 들어갔을 때, 열 명 내외의 여성이 두세 명씩 짝을 지어 테이블에 둘러앉아 이야기를 나누고 있었다. 소피아는 테이블을 돌면서 모두에게 인사를 건넸다. 그중 사촌 호세파에게 고맙다고 말했는데, 호세파가 구직과 관련된 정보를 주었기 때문이다. 야니나에게는 영화표에 대해 고맙다고 말했다. 그녀의 딸이 영화 보는 내내 늘어지게 잤다는 말에 웃음을 터뜨렸다. 모든 과정이 소피아가 앉고 나서 몇 분 만에 진행되었고, 그래서 회의가 몇 분 늦게 시작되었다. 두 번째 모임의 규모도 비슷했다. 하지만 소피아의 친척이나 친구 야니나는 그 자리에 없었다. 소피아가 주위를 둘러보고 눈인사하자 대부분의 여성이 고개를 까닥였다. 소피아는 조용히 자리에 앉아서 모임이 시작하기까지 자신의 메모를 들여다보았다.

여러 경험에 대한 독자의 시각은 달라진다. 가장 처음 제시된 글에서 우리는 소피아가 외향적이라는 인상을 받았고, 그녀의 외향적 성격이 강력한 지원 네트워크에 속할 수 있었던 이유였다고 추측했다. 하지만 이제 우리는 그녀가 집단 안의 사람들을 모임 전 미리 알았는지에 따라 타인과의 상호 작용이 달라진다는 점을 이해하게 되었다. 그리고 소피아의 네트워크가 과연 얼마나 넓은지도 확신할 수 없게 되었다. 더 살펴보아야 하겠지만, 우리는 소피아에 대해 더 많이 이해하게 되었고, 그녀의 네트워크에 대해 더 알고 싶다고 생각하게 된다.

집단

집단적 수준에서도 유사한 역동이 발생한다. 집단, 경험, 또는 관찰에 대해 지금까지 논의한 요점을 다시 힘들여 설명할 필요는 없을 것이다. 다만, 예시를 통해 패턴에 대한 예외나 집단에 속한 사람들 전반의 다원성을 묘사하는 일이 얼마나 중요한지 보여 주고자 한다.

연구자가 소피아 개인 대신, 소피아 같은 미등록 이주자들 다수가 자신을 어떻게 이해하는지에 관심이 있다고 가정해 보자. 다음 글을 보자.

커뮤니티 센터의 여성들은 구직 정보를 제공하거나 비상시에 도움과 감정적 지지를 제공하는 지원 네트워크를 만들었다. 소피아는 사촌을 통해 직업을 구했는데, 사촌도 커뮤니티 센터 모임에 참여한다. 야니나는 추첨으로 받은 영화표를 나눠 주었다. 클라우디아는 소피아의 딸이 아플 때 대신 아이를 돌봐주었다.

이 지점에서 독자는 현장 연구자의 발견에 따라 연구자들이 서로 다르지만 더 다원적 그림을 보여 줄 수도 있다는 사실을 상상해 볼 수 있다. 앞선 인터뷰에서의 예처럼, 연구자는 가장 보편적 경험을 그려 내고 거기에서 예외를 찾아 내거나, 다원성을 총체적으로 묘사할 수 있다. 예를 들어,

커뮤니티 센터의 월례 모임에 참여하는 여성들은 네트워크를 만들었는데, 때로는 도움을 받기도 하고 때로는 별 도움을 얻지 못하기도 한다. 소피아는 사촌을 통해 직업을 구했는데, 사촌도 센터 모임에 참여한다. 야니나는 추첨으로 받은 영화표를 나눠 주었다. 아나는 모임의 장이긴 하지만 다른 사람들과 대화를 많이 나누지 않는다. 나는 아나가 누군가에게 도움을 구하는 것을 한 번도 보지 못했다. 제안을 건네는 것도 마찬가지였다. 사실 많은 여성이 모임이 끝난 후에는 자리에 남아 있

지 않았다.

이처럼 주제에 대한 다양한 변주는 연구자가 얼마나 깊게 조사했는지를 보여 준다. 개념을 제시할 때도 마찬가지인데, 이때도 연구자는 다원성에 주의를 기울여야 한다.

장소

에스노그라퍼가 개인보다 조직, 이웃, 마을 등의 장소에 관심을 가질 때도 마찬가지로 중요한 문제가 발생한다. 특히, 저소득 지역이나 시골 지역 마을과 같이 외집단 동질성 편향이 보편적으로 나타나는 맥락을 기술하고자 한다면 다원성에 더 신경 써야 한다.[121] 1장에서 가장 먼저 소개했던 글을 떠올려 보자. 가상의 현장 연구자가 마리아에 대해 다음과 같이 서술한다.

> 열일곱 살인 마리아는 인구 대다수가 흑인이고 빈곤율이 높은 필라델피아의 한 동네에 산다. 마리아가 말했다. "이 동네를 좋아하지 않아요. 여기에서 빨리 나가고 싶어요. 학교 상담 선생님은 내 성적이 좋아서 펜실베이니아주립대에 갈 수 있을 거래요. 하지만 장학금을 받으려면 SAT를 잘 봐야 해요. 빨리 벗어나고 싶어요."

인지적 공감과 관련하여 이 글이 가진 잠재적 문제점에 대해서는 이미 앞에서 논의한 바 있다. 하지만 그 이외에도 주목해야 할 것들이 있다. 만약 연구자가 인물이 아닌 동네에 관심을 지녔다고 가정해 보면, 이때 두 가지 문제가 발생한다.

첫째, 이 글은 동네에 대해 독자에게 말해 주는 것이 별로 없다. 둘째, 연구자가 동네에 관해 말해 주는 두 가지, 즉 주로 흑인이 거주하고 빈곤율이 높은 지역이라는 점은 독자가 외집단 동질성 편향이 영향을 미칠 법한 해석을 택하도록 몰아붙이는 것처럼 보인다. 독자인 우리는 이전에 전해 들었던 수많은 이야기를 토대로 행간을 채우고, 이때 일반적인 선입견에서부터 책, 영화, TV 등에 이르기까지 모든 것이 영향을 미친다. 그래서 독자는 이 동네를 범죄가 빈번하고 더럽고 실업률이 높고 성적이 낮은 학교가 많은 곳으로 인식하게 된다.

참여 관찰자가 무엇을 찾아내려고 하는지, 무엇을 발견했는지는 연구자마다 다르다. 연구자는 그 장소에 누가 사는지, 공간이 어떻게 생겼는지, 장소가 사람들의 행동에 어떤 영향을 미치는지, 장소가 어떻게 발전해 왔는지 등, 장소에 대해 여러 관심을 가질 수도 있다. 어떤 경우든, 에스노그라퍼가 장소에 더 많이 접촉할수록, 그리고 대상을 관찰하고 섬세한 현장 기록을 작성하고 현장 기록에 적힌 것들을 조사하는 데 더 많은 시간을 쓸수록, 에스노그라퍼는 자연스럽게 더 큰 다원성을 드러내게 된다. 반대로, 연구자가 여러 차원의 다원성을 충분히 기록하지 않는다면 독자는 연구자의 서술에 의문을 제기할 것이다. 유능한 에스노그라퍼라면 이를 직감적으로 알고 있다.

연구 사례

대니엘 라우덴부시Danielle Raudenbush의 연구를 보자.[122] 그녀는 미국 대도시의 한 주택 단지에 거주하는 저소득층 아프리카계 미국인을 대상으로 의료접근성에 관한 연구를 수행했다. 잭슨홈즈단지(익명)는 21세기 초의 극단적 도시 빈곤을 전형적으로 보여 주는 곳이다. 라우덴부시가 설명하듯, "잭슨홈즈는 인종에 따라 분리되어 있다. 주민 95%가 아프리카계 미국인이다. [잭슨홈즈가 있는 동네는] 50%가 넘는 빈곤율을 보여 사회학자들이 극빈 지역이라고 부르는 지역이다."[123] 이 지역의 빈곤율과 범죄율은 다른 도시의 세 배에 달하고 "상업 지구나 업무 지구로부터 지리적으로 고립되어 있다."[124] 제대로 된 가장 가까운 식료품점은 "버스나 차를 타고 가야 하는데 교통편에 접근하기 힘든 주민에게는 매우 어려운 일이다."[125] "주변에는 운영 중이거나 폐쇄된 쓰레기

매립지, 하수처리장, 정유소, 많은 중공업 시설이 위치하는데, 이런 시설들은…… 유해 폐기물 시설로 분류된다."[126] 이 지역은 미국에서 가장 가난하고, 인종적으로 분리되어 있으며, 범죄가 잦고, 고립되고, 인종적으로 동질적인 흑인 거주 지역이다.

그다지 놀랍지는 않지만, 라우덴부시는 이 지역에서 "저체중 신생아 출산, 영아 사망, 납 중독 등 여러 건강 문제 발생률이 증가하고 있다. 또한 만성 호흡기 질환, 관동맥성 심장병, 뇌졸중, 당뇨병으로 인한 사망, 살인 등 다양한 질병에 의한 사망률이 [같은 도시의 다른 지역에 비해] 더 높다"라고 묘사한다.[127] 평균 수명은 도시 평균보다 6년이나 더 적다.

이러한 조건에서의 의료접근성에 대해 알려진 것이 거의 없다는 사실을 생각해 본다면, 저소득 아프리카계 미국인이 어떻게 의료에 접근할 수 있는가에 관해 라우덴부시가 현장에서 알아낸 것은 그 세부 주제가 무엇이었든 매우 유익했을 것이다. 거의 3,000만 명의 미국인이 의료보험에 가입되어 있지 않은 상황에서, 라우덴부시의 인터뷰 대상자들은 의료와 관련해 가장 혜택을 받지 못한 집단에 속했다. 이런 상황에서는 연구자가 하나의 동질적 그림을 제시하여 의료 접근을 어렵게 만드는 주요 경로를 설명해 내는 것도 충분히 기대할 수 있고, 나아가 이런 접근을 택하는 이유도 연구자가 쉽게 정당화할 수 있었을 것이다. 이런 극단적 조건은 누구에게라도 영향을 미칠 수 있으며, 누가 보더라도 그 바깥 세계에 있는 사람들과의 차이와 비교해 보면 지역 내부에 있는 사람들 사이의 차이는 그리 커 보이지 않기 때문이다.

그러나 섬세한 경험 연구자인 라우덴부시는 동질성에 주목하지 않았다.

연구 참여자마다 의료 서비스에 접근할 수 있는 정도에 상당한 차이가 있다. 모두 한동네에 사는 저소득 아프리카계 미국인이지만 빈곤의 경험이 단일하지는 않다. [예를 들어] 보험 가입 상태는 주민마다 다르지만…… 보험에 가입한 이들 중에서도 의료적 돌봄에 어려움을 느끼는 주민이 있다. 또한, 모든 주민이 극저소득층으로 분류되지만 소득 수준과 현금 보유량에서는 차이가 있으며, 이는 다양한 측면의 의료적 돌봄을 받을 수 있는지에 영향을 준다. 이를테면, 의료비 본인 부담금이나 진료를 위해 오가는 교통비를 낼 수 있는지가 포함된다. 주택 단지에 합법적으로 거주하느냐도 사람마다 차이가 있어 의료적 돌봄을 받을 수 있는지에 영향을 미칠 수 있다.[128]

라우덴부시는 "일부 주민들은 정기적으로 의사를 만나기 때문에 필요한 치료를 받는 데 별 어려움을 겪지 않는다. 그러나 심한 병이 들어도 장애물에 막혀 의료 서비스에 접근하지 못하는 주민도 있다"[129]라고 말한다. 이 장에서는 두 주민의 경험을 비교하면서 다원성을 아주 상세하게 묘사한다. 카산드라는 푸드 스탬프food stamp와 생활보조금(Supplemental Security Income: SSI)●을 받고, 다른 가족의 아이를 돌봐주거나 청소 등의 일로 생계를 유지하며, 메디케어Medicare와 메디케이드Medicaid●● 자격이 있어서 "보건 체계에 고도로 통합"되어 있다. 반면 다이애나는 푸드 스탬프를 받지만 생활보조금이나 다른 현금 지원, 정기적 일거리, 가구, 자녀양육권이 없어서 메디케어나 다른 공중 보건 체계에 안정적으로 접근할 수 없다.[130]

차이를 묘사하는 것 이외에도 라우덴부시는 그 결과 역시 광범위하게 설명한다. 여기에서 모두 다룰 수는 없지만, 능숙한 에스노그라퍼가 다원성을 심층적으로 조사할 때 현장을 더 잘 이해할 수 있다는 점을 보여 주는 한 가지 논점

● 푸드 스탬프는 저소득층에게 식료품 구매권을 지급하는 미국의 사회 보장 제도이며, SSI는 65세 이상 노인, 시각장애인, 장애인 또는 저소득층을 지원하기 위한 연방 프로그램이다. ― 옮긴이
●● 메디케어는 미국 연방정부에서 시행하는 사회 보장 제도로, 65세 이상의 노인이나 장애인에게 건강보험을 제공한다. 메디케이드는 미국 연방정부와 주 정부가 함께 운영하는 사회 보장 제도로, 나이와 상관없이 저소득층에게 의료보험을 지원한다. ― 옮긴이

이 있다. 라우덴부시의 최종적 발견은 잭슨홈즈 같은 극빈 지역에서는 사람들이 어떤 수단을 동원해서든 자신에게 필요한 의료와 돌봄 서비스에 접근하며, 그렇기 때문에 이 지역에서의 의료가 공식 요소와 비공식 요소의 '혼합'이라는 것이었다. "주민들이 보여 주는 의료 접근의 다원성[이] 바로 혼합적 보건 체계의 핵심이었다. 잭슨홈즈에는 의료 서비스에 접근해 의약품이나 의료 장비 등 관련 자원을 획득할 수 있는 주민이 있는 반면, 어떤 주민은 거기에 접근조차 할 수 없다. 이런 다원성은 의료 서비스에 접근하지 못하는 사람들에게도 의약품과 의료 장비에 대한 수요가 존재하고, 이들이 의료 서비스에 접근할 수 있는 사람들로부터 자원을 공급받는다는 점을 의미한다."[131] 이처럼 섬세한 관찰과 신중한 이론화가 조합되어 도출된 분석이 바로 성공적인 에스노그라피의 특징이라 할 수 있다.

~~~~~~

지금까지 여러 형태의 다원성에 대해 논의했다. 물론 모든 다원성을 반드시 전부 묘사해야만 좋은 연구가 되는 것은 아니다. 대부분 연구가 그렇게 하지 못할뿐더러, 여기에서 우리가 포착한 것 이상의 다원성을 보여 주는 연구도 있을 것이다. 우리가 말하고자 하는 바는 아무런 다원성도 묘사하지 않은 논문이나 단행본은 심각하게 의심을 받는다는 점이다. 실제로 일어나는 일이다. 이를테면, 어떤 연구자는 중요한 사회 문제와 관련된 정책에 관해 이야기하기 위해 자료의 다원성을 무시하고 그 대신 핵심적 이야기와 일치하는 증거만을 제시한다. 사람들의 뇌리에 남을 만한 이론이나 아이디어를 보여 주려고 핵심 주장에 맞지 않는 사례들을 배제하거나, 학술지 투고에 요구되는 지면 제한에 맞추기 위해 연구 질문을 좁히는 것이 아니라 다원성을 무시해 버리기도 한다. 이러한 전략 대부분은 질적 연구의 경험적 근거를 강화하기는커녕 오히려 약화한다. 질적 연구자의 가장 중요한 자산은 세계와의 근접성이며, 우리는 세계가 다양하면서도 혼란스럽다는 사실을 알고 있다. 좋은 현장 연구자라면 자연스레 이러한 다양성을 들춰내 기록할 것이다.

3

구체성

인지적 공감과 다원성에 대한 논의를 통해 글 속에서 연구의 질을 평가할 수 있는 지표를 확인할 수 있다는 점을 보여 주었다. 세 번째 지표인 구체성은 단 한 문장으로도 확인할 수 있다. 구체성은 서술된 모든 증거에 나타나는 공통된 특성이기 때문이다. 구체성이란 서술된 연구 결과가 추상적이지 않고 얼마나 사실적으로 제시되는가를 의미한다.

앞서 높은 인지적 공감과 다원성의 예시로 제시한 글 대부분도 이미 구체성 있는 서술을 보여 주었다. 따라서 이 장에서는 정확히 무엇이 구체성 있는 증거를 만들어 내는지에 초점을 맞춰 간략하게 논의해 볼 것이다. 또한 공감을 보여 주지도 않고 다원성을 드러내지도 않는 짧은 논의조차도 서술된 증거가 얼마나 사실적인지에 따라 그 질이 크게 달라질 수 있다는 점을 보여 줄 것이다.

배경

실제성

질적 연구 교과서에서 '구체성'이라는 용어는 거의 사용되지 않지만, 암묵적으로는 이제 막 연구를 시작하는 초보 연구자들이 '구체성'을 목표로 삼도록 장려한다. 구체성은 단단한 질적 연구가 생산하는 증거가 지닌 일관된 특징이다.

구체성 있는 증거는 실제적이다.

실제성을 이해하기 위해서는 그 반대편에 있는 추상성을 생각해 보아야 한다. 자료에서 패턴을 인지하기 위해 연구자는 반드시 추상화해야 한다. 다시 말해, 연구자는 두 가지의 직접적 관찰, 예컨대 인터뷰 대상자가 언급한 두 가지의 진술이나 현장에서 관찰한 두 가지 행동이 하나의 일반적 현상이 보여 주는 서로 다른 두 모습이라고 생각해야 한다. 설령 그 현상이 그리 일반적이지는 않더라도 말이다. 가령 자녀를 둔 여성을 연구하는 연구자에게 한 인터뷰 참여자가 "남편과 말다툼했어요"라고 말하고, 또 다른 참여자는 "제프가 짜증 나게 굴었어요"라고 말했다고 해 보자. 이때 연구자는 한 사람은 연인끼리 말다툼을 했다는 사실을, 다른 한 사람은 배우자가 농담했다는 사실을 표현한다고 결론 지어서는 안 된다. 대신 연구자는 두 사람 모두 '배우자 간 갈등'이라는 일반적 현상을 표현한다고 결론을 내려야 한다. 연구가 진행됨에 따라 이러한 종류의 작은 추상화는 점점 더 포괄적인 추상화로 이어지며, 이 과정을 통해 연구는 과학적 결론으로 나아간다. 어떤 형태로 이루어지든 추상화는 하나의 관찰을 하나의 원리, 이론, 또는 가설로 전환하는 사회과학의 기초적 특징이다.[132]

그러나 추상화된 진술은 자료가 아니다. 추상화된 진술

만을 보여 주는 연구, 심지어 고도로 상세한 추상화된 진술을 보여 주는 연구도 실은 자료 자체가 아닌 자료의 해석을 제시하는 것이다.[133] 앞서 말했듯이 질적 자료란 개별 인터뷰 과정에서 도출된 진술과 특정한 공간과 시간에 기록된 관찰이다. 따라서 인용문과 현장 기록만이 구체성 있는 증거가 될 수 있다.

모든 인용문과 현장 기록이 구체성을 드러내는 것은 아니다. 연구자가 관심 현상에 얼마나 가깝게 다가갔는지 역시 중요하다. 현장 연구자는 자료를 수집할 때 현상에 가까이 다가가지 못할 수도 있다. 예컨대 연구자가 인터뷰를 통해 획득한 진술 자체가 이미 현상을 추상화하거나 일반화한 내용일 수도 있고, 에스노그라퍼도 관심 현상을 가까이서 관찰하거나 기록하는 데 실패할 수 있다. 진술과 현장 기록의 내용이 연구 참여자가 이미 일반화한 내용만을 담고 있다면, 이는 연구자가 현상에 가깝게 다가가지 못했다는 것을 보여 주는 단서다.

구체성 있는 증거는 일반적이지 않고 특수하다. 참여자의 인식, 의미, 동기에 관한 주장을 펼칠 때, 설득력 있는 인터뷰 연구는 특정 사물을 인식하고 그것에 의미를 부여하는 특정 인물을 인용하며, 사람들의 독특한 행동의 배경이 되는 동기를 서술한다. 이웃이나 조직, 또는 다른 환경에 내포된 조건이 무엇인지에 관한 주장을 펼칠 때, 설득력 있는 에스노그라피는 단지 패턴이 존재한다고 주장하는 것이 아니라 특정한 시간과 장소에서 일어난 행동을 서술하면서 구체적인 사건, 장소, 상황, 상호 작용 등을 제시한다. 고유한 인물, 진술, 인식, 의미, 동기, 사건, 행동, 반응, 장소 등에 관한 서술만이 구체성 있는 증거가 될 수 있다.●

구체성 있는 진술

하나의 경험적 진술이 어떻게 구체성을 보여 줄 수 있을지 생각해 보자. 연구 결과를 서술하는 데 단 하나의 진술만으로 충분한 경우는 거의 없지만, 하나의 진술을 예시로 들어 설명을 시작하면 구체성이 무엇인지 더 잘 이해할 수 있을 것이다. 인터뷰 연구를 상상해 보자. 자녀를 둔 여성들이 자녀를 위험으로부터 안전하게 지키는 과정에서 남편과의 갈등을 어떻게 관리하는지에 관한 연구다. 그리고 이 연구가 다음과 같이 주장했다고 가정해 보자. "자녀를 둔 여성들은 자신이 배우자보다 자녀의 안전을 더 많이 걱정한다고 말했다." 이 진술은 매우 명확하지만 구체성 있는 증거가 부족하다. 이 진술은 틀림없이 자료에 '관해on' 서술하지만 실제로

●   경험적 사회과학에 필수적인 존재론적 실재론의 입장이다.

자료를 생산하지는 않는다.

정량화된 지표를 사용하는 서술은 문제 해결을 위한 한 가지 접근법이 될 수 있다. 예를 들어, 연구자는 다음과 같이 서술할 수 있다. "자녀를 가진 여성들은 자신이 배우자보다 자녀의 안전을 더 많이 걱정한다고 말했다. 여성 20명 중 17명은 자신이, 한 명은 아이의 아버지가 더 걱정한다고 이야기했고, 나머지는 부모 모두 같은 정도로 걱정한다고 이야기했다." 이 진술은 양적 자료를 포함하기 때문에 본래의 진술보다는 더 상세하다. 그러나 더 구체성 있는 질적 증거를 제시하지 않으며, 그렇기에 앞선 진술과 마찬가지로 구체성이 없다.

두 번째 접근법은 인용문을 추가하는 것이다. "자녀를 둔 여성들은 자신이 배우자보다 자녀의 안전을 더 많이 걱정한다고 말했다. 한 여성은 '저는 남편보다 훨씬 더 많이 걱정하는 편이에요'라고 설명했다." 이 진술은 분명 질적인 증거를 제시한다. 우리는 적어도 한 명의 여성이 자신이 배우자보다 더 걱정한다고 생각한다는 점을 직접 알 수 있다. 그러나 이 여성의 진술 자체가 하나의 일반화, 다시 말해 그녀가 남편과 나눈 특정한 상호 작용을 축약한 내용이다. 그녀는 이로부터 자신이 "훨씬 더 많이 걱정하는 편"이라는 추론을 도출해 냈다. 우리가 가진 증거는 축약된 말뿐이기 때문에 그녀의 인식에 대해서는 알 수가 없다. 제시된 증거의 구체성은 제한적이며 그렇기에 상대적으로 설득력이 약하다.

세 번째 접근법은 연구하는 현상에 (지금껏 사용해 왔던 의미에서) 가깝게 다가가게 해 주는 인용문을 추가하는 것이다. "자녀를 둔 여성들은 자신이 배우자보다 자녀의 안전을 더 많이 걱정한다고 말했다. 한 여성은 다음과 같이 설명했다. '지난번 차에 탈 때, 저는 모두 안전벨트를 제대로 할 때까지 출발하지 않겠다고 했고 남편은 몇 블록만 가면 되는데 왜 그러냐고 불평했어요. 제가 남편보다 더 걱정이 많아요.'" 이 여성이 특수한 반응을 포함한 특수한 사건을 이야기했기 때문에 우리는 그녀가 왜 그러한 일반화에 도달했는지를 훨씬 더 명확하게 이해한다. 이 질적 증거는 훨씬 더 설득력 있다.

증거가 구체성이 있을 때 연구는 사건, 상황, 사람, 장소 등에 관해 훨씬 더 많은 세부 사항을 서술하고, 그 결과 더 풍부하다는 인상을 준다. 하지만 반대로 풍부함 자체가 반드시 잘된 연구의 징표는 아니다. (세부 사항이 주로 참여자의 일반화로 이루어진 경우) 세부 사항에 구체성이 없을 수도 있고, (서술에 색채를 더하기 위해 세부 사항을 사용하는 경우) 세부 사항이 경험적 진술을 뒷받침하는 데 쓰이지 않을 수도 있고, (단순히 사람들의 숫자를 수량화하기 위해 세부 사항을 제시하는 경우) 세부 사항이 질적인 자료와 연관이 없을 수도 있기 때문이다. 구체성 있는 증거는 풍부한 서사를 생산하지만, 풍부해 보이는 서사도 실제로는 구체성이 부족할 수 있다.

이어지는 글에서는 심층 인터뷰와 참여 관찰 연구에서 구체성 있는 증거가 어떤 형태로 드러나는지 논의해 볼 것이다.●

심층 인터뷰에서의 구체성

구체성 있는 인터뷰 자료를 생산하기 위해서는 인터뷰 참여자의 말을 반드시 직접 인용해야 한다. 그러나 인용이 항상 구체성을 보증해 주지는 않는데, 인터뷰 대상자의 기본적인 인식, 신념, 태도, 해석, 동기, 경험 등에 가까이 접근하지 못하면 인용 자체의 구체성이 떨어질 수 있기 때문이다. 가까이 접근하기 위해서는 특수성specificity이 필요하며, 연구자는 구체성을 끌어내야 한다.

초심 연구자는 흔히 연구 참여자의 삶에 대한 개괄적인 일반화 이상을 끌어내지 못하는 질문을 던지곤 한다. 아마 이

● 구체성이 투명성transparency과 같지 않다는 점을 분명히 언급해야겠다. 연구에 묘사된 사람이나 장소의 이름이 꼭 기재될 필요는 없다. 유능한 현장 연구자는 특정한 사람·장소·사건의 이름을 기재했는지와 상관없이 이들에 관한 해석이 가능하도록 충분히 실제적인 자료를 생산한다.

러한 관행은 사회과학이 일반화를 추구해야 하고 특이해 보이는 삶의 측면이 연구의 중심이 되어서는 안 된다는 믿음에서 비롯되었을지도 모른다. (또한 이러한 관행은 모든 특수한 사례에 체계적 요소와 비체계적 요소가 존재한다는 킹, 코헤인, 버바의 형식화된 아이디어를 오용한 것일 수도 있다).[134] 예를 들어, 부부 갈등 연구에 관심이 있지만 실제 연구 경험이 부족한 연구자라면 인터뷰 시 아마 참여자에게 "마지막으로 다툰 게 언제인지 알려줄 수 있나요?" 대신 "배우자와 자주 다투는 편인가요?" 라고 묻고 싶을 것이다. 연구자가 기초 통계 훈련의 영향을 받아 마지막 다툼이나 한 번의 다툼이 진정한 경험을 대표하지 못한다는 점을 두려워한다면, 더욱 일반적 형식의 질문을 던져 기저에 놓인 진정한 패턴을 알아내려 할 것이다.

　때로는 사람들에게 삶의 일반적인 경향이나 패턴을 말해달라고 요구하는 것도 필요하다. 설문 조사 연구에서 이는 흔한 일이다. 심층 인터뷰 연구에서 이러한 접근에 의존하는 것이 문제가 되는 이유는 일반화가 중요하지 않거나 (일반화는 필수적이다) 사건이 특이하지 않아서가 아니다(그 사건이 특이할 수도 있다). 문제는 주로 이런 종류의 질문으로 구성된 인터뷰가 대부분 쓸모없는 질적 자료를 산출한다는 점이다. 인터뷰 대상자의 응답은 이미 자신의 경험을 한 차례 추상화한 것이기 때문이다. 인터뷰 대상자는 자신의 경험을 일반화한 결과를 이야기할 것이고, 이는 연구자가 인터뷰를 통해 타인의 추상화를 다시 추상화하는 일 이상은 하기 어렵다는 점을 의미한다. 이런 인터뷰는 질적 인터뷰의 목적에 어긋난다. 만약 최종 서술이 주로 이러한 종류의 인터뷰에 기반을 둔다면 그 서술에는 설득력이 부족할 것이다.[135]

구체성 있는 진술이 담긴 연구는 오직 연구자가 주의를 기울여 그러한 진술을 도출해 냈을 때만 가능하다. 이를 위한 기법은 방법과 관련된 논문집에서 가장 잘 찾아볼 수 있지만 간략한 예시도 유용할 것이다.[136] 구체성 있는 자료를 끌어내지 못한 연구자라면, 어머니와 아이들의 안전에 관한 연구에서 아마 다음과 같은 인터뷰를 진행했을 것이다.

연구자 자녀의 안전에 대해서 얼마나 걱정하세요?

지나 아주 많이요. 저는 이 아이 엄마예요. 걱정하는 게 제 일이죠. 특히 딸 아이는 아직 뭐가 안전하고 아닌지 알 나이가 아니에요. 그래서 아이에게서 잠시도 눈을 떼면 안 돼요.

연구자 그럼 배우자분은요? 안전이 남편에게도 많이 중요한가요?

지나 [웃음] 말하자면, 물론이죠. 남편도 딸의 안전을 중요하게 생각해요. 그런데 우리는 어떤…… [잠시 말을 멈춤] 어떤 상태가 안전한지에 대해서는 생각이 달라요.

연구자　생각하시기에 아이의 안전을 더 걱정하는 분은 누군가요? 선생님? 아니면 남편분?

지나　저죠. 틀림없어요. 제가 남편보다 훨씬 더 많이 걱정하는 편이에요.

여기서 문제는, 연구자가 지나의 걱정을 이해한다는 핵심 과제를 수행하는 과정에서 자신의 경험으로부터 일반화된 결론을 끌어내 달라고 요청하는 것 말고는 별다른 질문을 하지 않았다는 것이다(예를 들어, "얼마나 걱정하세요?," "더 걱정하는 분은 누군가요?"). 물론, 연구자는 명확한 질문을 던졌고, 지나가 결론을 내리기 전에 생각해 볼 기회를 가질 수 있도록 했고, 지나 자신과 남편을 비교해 달라고 명시적으로 요청하는 등 여러 일을 잘 수행해 냈다. 하지만 이 인터뷰를 토대로는 어머니의 걱정이 더 크다는 질적 증거로 "인터뷰 참여자 중 한 명은 이렇게 설명했다. '저는 남편보다 훨씬 더 많이 걱정하는 편이에요'" 이상의 증거를 제시할 수 없을 것이다. 이 인터뷰에서는 증거로 더 제시할 자료 자체가 없다.

더 나은 자료를 생산하기 위해 연구자는 최소한 두 가지 다른 방식으로 인터뷰에 접근할 수 있다. 한 가지는 사전 계획된 질문에 기반을 둔 주로 연역적 접근이고 다른 하나는 인터뷰 과정에서 참여자에게 반응하는 보다 더 귀납적 접근이다. 두 접근은 서로 다른 자료를 생산하지만, 모두 구체성 있는 증거를 생산한다.

사전 계획을 하는 접근

연역적으로 연구에 접근하는 연구자는 인터뷰 시 사전에 질문지를 세심하게 설계한다. 우리가 다루는 가상의 연구에서 경험이 풍부한 연구자는 참여자가 일반적인 경향이나 실천이 아닌 구체적 사건, 상황, 현상, 실천을 이야기하도록 핵심 질문을 던질 것이다. "자녀의 안전에 대해서 얼마나 걱정하세요?"라는 질문보다는 다음 질문 중 하나를 핵심 질문으로 준비할 것이다. "선생님과 배우자분이 따님의 안전에 대해 다른 생각을 가졌던 때에 대해 말씀해 주실 수 있나요?" "선생님과 배우자분은 코로나19 기간에 아이들이 마스크를 써야 한다는 것에 동의하시나요?" "어떤 사람들은 이렇게 말합니다. 우리가 어렸을 때 비하면 오늘날 부모들은 아이들의 신체적 안전을 너무 많이 걱정해서 아이들이 돌아다니며 넘어지고 작은 상처나 멍이 들도록 내버려 두지 않는다고요. 이 말에 동의하세요? 배우자분은요?" 이러한 질문들은 주제와 접근법이 모두 다르지만 특수한 것에 초점을 맞춤으로써 더 구체성 있는 증거가 도출될 여지를 제공한다.

실제 연구에서 연역적 접근을 택하는 연구자들은 인터

뷰 시 각각의 핵심 질문에 뒤이어 후속 질문을 준비하는 경향이 있다(이 주제에 대해서는 4장에서 길게 논의한다). 그 결과 인터뷰는 아마 다음과 같이 진행될 것이다.

연구자　선생님과 배우자분이 따님의 안전에 대해 다르게 생각했던 때에 대해 말씀해 주실 수 있나요?

지나　세상에. 항상 그래요. 어제 매슈한테 제가 화장실에 가야 하니까 딸을 봐 달라고 부탁했어요. 딸이 요즘 막 기어 다니기 시작하는데, 깜짝 놀랐죠. 화장실에서 나왔을 때 애가 여기저기 기어 다녔거든요. 이렇게 멀리 기어 나온 적은 없었어요! TV 전선을 잡으려고 애가 손을 쭉 뻗고 있었고 선을 잡아당겨서 TV가 애한테 떨어질까 봐 죽을 만큼 겁이 났어요.

연구자　어떻게 하셨어요?

지나　달려가서 애를 안아 올렸죠. 아이를 안고선 전선은 안전하지 않다, 네가 괜찮아서 너무 기쁘다고 말했어요. 그리고 말하면 좀 창피하긴 하지만 그냥 흐느껴 울기 시작했어요. 그냥 딸을 붙잡고 거실에서 울었어요.

연구자　매슈는 뭘 하고 있었나요?

지나　[웃음] 네, 사실 남편은 계속 딸이랑 2미터 정도 떨어져 있었어요. 소파에 앉아서 뭔지 모르겠지만 전화기로 일을 하고 있었어요. 심지어 딸이 전선을 잡으려고 한다는 것도 알아차리지도 못했죠. 까맣게 잊어버렸어요. 그래서 저는 그 사람 옆을 지나쳐서 딸을 잡아 전선에서 떼어내야 했어요. 아마 딸을 가까이서 돌보지 않았다고 소리 질렀던 것 같아요. 당신을 믿을 수 없다고 말했던 것 같아요.

연구자　그가 뭐라고 하던가요?

지나　　그 사람은 그냥 "괜찮아. 애는 괜찮다고"라고만 계속 말했어요.

여기서 생산된 자료는 필연적으로 훨씬 더 구체적이며 도출되는 증거도 훨씬 더 구체성이 있다.

사전 계획을 하지 않는 접근

연구자가 아이들의 안전에 대한 부부의 의견 차이를 이해하고자 하는 관심에서 연구를 시작한 것이 아닐 수도 있다. 예를 들어보면, 육아에 관한 인터뷰를 하던 도중 관련 주제가 떠올랐을 수도 있다. 이런 경우 연구자는 참여자의 삶 속에서 안전과 관련된 갈등이 등장한 구체적 순간들에 대한 질문을 미리 준비해 놓지 않았을 것이다. 대신 연구자는 참여자의 반응에서 안전이라는 주제가 나타나는 것을 알아차리고, 연구 참여자에게 후속 질문을 던져 그 주제를 실제 예시를 통해 설명해 달라고 요청해야 한다. 다음 예를 살펴보자.

연구자　선생님과 배우자분이 육아에 대해 다른 생각을 한 적이 있었나요?

지나　우리는 대부분 생각이 비슷하지만, 안전과 관련해서는 저는 좀 더 예민하고 매슈는 더 느긋해요.

연구자　좀 더 풀어서 말해 주시겠어요?

지나　물론, 매슈도 아이샤의 안전을 신경 쓰죠. 하지만 남편은 저만큼 신경 쓰지는 않아요. 그래서 그 둘만 따로 있게 하지는 않으려 했어요. 제 말은, 끔찍한 일은 일어나지 않을 거라고 짐작하지만 혹시 모르니까요.

연구자　남편이 아이샤를 당신만큼 신경 쓰지 않는다고 하셨잖아요? 예를 하나 들어줄 수 있으세요?

지나　예를 들면, 매슈는 저처럼 또래 아이들과 함께 자라지 않았어요. 그이는 막내였고, 그래서 사촌들을 돌본 적도 없고 그와 비슷한 일을 해 본 적도 없었죠. 아이샤가 태어나기 전에는 기저귀조차 갈아본 적이 없었어요. 심지어 지금도 그이가 기저귀를 갈면 결국 제가 바로 잡아줘야 해요. 왜냐면 잘 고정되어 있지 않거나, 비뚤어져 있거나, 뭔가 다른 문제가 있어요. 만약 제가 바로잡지 않으면 내용물이 사방으로 새어 나오죠. 그러면 저는 또 그 난장판을 치워야 해요. 그래서 전 매슈가 저만큼 신경 써 주기를 바라요. 이를테면 기저귀가 제대로 고정되지 않았다든가, 카시트 벨트가 잘못된 곳에 채워

져 있다든가, 콘센트 커버가 제대로 다시 끼워지지 않았다든가 하는 것들이요.

연구자는 지나와 배우자가 일반적으로 육아에 대해 다른 의견을 가지고 있다는 지점에서 인터뷰를 시작했지만, 지나는 안전 문제를 언급했다. 하지만 그녀가 제시한 것은 "매슈는 훨씬 더 느긋해요"라는 일반화된 진술뿐이었다. 연구자가 더 많은 세부 사항을 말해 달라고 재촉했지만 지나는 다시 "매슈는 항상 저만큼 신경 쓰지는 않아요"라는 일반화된 진술로 대답했다. 연구자는 여기서 멈추지 않고 예를 들어 달라고 명시적으로 요청했고, 그 결과 더욱 실제적인 자료가 생산되었다(이 책의 4장을 참조하라).

연구 사례

인터뷰를 기반으로 한 훌륭한 연구는 대개 구체성 있는 증거를 제공한다. 제니퍼 리Jennifer Lee와 민 저우Min Zhou가 쓴 《아시아계 미국인 성공의 역설*The Asian American Achievement Paradox*》을 보자.[137] 이 연구는 LA에 거주하는 중국, 베트남, 멕시코 출신 이민자의 자녀들과 해당 아시아 국가에서 태어났지만 어린 시절 이민을 떠나온 사람들을 포함해 다양한 사람들의 생애사 인터뷰에 기반을 두고 있다. 리와 저우는

'좋은 교육'에 대한 생각이 사람마다 다른 의미를 지닌다고 주장하며 다음과 같이 설명한다.

> 어떤 집단은 고등학교를 졸업하고, 사는 지역에 가까이 있는 커뮤니티 칼리지●에 다니고, 전기공, 기계공, 간호사, 치과 보조원으로 일할 수 있는 직업 자격증을 취득하는 것이 좋은 교육이라고 생각한다. 다른 집단은 좋은 교육을 훨씬 좁게 규정하는데, 이들에게 좋은 교육이란 전 과목에서 A학점을 받고, 고등학교를 수석으로 졸업하고, 엘리트들이 다니는 대학에 입학하고, 의학·법률·과학·공학 관련 대학원 학위를 받는 것이다. 즉 다양한 집단이 모두 교육을 가치 있는 것으로 보지만 무엇이 '좋은' 교육이고 무엇이 성공을 의미하는지는 인식이 매우 다르다.[138]

두 연구자의 증거는 인터뷰에서 도출된 것이다. 지면 제약상 두 연구자가 제공하는 증거를 본격적으로 설명하긴 어

● 미국 2년제 대학의 한 종류. 4년제 대학에 진학하지 않거나 못한 고등학교 졸업생들에게 내신과 SAT 시험 성적과 관계없이 고등 교육 기회를 제공하고, 통상적으로 지역 세금으로 운영되어 등록금이 매우 낮다. 2023년 기준 1,038개의 기관, 미국 전역 학부생의 38%가 입학해 있는 보편적인 기관이다(https://www.aacc.nche.edu/research-trends/fast-facts/). ─ 옮긴이

렵다. 하지만 성공적인 연구자는 인터뷰를 통해 '좋은 교육'처럼 추상적 개념에 대해서도 구체성 있는 증거를 이끌어낼 수 있으며, 연구에 등장한 이야기 하나만으로도 이를 충분히 확인할 수 있다. 캐롤라인의 말이 인용된 부분을 살펴보자. 캐롤라인은 35세이며 그녀의 부모는 중국에서 태어났다. 캐롤라인의 말을 보면 그녀의 가족이 좋은 교육을 독특한 방식으로 이해하고 있으며, 이들이 생각하는 좋은 교육에는 대학원 이상의 학위를 취득하는 일이 포함된다는 점을 알 수 있다. 또한, 독자는 캐롤라인이 이러한 이해 방식을 어떻게 바라보는지 구체성 있는 증거를 획득하게 된다.

어머니에게 고등학교를 졸업한다는 건 그리 대단하고 축하할 만한 날은 못 되는 거였어요. 전 행복했지만요. 그런데 그거 아세요? 어머니는 "오늘은 좋은 날이지만 그렇게 특별한 날은 아니야"라고 무뚝뚝하게 말했어요. 어머니는 모두가 고등학교를 졸업해야 하듯이 저도 고등학교를 졸업해야 하고 그래서 고등학교 졸업을 큰일로 보는 건 터무니없다고 생각했죠. '그건 딱히 특권은 아니고 의무다.' '넌 꼭 고등학교에 가서 꼭 끝마쳐야 한다.' '대학에 가서 학사 학위를 얻는 게 그다음 의무다.' '그 후에 박사나 석사 학위를 얻으면 그건 축하할 만한 일이다.' 그게 하이라이트예요. 케이크에 크림을 바르고 마지

막으로 그 위에 체리를 얹은 것처럼요. 그게 어머니가 가치 있다고 보는 일이었어요.[139]

독자는 어머니가 좋은 교육을 이해하는 방식을 캐롤라인이 어떻게 바라보는지를 명확히 이해하게 된다. 여기에서 좋은 교육이란 고등학교와 대학을 졸업해야 한다는 기본 의무를 넘어서는 것이었다.

참여 관찰에서의 구체성

어떤 사회 환경이라 하더라도 에스노그라퍼가 기록할 수 있는 세부 사항의 수는 무한하다. 카페에서 손님이 커피 한 잔을 사는 것처럼 별다른 의미가 없어 보이는 상호 작용도 사람들과 사람들의 행동에 관련된 수많은 요소를 담고 있다. 사람들의 옷, 머리, 눈동자 색깔, 목소리의 특징, 말, 움직임, 행위·자세·아무런 행위도 하지 않는 것에 대한 반응까지, 많은 요소가 담겨 있다. 에스노그라퍼는 카페의 냄새, 배경의 잡음이 극에 달한 시점과 줄어든 시점, 초인종이 울리는 소리, 조명의 밝기·색감·위치, 좌석이 모여 있는 형태, 바닥·테이블·의자의 딱딱함, 공기의 차가움 등 환경의 모든 요소를 서술할 수 있다. 모든 것을 포착하려고 한다면 에스노그라퍼는 결코 현장 기록을 완성하지 못할 것이다. 그러나 반대로 중요해 보이는 듯한 이슈만 선호해 세부 사항을 무시하는 에스노그라퍼는 자신이 기존에 알거나 믿지 못했던 사항은 거의 발견하지 못할 것이고, 그 결과 필연적으로 빈약한 자료를 생산하게 될 것이다.

젠더와 육아에 관한 연구를 생각해 보자. 연구자는 어린 자녀를 둔 부부들을 관찰하고 있다. 연구자는 몇몇 부부를 몇 달 동안 밀착해 따라다니며 살아가는 모습을 관찰했고, 이들이 연구의 핵심이다. 이 연구는 아마 부부간의 의견 차이에 관해 서술하고 그 증거로 한 사례를 제시할 것이다.

내가 관찰한 부부들은 적어도 가끔은 아이들의 안전에 대해 의견 차이를 보였다. 그럴 때마다 어머니는 아버지보다 더 많은 걱정을 내비쳤다. 예를 들어 이사벨과 아키오는 카시트 같은 문제로 종종 다투었고, 이사벨이 더 신중한 태도를 보였다.

이 글은 이사벨과 아키오의 경험을 일반화한 것으로 구체성이 부족하다.

앞서 언급했듯이, 증거의 구체성을 향상하려면 특수한 것에 초점을 맞춰야 한다. 에스노그라퍼가 관찰할 수 있는 상호 작용이나 현장의 요소가 많은 만큼, 특수한 것에 초점을 맞추는 방법도 여러 가지가 있다. 이 중 널리 활용되는 두 가지 방식, 즉 특수한 사건을 중심에 놓는 방식과 특수한 인물을 중심에 놓는 방식을 중심으로 설명해 볼 것이다.

사건에 관해 서술하기

연구자가 어떤 조건이나 어려움을 이해하는 방법 — 이를테면 안전에 대해 서로 다른 생각을 지닌 부부를 이해하는 방법 — 하나는 어려움이 있는 그대로 드러난 여러 사건을 개념적으로 종합하는 것이다. 유능한 에스노그라퍼는 종합 자체가 자료를 만들어 내지 않는다는 것을 알고 있기 때문에 대개 구체성 있는 증거를 제공하는 특정한 사건에 초점을 맞춘다. 숙련된 에스노그라퍼를 알아보는 쉬운 방법은 연구자가 특이한 사건에 자주 초점을 맞추는지 살펴보는 것이다. 따라서 앞글을 개선하면 다음과 같이 특정한 사건을 묘사할 수 있을 것이다.

내가 관찰한 부부들은 적어도 가끔은 아이들의 안전에 대해 의견 차이를 보였다. 그럴 때마다 어머니는 아버지보다 더 많은 걱정을 내비쳤다. 예를 들어, 이사벨과 아키오는 자신들의 아이인 렌을 데리고 친구들과 저녁 식사를 하러 짧은 드라이브를 나갔다. 두 사람은 렌의 카시트에 채운 안전벨트 위치를 조정해야 하는지를 두고 다투었다. 이사벨은 렌에게 더 잘 맞도록 카시트를 잠시 치우고 벨트를 고쳐 매고 싶었다. 하지만 아키오는 렌이 괜찮을 것이라며 반대했다. 결국 그들은 아키오가 나중에 하겠다고 동의하고 나서야 당장은 고쳐 매지 않기로 했다.

이 증거는 분명히 더 구체성이 있다. 연구자는 의견 충돌이 어떻게 펼쳐졌는지를 더 분명하게 보여 주는 독특한 사건에 관해 서술한다.

아마 연구자는 사건의 당사자들이 이야기한 것을 독자에게 정확하게 전달하는 방식으로도 서술의 구체성을 높일 수 있을 것이다.

내가 관찰한 부부들은 아이들의 안전에 대해 최소한 가끔은 의견 차이를 보였다. 그럴 때마다 어머니가 아버지보다 더 많은 걱정을 내비쳤다. 예를 들어, 친구들과 저녁 식사를 하러 나간 짧은 드라이브에서 이사벨은 아키오에게 말했다. "차량 벨트가 너무 낮아. 고쳐 매려면 카시트를 치워야 해."

아키오는 말했다. "시간 없어, 여보." 이사벨은 다음과 같이 답했다. "시간 약속과 아이의 안전 중에 뭐가 더 중요해?" "당신은 항상 이런 식이야!"

결국 그들은 아키오가 나중에 하겠다고 동의하고 나서야 당장은 고쳐 매지 않기로 했다.

당사자들의 말을 직접 보기 때문에 우리는 그들을 더 잘 이해할 수 있다. 그래서 우리는 의견 차이가 어떤 성격을 지니는지 더 잘 이해한다. 현장 조사의 맥락을 고려할 때, 인용문을 제시할지는 연구의 목적 혹은 연구자가 정확하게 인용문을 제대로 녹음할 수 있었느냐에 따라 달라진다. 만약 인용문을 믿을 만한 수준에서 활용할 수 있다면 매우 구체성 있는 증거를 생산할 수 있다.

안전에 대한 의견 차이가 연구의 핵심 요소가 아니라면, 앞서 서술한 두 글 중 한 단락만 제시해도 충분할 것이다. 그러나 만약 의견 차이가 핵심 요소라면 그 기저에 있는 근본적인 인식, 의미, 동기를 이해하는 것이 중요하다. 만약 그렇다면, 에스노그라퍼는 상황에 대해 더 구체성 있는 설명을 제공할 수도 있다. 연구자가 정확한 인용구를 녹음할 수 없었더라도 가능하다.

내가 관찰한 부부들은 아이들의 안전에 대해 최소한 가끔은 의견 차이를 보였다. 그럴 때마다 어머니는 아버지보다 더 많은 걱정을 내비쳤으며, 대개 그들은 같은 문제에 대해 다른 인식을 보였다. 예를 들어, 이사벨과 아키오는 자신들의 아이인 렌을 데리고 친구들과 저녁 식사를 하러 짧은 드라이브를 나갔다. 두 사람은 렌의 카시트에 채운 안전벨트 위치를 조정해야 하는지를 두고 다투었다. 조수석에 앉은 이사벨은 아키오가 렌을 차에 태우고 벨트를 채우는 것을 지켜보았다. 이번 드라이브는 가족이 몇 주 만에 처음으로 차를 타는 것이었고 근래 렌은 빠르게 성장했다. 이사벨은 아키오에게 매뉴얼의 지침을 보면 렌의 어깨가 안전벨트에 비해 너무 높게 올라가 있다고 말했다. 그녀는 렌을 더 안전하게 앉히기 위해 카시트를 치우고, 벨트를 고쳐 맨 다음, 카시트와 벨트를 다시 조립해 달라고 부탁했다. 아키오는 그러면 저녁 식사에 늦을 것이고, 몇 킬로미터만 운전하면 되며, 렌은 괜찮을 것이라 이야기하면서 이사벨의 걱정을 일축했다. 결국 그들은 아키오가 나중에 하겠다고 동의하고 나서야 당장은 고쳐 매지 않기로 했다.

여기에서 에스노그라퍼는 이 사건을 이해하기 위해 훨씬 더 많은 증거를 제시했다. 우리는 렌이 급격히 성장했고, 그들이 지난 몇 주 동안 드라이브를 하지 않았으며, 이사벨이 카시트 매뉴얼을 읽었다는 점을 알게 되었다. 상황은 더 명확한 모습으로 드러나고 우리는 더욱 큰 쟁점 — 안전에 대한 부모의 의견이 일치하지 않고 이들이 같은 문제를 다르게 바라본다는 점 — 을 더 잘 이해하게 된다. 아키오와 렌을 직접 인용하는 것이 가능했다면 그들의 목소리를 추가해 이 글의 증거 기반을 더욱 강화할 수도 있었을 것이다.

인물에 관해 서술하기

설명의 구체성을 높이는 완전히 다른 또 하나의 방법은 관련 인물에 대해 더욱 사실적인 자료를 생산하는 것이다. 연구가 인물이 처한 어려움보다는 인물 자체에 더 관심이 있는 경우 이러한 접근이 중요할 수 있다. 이를테면, 연구자는 어떤 상황에 대한 증거보다는 인물에 대해 구체성 있는 증거를 추가할 수 있다.

내가 관찰한 부부들은 아이들의 안전에 대해 최소한 가끔은 의견 차이를 보였다. 그럴 때마다 어머니는 아버지보다 더 많은 걱정을 내비쳤다. 예를 들어, 이사벨과 아키오는 자신들의 아이인 렌의 안전에 다른 방식으로 접근했다. 이사벨은 렌이 카시트의 방향을 몇 살에 후향에서 전향으로 바꿔야 하는지에 대한 조사 자료를 자세히 검토했다. 렌이 요거트를 먹은 후 살짝 아픈 것처럼 보이자 알레르기 검사를 받게 했고, 거실 벽난로에 사용할 어린이용 보호망을 사야 한다고 주장했다. 이러한 문제들이 제기될 때마다, 아키오는 이사벨이 너무 많이 생각한다고 말했다.

이 글은 우리에게 특정한 사건에 대한 세부 사항을 제공하지 않는다. 하지만 이사벨과 아키오의 실제 성격을 보여주는 여러 모습을 기술함으로써 두 사람에 대해 많은 것을 말해 주며, 이사벨이 아키오보다 더 신중하다는 점을 보여준다. 우리는 "이사벨과 아키오는 종종 카시트와 같은 문제에 대해 다툼을 벌였고, 이사벨은 더 신중한 태도를 보였다"라는 말을 듣기만 했을 때보다 훨씬 더 명확하게 상황을 이해할 수 있다.

맥락에 따라 연구자는 사건에 대한 기술과 인물에 대한 기술을 결합할 수도 있다. 예를 들어,

조수석에 앉은 이사벨은 아키오가 렌에게 벨트 채우는 것을 지켜보았다. 이번 드라이브는 가족이 몇 주 만에 처음으로 차를 타는 것이었고 근래 렌은 빠르게 성장했다.

"차량 벨트가 너무 낮아." 이사벨이 말했다. "렌이 더 컸어. 매뉴얼을 읽은 게 기억나는데, 이제 카시트를 치우고 차량 벨트를 다시 조정해야 해."

이사벨은 몇 주 동안 카시트에 대한 모든 것을 조사했는데, 여기에는 어깨끈의 올바른 위치와 전향 카시트로 전환하는 데

적합한 나이가 포함되어 있다.

아키오는 "당신은 항상 이런 식이야!"라고 말했다.

이러한 방식으로 쓴 서사는 기존의 서술보다 당연히 훨씬 더 길어질 것이다. 다시 말하자면, 사건과 사람에 대한 구체성 있는 기술을 결합하는 것이 올바른 전략인지의 여부는 연구 중점이 무엇인지에 달려 있다. 효과적인 설문 조사 분석이 얼마나 많은 표를 제시해야 할지 신중하게 접근하는 것처럼, 유능한 에스노그라퍼도 구체성 있는 증거를 얼마나 많이 서술해야 하는지 사려 깊이 판단할 것이다.

연구 사례

배리 손Barry Thorne의 고전적 분석이 훌륭하게 구체성을 전달하는 서술의 예가 될 수 있다.[140] 손은 초등학교 두 곳에서 에스노그라피적 관찰을 수행해 여자아이들과 남자아이들의 놀이 방식에 관해 기술했다. 손은 여러 의례를 통해 아이들이 남녀 사이의 상징적 경계를 강제한다고 주장한다.

몇몇 의례는 여자아이들과 남자아이들 모두 동등하게 수행하는 반면, 어떤 의례는 주로 남자아이들이 수행한다. 남자아이들은 의례를 통해 자신을 여자아이들에게 드러내려 한다. 손은 다음과 같이 설명한다. "두 학교 운동장에서 나는 남자아이들이 개별적으로 혹은 집단을 이뤄 여자아이 집단의 활동을 의도적으로 방해하는 것을 반복적으로 목격했다. 남자아이들은 빙글빙글 도는 줄넘기 밧줄 아래로 뛰어들거나, 밧줄에 발을 집어넣어 줄의 움직임을 막아 줄넘기 놀이가 진행되지 못하게 방해한다."[141] 이 글에서 손이 어떤 의례를 목격했는지 정확히 묘사한다는 점을 주목해야 한다.

그러나 이 진술 자체는 엄밀한 의미에서의 구체성 있는 증거라기보다는 그녀가 관찰한 것을 일반화한 서술이다. 숙련된 에스노그라퍼인 손은 여기에서 더 나아가 구체적 사건을 묘사하는 기법을 사용해 실제 증거를 제시한다.

애슈턴초등학교의 운동장에서 일곱 명의 초등학교 4학년 여자아이가 열심히 포스퀘어 공놀이●를 즐기고 있었다. 따뜻한 10월 어느 날이었고 여자아이들은 페인트칠한 경기장 옆 시멘트 블록 위에 코트를 쌓아 두었다. 두 남자아이가 얼굴에 장난기를 띠며 경기장 가장자리로 다가왔다. 한 명이 팔을 휘둘러 놀이판으로 들어왔고, 한 여자아이가 팔을 밀쳐내며 짜증스럽게 반응했다. 남자아이는 몇 미터 정도 도망갔고, 이번

●　미국에서 아이들이 즐겨 하는 놀이로, 정사각형의 공간을 4분면으로 나눠 4명이 한 명씩 한 분면에 들어가 공을 튀기며 주고받는 놀이다. — 옮긴이

에는 다른 남자아이가 공을 바깥으로 쳐내려고 놀이판에 들어왔다. 그동안 첫 번째 남자아이가 코트 더미 뒤에 무릎을 꿇고 여자아이들을 보기 위해 몸을 기댔다. 한 여자아이가 화내며 소리쳤다. "나가. 코트에 들어 있는 내 안경이 너희들 때문에 부서질 것 같아." 놀이터 도우미가 남자아이들을 불러 "여자애들을 내버려 둬"라고 말하자 그들은 달아났다.[142]

손은 실제 일어났던 사건을 사실적으로 묘사하고, 자신과 독자를 연구하는 현상에 가까이 데려간다. 그녀는 그날의 온도, 검은 상의 위에 입은 코트, 포스퀘어 공놀이, 그리고 놀이를 한 사람의 숫자, 나이, 젠더 등에 대해 묘사한다. 또한 손은 여자아이들이 "열심히" 즐기고 있었다는 서술을 통해 사람들 사이의 상호 작용이 어떻게 전개되었는지를 묘사한다. 독자는 그녀가 관찰한 것을 정확히 알게 되고, 그것들이 어떻게 일반적인 명제와 관련이 있는지 나름대로 추론해 볼 수 있다.

자신이 연구하는 현상에 다가갈 때 인터뷰 기반 연구자와 에스노그라퍼는 한 편의 글로 서술할 수 있는 것보다 훨씬 더 많은 자료를 수집한다. 훈련되지 않은 사람들의 눈에는 긴 인터뷰 인용문과 상세한 기술이 일종의 겉치레로, 단순히 독자가 글에 더 몰입하게, 이를 더 즐기게끔 하기 위해 추가된 불필요한 장식처럼 보일 수 있다. 숙련되지 않은 연구자가 이러한 인용문과 기술을 다룬다면 경험적 주장을 뒷받침하지 않거나, 추상화에 불과한 인용문과 관찰에 머무를 수도 있다. 그러나 앞서 살펴본 것과 같이 구체성 있는 증거가 반드시 세부 사항이나 글의 길이, 풍부함 같은 요소에서만 비롯되는 것은 아니다. 특정한 사건, 인물, 발화, 상호 작용을 비롯해 연구자가 도출하거나 관찰한 여러 자료를 중심에 놓으면 연구하는 현상에 근접한 실제적인 자료를 얻을 수 있다. 구체성 있는 증거는 이런 실제적 자료로부터 만들어진다. 증거의 구체성은 경험적으로 설득력 있는 글의 기초다.

4

추적

추적이란 연구자가 자료 수집 과정 자체에서 생긴 질문에 대답하기 위해 얼마나 자료를 모았는가로 정의할 수 있다. 인지적 공감, 다원성, 구체성에 대한 앞선 논의에서 우리는 연구자가 인터뷰할 때 어떻게 연구 참여자의 말을 따라가며 자료의 수준을 향상시켰는지 여러 차례 보여 주었다. 같은 요점을 반복할 필요는 없을 것이다. 다만, 추적은 인터뷰만의 특징이 아니다. 추적은 에스노그라피에서도 주요한 역할을 하며, 진정한 과학적 발견의 바탕으로서 자료 수집 과정 전반의 방향성을 설명해 준다. 이 장에서는 추적이 왜 중요한지를 밝히고, 추적의 몇 가지 형식을 제시하며, 어떻게 완결된 글 안에서 그것을 발견해 낼 수 있을지 보여 줄 것이다.

배경

질적 자료는 늘 사회학자들이 '예상치 못하게 등장하는 요소emergent entity'라 부르는 것을 만들어 내는데, 이는 상호 작용의 산물이기에 누구도 정확하게 예측할 수 없다. 질적 자료는 한 당사자의 행위에서 도출되는 것이 아니라 여러 당사자 간의 상호 작용에서 도출된다.[143] 상호 작용에서는 실시간으로 이루어지는 참여자와 연구자의 판단이 중요하다. 서론에서 이야기했듯, 현장 연구자가 인터뷰하거나 현장 기록을 모아나갈 때 하는 일은 자료를 수집하는 것이 아닌 생산해 내는 일이라고 말하는 것이 가장 정확할 것이다. 현장 연구자는 눈앞에 놓인 사건에 실시간으로 반응한다. 자신이 들은 것에 반응해 질문을 던지거나, 일어난 사건에 관심을 둘 수도 있고, 아니면 아무런 반응도 하지 않은 채 그저 넘겨 버릴 수도 있다. 연구자는 판단해야만 하고 그 판단은 자료의 내용과 질에 영향을 미친다.

따라서 연구 과정 중 떠오르는 논점을 연구 결과물이 성공적으로 추적하도록 보장해 주는 연구 원칙을 엄밀하게 정하는 것은 불가능하다. 연구자는 특정한 주제에 대해 질문하거나 특정한 이슈에 집중하기 위해 나름대로 계획을 세워 놓았을 수도 있고, 심지어는 예상되는 대답과 사건에 대한 응답이나 반응을 준비해 놓았을 수도 있다. 그러나 이런 계획은 현장에서의 현실과 맞닥뜨리게 된다. 심층 인터뷰 참여자들은 애초에 기대한 것과는 다른 것을 이야기하고, 현장에서 만난 사람들은 연구자가 예상했던 것과 다른 행위를 할 것이다. 연구자들은 같은 말과 행위라 할지라도 서로 다르게 반응할 것이다. 루벤 메이Reuben May와 메리 패틸로-매코이Mary Pattillo-McCoy가 함께한 인상적인 연구에서, 두 연구자는 같은 목적을 가지고 같은 시간에 같은 현장에 갔지만 현장 기록은 각자 따로 적었다.[144] 두 연구자는 동시에 일어난 사건을 서로 다르게 기록했는데, 이를 보면 현장 연구자의 개별적 특성이 기록된 자료의 성질에 얼마나 큰 영향을 미치는지 명확히 알 수 있다.

하지만 이런 영향과는 별개로, 추적하는 질문을 던지지 않은 인터뷰와 그렇게 한 인터뷰, 관찰자가 단서를 쫓지 않은 현장 기록과 그렇게 한 현장 기록 사이에는 질적으로 큰 차이가 있다. 또한 연구자가 모든 행동이나 행위를 일일이 추적하기가 불가능하다고 해도 — 그렇기에 서로 다른 두 연구자가 완전히 같은 이슈를 따라갈 수도 없다 — 연구자가 경험적 주장에 필요한 만큼 이슈를 잘 추적했는지를 독자가 객관적으로 평가할 수는 있다. 연구자가 이슈를 따라가지 못하면 주장에 대한 증거에는 깊이와 구체성이 부족할 수밖에 없다. 사람들이 무엇을 인식했는지, 그것이 그들에게 무슨 의미인지, 또는 행위의 동기가 무엇인지에 대한 주장을 만드는 과정에서 추적을 소홀히 하면, 대개 서사에 인지적 공감이 부족하기 마련이다. 사람들이 무엇을 경험했고 그 경험의 특징은 무엇인지, 혹은 현장의 조건이 무엇인지에 대한 주장을 만드는 과정에서 추적을 소홀히 하면, 깊이나 다원성, 또는 둘 다가 부재할 가능성이 크다. 따라서 우리는 연구 결과물에서 효과적인 추적이 이루어졌는지를 어떻게 알아볼 수 있을지 다뤄 보고자 한다.

한 가지 분명하게 밝혀 두려 한다. 이전 장들에서 현장 연구자가 어떨 때는 연역적으로, 어떨 때는 귀납적으로 연구에 접근한다는 점을 보았는데, 이러한 차이는 추적에도 적용된다. 예컨대, 연구자는 인터뷰할 때 추적을 위한 특정한 질문을 미리 준비할 수도 있고, 새로운 진술에 반응하면서 인터뷰 중에 즉흥적으로 질문을 만들어 낼 수도 있다. 전자의 이점은, 준비한 질문이 연구자가 검증하던 이론이나 전제를 연구할 수 있도록 돕는다는 것이다. 후자의 이점은, 즉흥적 질문이 연구자가 생각해 보지 않았지만 현재 다루는 현상이나 인물의 새로운 측면을 발견하게 도와준다는 것이다. '연역적으로만' 추적을 수행하는 연구는 여기에서 서술하는 것과는 다른 방식으로 추적을 수행할 것이다. 물론, 그러한 연구도 추적을 전혀 수행하지 않은 연구보다는 좋은 자료를 생산할 가능성이 훨씬 더 크며, 어째서 그러한지는 이전 장에서 예시를 통해 보여 주었다. 하지만 이런 프로젝트는 사전에 예상했던 진술에만 반응하고 현장에서 생겨나는 자극에 실질적으로 대응하지는 않을 것이다.

그래서 주로 연역적으로 작업하는 연구자라 하더라도, 경험이 많은 현장 연구자라면 대부분 귀납적으로 추적한다. 즉 연구자는 인터뷰나 관찰에서 떠오른 새로운 말과 행위가 자신을 이끄는 대로 따라감으로써 거기에 반응한다. 효과적인 추적이란 곧 현장 자체에서 발생한 이슈에 대해 반응하는 것이라고 할 때, 우리가 말하고자 했던 것이 바로 이러한 종류의 귀납적 추적이라 할 수 있다. 이것이 이 장의 핵심이다.

심층 인터뷰에서의 추적

이론적으로 보면, 인터뷰할 때 연구자는 무한한 방식으로 참여자의 진술을 추적할 수 있다. 하지만 실제로는 추적 전략은 대개 다섯 가지 기본 형태 중 하나로 나타난다. 모든 형태의 추적은 필연적으로 더 좋은 자료를 생산하나 서로 다른 발견으로 귀결된다. 하나씩 순서대로 이야기해 보자.

다섯 가지 접근

새로운 질문

계획되지 않은 질문을 던져서 참여자의 진술을 쫓아가는 것은 흔한 추적 전략이다. 순간적으로 새로운 질문을 생각해 질문하기로 판단하는 것이 핵심이다. 사실 이는 심층 인터뷰 질문과 설문 조사의 개방형open-ended 질문을 구분하는 가장 중요한 차이다. 설문지는 보통 고정 선택지fixed-answer, 다중 선택지multiple-choice, 또는 폐쇄형 질문closed questions으로 이루어지는데, 종종 응답자가 자유롭게 대답할 수 있는 개방형 질문을 포함하기도 한다. 그러나 일반적으로 형식화된 설문 조사에서 조사자는 즉석에서 생각해 낸 후속 질문을 던지지 않는다. 반대로 심층 인터뷰에서 일반적으로 연구자는 사전에 계획되지 않은 질문을 하려 한다.

다음 연구를 보자. 자기 일을 어떻게 인식하는가에 관해 비영리 단체의 중간 관리자와 인터뷰를 수행한 연구다.[145] 연구자가 새로운 질문을 던져 추적하지 못했다면, 다음과 같은 인터뷰가 이뤄질 것이다.

> **연구자**   이 단체가 하는 일을 어떻게 설명할 수 있을까요?
>
> **키스**   대표님은 우리가 CSR을 한다고 말하는 걸 좋아해요. [비웃음] 실상은 고객 관리를 하는 거죠.
>
> **연구자**   이 단체에서 당신의 역할은 무엇인가요?
>
> **키스**   거의 다죠. 제안서 쓰기, 기업 거물 만나기, 예산이랑 보고서 정리하기. 진짜 프로젝트에 시간을 더 쓰고 싶은데, 요즘은 무대 뒤에 있는 잡일이 더 많아요.

연구자는 키스에게 더 자세히 설명해 달라고 부탁하지 않은 채 준비해 놓은 한 질문에서 다른 질문으로 급하게 옮겨갔다. 그래서 용어의 의미("CSR," "고객 관리")를 명확히 밝히지 못했다. 또한, 키스가 드러낸 "실마리bread crumbs," 즉 연구자가 직접 묻지는 않았지만 적어도 응답자가 보기에는 연구자가 말하려는 쟁점과 잠재적으로 연관이 있는 생각, 사건, 인물에 대한 암시를 쫓아가지 못했다. 실마리란 응답자의 삶 속에서 이야기하기 어렵고 민감한 부분에서 삐져나오는데, 이는 때때로 응답자의 감정이 담긴 행동(예컨대, 눈물이나 웃음)이나 어조(예컨대, 비꼬는 말투나 흥분한 말투), 말을 통해 알아차릴 수 있다. 응답자가 내보인 실마리는 연구자가 자신을 추적하도록 의도적으로나 무의식적으로 보내는 초대장이나 다름없다.

　가령 키스의 비웃음은 그가 대표나 대표의 진술에 대해 어떻게 생각하는지를 암시한다. 연구자는 이를 쫓아가지 않은 채 그대로 인터뷰를 진행하는데, 미리 작성한 대본을 가졌거나, 충분한 주의를 기울지 않았거나, 좁은 이슈에만 관심을 지녔거나, 그 이외에도 여러 가지 이유가 있었을 것이다. 이유가 무엇이든, 추적을 위한 질문을 던지지 않았기에 독자들은 키스가 의미한 것이 정확히 무엇이었는지 알수가 없다. 연구자는 비웃음을 무시하고 인터뷰를 계속 진행하는 게 아니라 계획에 없던 질문을 여러 가지 방식으로 던져 추적했어야 한다. 예컨대, "CSR이 뭔가요?" "왜 CSR이 아니라 고객 관리라고 생각하나요?" "왜 대표님은 CSR

이라고 생각할까요?" 같은 질문을 던질 수 있었다. 이런 질문은 이 단체가 하는 일에 대해 더 깊이 있는 자료를 생산할 것이다. 이 책 전체에 걸쳐 있는 다양한 예시에서 본 것처럼 말이다.

새로운 인터뷰

두 번째 접근은 새로운 인터뷰를 통해 추적하는 것이다. 후속 인터뷰는 미리 계획할 수도 있고 완결되지 않은 대화에 대한 반응으로 이루어질 수도 있다. 연구 결과물을 완성하는 과정에서 후속 인터뷰가 어떤 역할을 하는지는 그것이 어떻게 발생했는지에 따라 달라진다. 최초의 인터뷰를 하기 전부터 미리 후속 인터뷰를 계획했다든가, 주제가 너무 넓어서 한 번의 인터뷰에서 미처 다 물어보지 못했다든가, 연구자가 인터뷰 도중 질문을 잊었다든가, 연구자가 자료 분석을 시작한 후에 후속 인터뷰가 중요하다는 점을 깨달았다든가 등 연구자는 다양한 이유로 새로운 인터뷰를 기획한다. 그러나 이런 논점과는 별개로 새로운 인터뷰는 인터뷰 과정에서 등장한 심층적 이슈를 다루는 강력한 방법이다.

키스의 사례를 보자. 인터뷰가 끝날 때까지, 즉 키스가 대표나 "CSR," "기업의 사회적 책임"에 대해 이야기할 때마다 그가 비웃었다는 것을 연구자가 알아차리기 전까지 키스의 비웃음은 그리 중요한 이슈가 아니었다. 하지만 주장을 만드는 데 중요하다고 판명된다면 연구자는 두 번째 인터뷰에서 비웃음이라는 이슈로 돌아감으로써 이를 이해하기 위한 자료를 수집할 수 있다. 그 결과 도출된 키스, 그리고 키스와 대표의 관계에 대한 서사는 훨씬 더 깊이 있고 정확할 것이다.

새로운 참여자

세 번째 접근은 새로운 참여자를 통해 추적하는 것이다. 표본 선정을 더 연역적으로 할지 귀납적으로 할지는 연구자마다 다르다.[146] 또한 응답자에게 하는 질문도 연구자마다 다르다. 하지만 유능한 연구자는 굳이 모든 참여자를 인터뷰하지 않더라도 그전에 새로운 이슈들이 떠오르는 것을 알아차린다. 또한 개방형 심층 인터뷰의 예측 불가능성을 고려해 본다면, 모든 인터뷰는 응답자에 따라 각기 다를 수밖에 없다. 키스가 CSR이 언급될 때마다 비웃거나 이에 동의하지 않았다는 점을 떠올려 보자. 만일 그를 다시 인터뷰하는 것이 (매우 연역적인 모델에서) 연구 설계에 포함된 것이 아니었다면, 혹은 (그가 해외로 전근을 갔기 때문에) 현실적으로 가능하지 않았다면, 아니면 (그가 정중하게 다시 연락하기를 거절했기 때문에) 윤리적으로 가능하지 않았다면, 다른 응답자를 통해 이 이슈를 추적하는 것이 대안이 될 수 있다.

그러나 다른 응답자에게 시선을 돌리는 일은 '차선책' 이상의 유용성을 가진다. 주의 깊은 연구자라면 키스와 인터뷰를 마칠 때 현장이나 산업의 큰 흐름을 생각하면서 키스가 CSR에 동의하지 않은 점이 다른 중간 관리자나 다른 비영리 단체에서도 흔한 일인지 궁금해했을 것이다. 그렇다면 본래 연구가 CSR에 관한 것이 아니었을지라도 CSR을 연구하는 것이 중요해진다. 좋은 연구자는 다른 응답자를 통해 이슈를 추적하며, 그 결과로 도출된 분석은 인터뷰 대상의 현실을 더 정확하게 반영할 것이다.

새로운 종류의 자료

네 번째 접근은 새로운 종류의 자료를 통해 추적하는 것이다. 인터뷰하는 연구자는 대규모의 설문 조사나 에스노그라피적 관찰 등, 다른 종류의 자료와 인터뷰를 혼합한다.[147] 앞서 예시로 든 가상 연구에서 연구자는 CSR에 대한 응답자의 태도를 묻는 문항을 활용해 통계적 대표성을 가진 설문 조사를 수행함으로써 (혹은 사전에 기획된 설문 조사에 주제에 대한 새로운 질문을 추가하여) 이슈를 추적할 수 있다.[148] 또는 이를테면 기업의 책임을 주제로 진행되는 회사 경영 관리 훈련 과정에 참여해 참여 관찰을 수행할 수도 있다.[149] 중간 관리자로 이루어진 포커스 그룹focus group을 구성해 CSR에 대한 생각을 물어 추적하는 것도 흔하지는 않지만 마찬가지로 개연성 있는 대안이다.

　세 가지 전략은 모두 새로운 종류의 귀중한 자료를 제공한다. 방법론 연구자들은 이런 종류의 추적을 "상호 보완적 혼합 방법 연구complementary mixed methods studies"라 부른다.[150] 이러한 연구에서는 현재 다루는 특정한 질문을 고려하여 한 종류의 자료를 다른 자료의 한계를 해소하는 데 사용한다. 그중 가장 성공적인 연구는 한 종류의 자료가 다른 자료가 가지는 한계 중 정확히 어떤 것을 해결해 주는지 명확히 논의하는 연구다. 그 결과물은 대개 연구 주제를 꼼꼼하게 다루면서도 설득력을 가진다.

새로운 연구 질문

다섯 번째 접근은 새로운 연구 질문을 통해 추적하는 것이다. 키스나 다른 여러 인물과의 인터뷰가 더 깊은 깨달음으로 이어질 수도 있다. 관리자가 자기 일을 어떻게 생각하는지가 최초의 질문이었다고 할지라도, 영리 기업의 지원금에 의존할 수밖에 없는 상황이 중간 관리자와 대표 사이에 균열을 만들어 냈다는 점이 인터뷰를 통해 명확해질 수 있다. 연구자는 흥미로운 연구 주제가 원래의 질문 — 중간 관리자가 자기 일을 어떻게 생각하는가 — 이 아니라, 투자자나 대중을 대상으로 한 CSR 활동 홍보 등 기업 트렌드가 중간 관리자와 상급자 간 갈등에 얼마나 영향을 주는지라는 점을 깨닫게 될 수도 있다. 인터뷰는 최초 연구 계획이 실은 더 재미있고 근본적이고 더 중요한 문제를 놓치고 있다고 귀띔해 주며, 주의 깊은 연구자는 이런 순간을 알아차린다.

연구 질문을 바꿈으로써 자신이 발견한 것을 추적하는 작업은 연구 설계마다 다른 형식으로 이루어진다. 각각의 참여자에게 묻고자 하는 기본 질문이 분명하게 정해져 있는 연역적 연구에서 연구자는 새롭게 발견한 점을 분석하기 위해 단순히 질문을 추가할 것이다. 더 흔한 방법도 있다. 연역적 전통에서는 경험이 많은 연구자가 최초 연구 질문을 토대로 인터뷰한 소수의 응답자를 대상으로 탐색적 혹은 예비적 인터뷰를 설계하기도 한다. 연구자는 탐색적 인터뷰에서 밝혀낸 것을 기반으로 연구 질문을 수정한다. 더 귀납적인 연구에서는 연구 질문을 바꾸는 일이 빈번하게 일어난다. 귀납적인 연구에서는 연구를 시작할 때부터, 각각의 새로운 인터뷰가 그전 인터뷰에서 얻은 더 깊은 통찰을 연구자가 포화 상태에 이를 때까지 추적하기 때문이다.[151] 어느 경우든 특정 주제와 관련해 중요한 이슈를 포착할 가능성이 훨씬 큰 자료가 도출된다. 그렇기에 연구와 관련된 사람들에게 연구 결과가 더 와닿을 수 있고, 더 근본적인 사회적 사실을 포착할 가능성도 크다.

다섯 가지 접근을 서로 구분할 수는 있지만, 귀납적으로 작업하는 인터뷰 기반 연구자는 몇 가지 접근을 함께 활용하곤 한다. 연구가 주제에 대한 "포화saturation"를 목표로 할 때 가장 흔히 여러 가지 접근이 함께 활용된다.[152] 주제에 대한 새로운 인터뷰가 (같은 응답자를 대상으로 하든 새로운 응답자를 대상으로 하든 관계없이) 연구자가 이전에는 알지 못했던 정보를 더 제공해 주지 못할 때 연구자는 포화 상태에 이른다.[153] 포화는 적어도 두 가지 상황에서 특히 중요하다. 하나는 다음 응답자의 특성이 새로운 질문을 촉발했던 이전 응답자의 특성과 가면 갈수록 더 달라지는 경우다. 만약 키스와 다른 특성을 가진 관리자가 — 공격적 성향에 차이가 있거나, 젠더가 다르거나, 인종적·민족적 배경이 다르거나, 다른 산업에 종사하거나 등등 — 모두 CSR에 대해 어느 정도의 의구심을 보인다면, 연구자가 광범위한 현상을 포착했다고 해도 무방할 것이다. 또 다른 상황은 연구자가 계속되는 여러 인터뷰를 거듭하는 과정에서 연구 주제를 다듬어 새로운 질문을 만들어 내고, 이를 통해 주제의 특정 측면에 대해 점점 더 정확하게 질문을 던지게 될 때다. 수차례의 인터뷰에 걸쳐 연구자는 정확히 CSR의 어떤 측면이 사람들에게 거슬리는지, 이러한 측면이 기업 책임에 관한 관심의 정도가 다른 사람들에게 더 문제가 되는지 등에 대해 밝혀 낼 것이다. 그 결과 관리자가 CSR을 어떻게 생각하는지에 관한 결론을 도출했다면 그 논의는 훨씬 더 정교할 것이다.

연구 사례

크리스토퍼 타카스Christopher Takacs의 엘리트 대학생 연구는 잘된 추적이 얼마나 중요한지를 여실히 보여 준다.[154] 타카스의 초기 연구 질문은 학생들이 리더십 경험에서 어떤 가치를 도출하는가였다. 그의 연구는 우리가 논의했던 추적의 다섯 가지 접근 중 몇몇 예를 잘 보여 준다. 타카스는 접근 방식에 대해 이렇게 얘기한다. "70명의 학생과 한 번에 한 명씩 인터뷰를 진행하여 자료 수집을 시작했다. 인터뷰는 60분에서 120분까지 진행되었는데, 테이프로 녹음했고 이후 녹취록으로 옮겨 적었다. 인터뷰 연구를 시작했을 때는 대략 30개 정도의 개방형 인터뷰 질문을 사용했다."[155] 전형적인 인터뷰 연구였다. 그러나 초기 인터뷰에서 새로운 이슈가 도출되자, 그는 후속 참여자들을 통해 이슈를 추적했다('두 번째 접근'). "연구가 진척될수록 발견한 것들이 모양새를 갖추기 시작했고, 특히 관심이 가는 새로운 주제와 관련해 더 많은 정보를 모으기 위해 인터뷰 가이드를 수정했다."[156] 그의 접근은 대단히 귀납적이었다. "'포화' 표집 방법을 따랐다. 연구를 시작할 때 희망하는 인터뷰 숫자를 구체적으로 정해 놓지 않았다(50번에서 100번 정도의 인터뷰를 예상했다). 시간이 지나면서, 이어지는 인터뷰에서 더 새로운 정보를 얻지 못한다는 점을 알게 되었고, 탐색하고 싶은 다른 주제에 집중하기 위해 인터뷰 질문지를 바꾸었다."[157]

그러나 타카스는 발견한 이슈를 다루기에는 인터뷰에서 얻은 자료가 부족하다는 점을 알아챘고, 그래서 새로운 형태의 자료를 활용해 추적을 수행했다('네 번째 접근'). "인터뷰 연구를 수행하면서, 연구 질문에 답하기 위해 인터뷰만을 활용할 때 맞닥뜨릴 수밖에 없는 한계를 깨달았다. 학생들은 프로젝트의 특정 영역에 대해서는 흥미롭고 유용한 자료를 제공했으나, 다른 주제에 대해서는 거의 아무것도 알려주지 못했다. 더 많은 자료가 필요하다고 판단해 에스노그라피적 연구를 프로젝트에 추가했다." 그는 질문의 주제였던 방과 후 활동에 참석해 학생들을 참여 관찰했다.

인터뷰와 에스노그라피적 관찰을 수행하면서 그는 엘리트 사회 맥락에서는 학생들이 자신의 인생 이야기를 얼마나 재밌게 풀어낼 수 있는지가 장래의 고용주를 포함한 타인의 평가에서 중요한 역할을 한다는 사실을 발견했다. 결과적으로, 이런 능력은 방과 후 활동에 접근할 수 있는가에 따라 달라졌으며, 모든 학생이 방과 후 활동에 동일하게 참여할 수 있는 것은 아니었다. 이는 새로운 연구 질문으로 옮겨갔기 때문에 도출된 발견이었다('다섯 번째 접근'). "서사에 관한 글을 쓸 것이라는 생각에서 이 연구를 시작한 것은 아니었다. 처음에는 학생들의 리더십 경험이 가지는 가치에 대해 알고 싶었다. 학생들의 구직에서 서사의 중요성은 전적으로 자료를 수집하는 과정에서 생겨났다."[158] 정리하자면, 자료가 어떤 방향으로 연구자를 인도하더라도 그것을 좇아가려는 연구자의 성향은 사회적 불평등의 숨겨진 근원을 밝혀내는 데 도움이 되었다고 할 수 있다.

참여 관찰에서의 추적

현장에서의 사건은 예측할 수 없다. 그래서 에스노그라퍼는 자신이 추적해야 하는 것과 아닌 것이 무엇인지 반복적으로 판단을 내리면서 관찰한 것에 계속해서 반응해야 한다. 즉 에스노그라퍼는 항상 추적을 수행한다. 또한, 앞서 논의했던 것처럼 에스노그라퍼는 장소, 그 장소의 맥락, 그곳의 사람들, 그들 간의 상호 작용이 보여 주는 온갖 측면을 관찰할 수 있으므로, 관찰한 것을 추적하는 방법도 거의 무한하다. 에스노그라퍼는 인터뷰도 함께 수행하기 때문에 우리가 앞서 논의했던 모든 접근을 활용할 수도 있다. 새로운 질문을 던지거나, 새로운 인터뷰를 수행하거나, 새로운 참여자에게 다가가거나, 새로운 종류의 자료를 모으거나, 연구 질문을 바꾸는 것이다. 이러한 접근은 개인이나 집단 수준에서 모두 가능하다. 사람이나 사건을 좇아갈 수도 있고, 보고 듣고 느끼고 냄새 맡고 만진 모든 대상을 추적할 수도 있다.

추적이 일반적으로 중요하다는 사실, 더 많은 자료를 생산하고 연구의 결론을 강화할 수 있다는 점에서 추적이 중요하다는 사실은 이미 이쯤에서 명백해졌기 때문에 완결된 글 속에서 이를 어떻게 알아차릴 수 있을지를 다루는 것은 그다지 유용하지도 꼭 필요하지도 않다. 다만, 관찰자가 새로운 발견을 추적할 수 있는 두 가지 일반적 맥락이 존재한다는 점을 언급하고 싶다. 어떤 맥락에서 추적을 수행하느냐가 다소 다른 방식으로 결과물에 영향을 줄 수 있다. 이에 대해 간략히 설명하는 것이 적절할 것이다.

두 가지 맥락

현장 안에서

첫 번째 맥락은 현장 자체다. 관찰자가 현장에서 발견한 것을 추적하는 것은 사실상 참여 관찰의 기초다. 단서를 추적하지 않는 관찰자, 다시 말해 질문을 던지지도 않고, 벌어지는 상호 작용에 개입하지도 않고, 저 너머에 무엇이 있는지 길모퉁이를 돌아가 보지도 않고, 어디로 통하는지 문을 열어보지도 않는 관찰자는 참여 관찰을 하는 것이 아니다.[*] 그저 연구실 창가에 앉아 참여는 하지 않고 소극적으로 지켜보기만 하는 것 — 고전적인 비참여적 관찰 — 과 다름없는 현장 연구를 하는 것이다. 최소한이라도 추적을 하려면 맥락 안으로 들어가야 한다. 하지만 연구자가 얼마나 깊게 추적을 수행하는가는 각각 다를 것이고, 추적을 수행하는 방법도 어떤 경험적 주장을 설득력 있게 펼칠 수 있는지에 영향을 미친다.

우리는 책 전체에 걸쳐 에스노그라퍼가 오감을 동원해 개인, 집단, 상호 작용, 사건, 물리적 장소를 관찰할 수 있다는 점을 살펴보았다. 그 특성이 어떻든 모든 관찰은 추적할 수 있으며, 그 결과 연구하는 현상에 더 가까이 다가간 관찰

---

[*] 이러한 방식으로 관찰하는 사람 — 현장 실험의 일종으로 공원 벤치에 몇 시간 동안 가만히 앉아 관찰한 것을 기록만 하는 사람 — 도 제대로 확인되지 않은 무수한 첫인상으로 현장 기록을 가득 채울 수는 있을 것이다. 예정된 일련의 사건에 대한 양적 자료를 수동적으로 수집하기 위해 이러한 관찰 방법이 전통적으로 사용되곤 했다. 예컨대, 20세기 중반의 심리학에서 이런 경향이 흔했다. 이러한 전통에서는 이 책이 중점을 두어 논의하는 의미에서의 질적 현장 기록을 생산해 내지 못한다.

을 서술할 수 있다. 비영리 단체에 관한 연구 중 작성된 가상의 현장 기록에서 짧은 대목을 가져와 보자.

사무실에서 이야기를 나누는 동안, 키스의 핸드폰이 울렸다. 그가 전화를 받았다.

"안녕하세요. 네, 연구자님과 있어요. [잠시 침묵] CSR에 대해서 더 많이 말하라고요? [두리번거린다] 알겠어요, 하라시니 해야죠!"

키스가 전화를 끊었다.

현장에 있을 때 에스노그라퍼는 여러 방식으로 추적할 수 있다. 연구자가 성공적으로 추적했는지는 연구가 궁극적으로 말하고자 하는 경험적 주장에 따라 달라진다. 예컨대, 연구자가 보여 주려는 것이 CSR에 대한 키스의 의견이라고 해 보자. 연구자는 다음 방식으로 서술할 수도 있었다.

CSR 활동에 참여하고자 하는 영리 기관에 지원을 받는 것이 정말 가치 있는 일인지에 대해 키스와 대표는 서로 다른 의견을 내놓았다. 예컨대, 한번은 사무실에서 이야기를 나누는 동안 키스의 핸드폰이 울렸다. 그가 전화를 받았다.

"안녕하세요. 네, 연구자님과 있어요. [잠시 침묵] CSR에 대해서 더 많이 말하라고요? [두리번거린다] 알겠어요, 하라시니 해야죠!"

키스가 전화를 끊었다. 그는 머리를 절레절레 흔들더니 대화를 이어나갔다.

이 글은 우리가 성공적인 에스노그라피의 특징이라고 이야기했던 몇 가지를 수행한다. 주장을 증거가 있는 이슈에만 한정하며, 일반적인 내용이 아니라 (구체성을 위해) 특정한 사건을 서술한다. 하지만 추적이 부족하므로 연구자의 주장이 강하게 뒷받침되지는 않는다.

한 가지 분명한 대안은 인터뷰 연구자가 하는 것처럼 질문을 던져 추적하는 것이다. 연구자는 끝부분을 이렇게 마무리했을 수도 있다. "키스가 전화를 끊었다. 내가 왜 그러냐고 묻자, 그는 CSR이라는 아이디어에는 반대하지 않지만 대표의 접근은 그저 기업의 보여 주기식 겉치레를 돕는 것일 뿐이라고 설명했다. 기업들은 비영리 단체의 목표를 그다지 진지하게 여기지 않는다는 것이다." 그러나 직접 질문을 던지는 것 이외에 다른 방법도 있다.

첫 번째 방법은 주장과 관련된 다른 사건을 관찰하는 것이다. 예를 들어,

키스가 전화를 끊었다. 그날 늦게 짧은 회의가 있었다. 나는 키스와 대표인 카밀라, 그리고 다른 일곱 명의 직원과 함께 맨 뒷자리에 앉았다. 세 번째 안건은 CSR이었다. 카밀라가 안건을 꺼냈을 때, 키스는 그녀를 무시한 채 보란 듯이 핸드폰으로 손을 뻗어 두드리기 시작했다. 다른 직원들은 조용히 대표에게 귀를 기울였다. 그녀가 질문이 있냐고 묻자 키스가 말했다. "꼭 CSR이 우리 중심 사업이 되어야 하나요? 재정 지원과 관련해서는 다른 방법도 있을 텐데요." 세라가 고개를 가로저었다. 폴은 두리번거렸고, 킴벌리도 '자기' 핸드폰을 꺼냈다. 다른 사람들은 대부분 의자에 등을 파묻었다. 여기저기서 한숨 소리도 들렸다. 카밀라가 그 주제에 대해서는 이미 여러 번 결론이 났다고 설명하자, 다른 사람들이 고개를 끄덕여 동의했다. 그리고는 곧장 다른 주제로 넘어갔다.

다른 사건을 관찰함으로써 추적을 수행해 추가적 자료를 연구에 넣을 수 있게 되었는데, 여기에는 키스가 다른 사람들의 지지를 받지 못했고 같은 논점이 전에도 이야기된 적이 있다는 사실이 포함된다. "키스와 대표의 의견이 달랐다"라는 에스노그라퍼의 주장은 더 강한 근거를 얻게 된다. 또한 이제 우리는 키스가 대표에게만 반대하는 것이 아니라는 사실을 이해하게 되었다.

현장에서 추적을 수행하는 두 번째 방법은 특정한 사회적 상호 작용 안에서 다른 집단에 시선을 돌리는 것이다.

키스가 전화를 끊었다. 다음 날 아침, 나는 기관의 대표인 카밀라를 만났다. 두 사람이 어제 통화했을 때 내가 키스 옆에서 통화 내용을 듣고 있었다고 말해 주었다. 그러자 그녀는 키스가 자신이 이야기하는 모든 새로운 기획안에 반대한다고 설명해 주었다. 지금은 CSR이고, 그전에는 업무팀 효율화 과제였고, 그전에는 일상 거래를 서면에서 디지털로 전환하는 이슈였다. 카밀라는 그해 초 다른 회사에 근무하다가 이 회사로 옮겼는데, 그녀가 현재 하는 일의 유력한 후보자가 키스였다는 사실을 알게 되었다. 카밀라는 키스가 그 뒤끝이 남아 저렇게 소란을 피운다고 생각했다.

여기에도 경험적 주장을 지지하는 근거가 처음 글보다 훨씬 더 많이 들어가 있다. 또한 우리는 키스와 카밀라의 의견이 크게 달랐던 이유를 이해하고, 그 갈등이 사실 더 많은 의미가 있다는 점을 알게 되었다. 마지막으로 에스노그라퍼가 추적해 획득한 증거 덕분에, 독자는 에스노그라퍼가 경험적 주장과 관련된 이슈를 이해하기 위해 모든 수단을 다 동원해 보았다고 신뢰할 수 있게 된다. 이 연구는 훨씬 더 설득력이 있다.

앞서 말했듯이 현장에서 에스노그라퍼가 추적할 수 있는 방식은 사실상 무한하다. 그리고 현장에서는 최소한이라도 추적을 수행할 수밖에 없다. 잠재적으로 중요할지도 모르는 현장에서의 관찰에 항상 깨어 있는 에스노그라퍼는 그것을 추적하는 법을 빠르게 찾아내고, 그 관찰이 정말 중요한지 아니면 별 의미 없는 것인지 확신이 들 때까지 이 과정을 반복한다. 이러한 경향은 경험적 주장이 다양한 증거에 의해 뒷받침되는 글에 더 잘 녹아 있다.

현장 바깥에서

아무리 최소한이라고 하더라도 참여 관찰에서는 추적이 불가피한 데 반해, 현장 바깥에서는 그렇지 않다. 유능한 에스노그라퍼는 현장에서의 하루가 끝날 때마다 수십 페이지의 현장 기록을 적어 관찰한 것들을 기록하고 곱씹는다. 연구자는 곧 패턴을 알아차리기 시작하고 그것이 일반화할 만한지 판단해야 한다. 그 방법의 하나는 현장에 돌아가 패턴에 대한 자료를 더 찾아보는 것이다. 앞선 예시에서, 첫 번째 통화와 짧은 회의, 두 관찰 사례를 통해 연구자는 키스와 그의 상사인 카밀라의 의견이 일치하지 않는다는 패턴을 발견했다. 연구자는 다음 날 현장으로 돌아가 카밀라와 대화를 나누었고, 이를 통해 자신이 발견한 경향을 잘 이해했는지 확인하고 심화시켰다.

현장 밖에서 더 많은 자료를 찾는 추적 방법도 있다. 한 가지 가능한 방법은 비교할 수 있는 다른 현장을 찾아내는 것이다. 두 번째 현장을 활용한 비교의 힘은 강력하며 몇몇 분석 방법에서는 연구의 기초이기도 하다.[159] 분명히 해 두자면, 우리가 이야기하는 것은 첫 번째 현장에서 관찰을 수행하는 동안 발견한 것들을 중심으로 하여 두 번째 현장으로 방향을 전환하는 방법이다. 앞서 언급했듯이, 에스노그라퍼가 사전에 두 현장에서 연구를 수행하기로 계획할 수도 있고 이는 매우 적합한 연구 전략이지만, 추적의 예는 아니다. 추적 전략의 일환으로 두 번째 현장을 연구할 때, 어떤 현장이 가장 적합하며 설득력 있는 장소가 될지는 경험적 주장에 따라 달라진다. 예를 들어, 연구자는 재정적 지원을 확보해야만 하는 비영리 단체에게는 CSR 활동에 참여하려는 영리 기업과 협업하는 것이 정치적으로 부담이 되는 방안이라고 추측할 수 있다. 이때, 연구자는 두 번째 (혹은 더 많은) 비영리 단체를 관찰해야 그 가능성을 평가할 수 있는 자료의 양을 늘릴 수 있다. 혹은 남성 중간 관리자가 여성 상급자의 증가를 승진에 대한 위협으로 생각하는 것인지 의심해 볼 수도 있다. 만일 그렇다면, 여성 관리자의 비중이 증가하는 다른 회사나 기관을 관찰해야 주장을 뒷받침하기에 적합한 자료를 확보할 수 있다.

현장 바깥에서 자료를 찾을 수 있는 또 다른 가능성은 완전히 다른 종류의 자료를 수집하는 것이다. 많은 에스노그라피는 사실상 혼합 방법 연구다.[160] 역사적 근거가 탄탄하거나 설령 그렇지 않더라도 맥락화된 에스노그라피를 생산하기 위해 아카이브의 사료나 행정 자료를 파고들거나, 인터뷰-에스노그라피적 연구를 위해 체계화된 인터뷰를 수행하여 녹취 자료를 얻는 것이 가장 흔한 방식이다.[161] 다른 선택지로는 통계적 대표성을 위해 무작위 표집 기반 설문 조사를 수행하거나, 심지어는 실험을 하거나 온라인 상호 작용으로 눈을 돌리는 방법도 있다.[162] 예컨대, 연구자는 CSR과 관련된 담론이 갑자기 등장해 인기를 얻었기 때문에 키스가 CSR에 양심을 품은 것인지 궁금해할 수 있다. 만일 그렇다면, CSR의 역사를 연구해 비영리 단체가 고객과의 관계를 유지할 수밖에 없는 이유와 그 방식에 관해 더 깊은 무언가를 찾아낼 수 있다. 또는 카밀라를 향한 키스의 태도가 승진 기회를 잃은 것보다는 젠더와 더 관련된 것이 아닌지 궁금해할 수도 있다. 이런 경우에는 상사와 직원 사이 상호 작용에 관한 여러 가상의 시나리오를 만든 뒤 이를 동일 산업 내 중간 관리자들에게 무작위로 할당하여 반응을 관찰하는 실험을 수행함으로써, 피험자들이 남성과 여성 상관 사이의 대립을 어떻게 이해하는지를 연구해 볼 수도 있다.

예시에서 볼 수 있듯이, 추적은 종종 완전히 새로운 연구 질문으로 이어진다. 여러 성공적인 에스노그라피에서 해당 연구가 처음 가지고 있던 질문과 책이 결과적으로 대답하게 된 질문이 다른 이유가 바로 이런 경향 — 현장 안팎에서 효과적으로 추적을 수행하는 경향 — 때문이다. 이러한 변화는 결점이 아니라 오히려 유능한 연구자를 알아보게 해주는 신호다.

연구 사례

미국 4개 도시에서의 LBQ(레즈비언, 양성애자, 퀴어) 여성의 삶을 연구한 야포니카 브라운-사라치노Japonica Brown-Saracino의《공간은 어떻게 우리를 만들어 내는가How Places Make Us》가 그 예가 될 수 있다.[163] 지역을 연구하는 에스노그래퍼인 브라운-사라치노는 본래 LBQ 여성이 젠트리피케이션에 어떤 영향을 미치는지에 관심이 있었다. 그녀는 LBQ 여성이 도시에 따라 젠트리피케이션에 다른 영향을 미칠 것이라 예상했고, 그래서 세심하게 계획된 연역적 설계에서부터 출발했다. "미국 내 다른 지역에 위치해 있고, 생활비, 주요 도시에 대한 접근성, …… [그리고 다른 변수] …… 이 다른 네 개의 도시를 찾았다. 나는 생활비나 도시가 속한 지역 등의 특성이 젠트리피케이션의 양상과 결과에 영향을 줄 것으로 추측했다…… 따라서 LBQ 집단이 오랫동안 존속해 온 도시 두 군데와 LBQ 집단이 최근 밀집한 두 도시를 선정했다."[164] 한 명의 에스노그라퍼가 수행하기에는 상당히 야심 찬 연구였는데, 특히 매사추세츠주의 그린필드, 캘리포니아주의 샌루이스오비스포, 메인주의 포틀랜드, 뉴욕주의 이타카 등 이 네 도시가 미국 전역에 퍼져 있었기 때문이다.

그런데도 그녀는 혼자서 연구를 시작했다. 그 이유는 다음과 같았다. "네 도시에서 혼자 연구를 수행했기에, 각각의 도시에서 발견한 변이variation가 여러 에스노그라퍼의 서로 다른 방법이나 성격, 인구학적 특성에서 기인한 것이 아니라는 결론을 내릴 수 있었다. 독립적으로 연구했기 때문에" 관찰된 차이들이 에스노그라퍼가 아닌 도시에서 비롯되었다는 점을 "확신할 수 있었다."[165] 이런 노력과 헌신은 그녀가 추적한 이슈를 이해하는 데 매우 중요한 요소였다.

도시를 옮겨 가면서 브라운-사라치노는 각각의 장소에서 자신이 다르게 행동한다는 점을 깨닫기 시작했다. "말 그대로, 나는 내가 도시마다 가방에서 다른 옷을 꺼내 입는다는 점을 천천히 알아차렸다. 이타카와 샌루이스오비스포에서는 청바지 외에 다른 옷을 입을 생각을 거의 하지 않았다.

포틀랜드에 가자, 그전에는 잘 어울리던 청바지들이 별로라는 생각이 들었다. 어느새 다른 도시에서보다 치마와 원피스를 더 자주 입었다."[166] 흥미롭게도 그녀가 의도한 행동은 아니었다. "섞여 들어가기 위한 의식적 노력은 아니었다. 그보다는 내가 연구했던 사람들처럼, 주위 사람들로부터 나도 모르는 새에 미묘한 단서를, 현지의 맥락 안에서 내가 누구이며 어떻게 나 자신이 될 것인가에 관한 단서를 받아들이고 있었다."[167] 다른 사람들도 이를 눈치챘다. "사실 포틀랜드의 한 정보제공자가 내 옷에 눈길을 줄 때야 내가 미묘하게 나 자신을 조정해 가고 있음을 알아차릴 수 있었다. 그녀는 시내 커피숍에 앉아 단도직입적으로 물었다. '본인의 정체성을 어떻게 정의하세요?'"[168] 그녀는 계속 이야기했다. "턱까지 오는 머리 길이에 치마랑 원피스를 자주 입으시던데, 우리는 당신이 자기 정체성을 어떻게 정의하는지는 잘 모르겠네요."[169]

타자의 행위에 담긴 미묘한 신호를 받아들이면서, 브라운-사라치노는 자신이 각각의 도시에서 다르게 행동한다는 점을 깨달았다. 사람들은 그녀의 결정에 반응을 보였고, 이 과정에서 그녀의 정체성에 대해 추론했다. 자신의 의향과는 관계없이, 각각의 도시에서 입었던 옷은 정체성에 대한 신호일 수밖에 없었다.

브라운-사라치노는 이러한 역동을 따라가는 것이 각 도시에서 나타나는 LBQ 여성의 경험을 이해하는 데 중요하다는 점을 깨달았고, 연구 질문을 수정했다. "현장 연구를 3분의 2 정도 마친 상태에서 장소 특유의 정체성 문화가 존재한다는 것을 알게 되었고, 핵심 연구 질문이었던 '젠트리피케이션에 대한 LBQ 이주자의 역할'이 상당히 바뀌었다. 정체성과 네트워크에 대한 질문에 집중하기 위해…… 연구의 초점을 옮겼다."[170] 그녀는 각 현장에서 광범위한 추가 현장 연구와 다수의 인터뷰를 수행하여 새로운 질문을 쫓아갔다. 막바지에 이르자 그녀의 과학적 발견은 젠트리피케이션과는 관련이 없어졌고, 누구나 자신을 둘러싼 주위 환경에 반응하므로, 결국 사는 도시가 미묘하지만 아주 분명한 방식으로 자기 표현 방식에 영향을 미친다는 점으로 변하게 되었다.

인터뷰와 에스노그라피 자료는 현장 연구자와 연구 참여자가 함께 만들어 나가는 것이기 때문에 현장 연구자는 자신이 무엇을 발견하게 될지 미리 알 수 없다. 발견한 것들을 추적하는 작업은 좋은 현장 연구를 위해 반드시 해야 한다. 추적은 더 많은 자료를 생산하며, 추적을 통해 예상치 못했던 주장에 대해 더 많은 자료를 수집할 수 있다는 점에서 중요하다. 달리 말해, 질적 연구에서 추적은 진정한 과학적 발견의 토대를 의미한다.

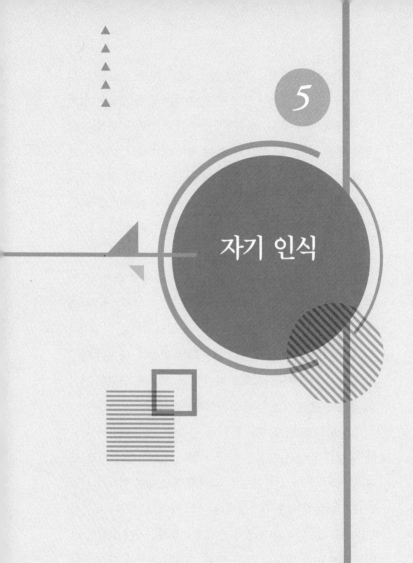

5

자기 인식

앞서 주장했듯이, 현장 연구자는 단순히 자료를 수집하는 데 그치지 않고 추후 분석하게 될 자료를 실제로 생산해 낸다. 특히, 연구자가 참여자와 함께 녹취록과 현장 기록을 함께 생산해 나간다는 점이 중요하다. 우리는 이 책에서 현장 연구자의 결정이 수집되는 자료의 질에 여러 측면에서 영향을 준다는 점을 보여 주었다. 하지만 현장 연구자는 더 근본적인 의미에서도 수집된 자료에 영향을 미친다. 연구자의 젠더, 인종, 키와 몸무게, 외향성, 예의나 어색함, 헤어스타일, 옷차림, 어휘와 억양, 계급적 배경, 종교, 근본적 믿음, 타인에 대한 동정심이나 경멸, 무지, 연구자의 정체성을 구성하는 여타 모든 측면에 이르기까지, 연구자가 누구인지가 타인에게 얼마나 접근이 용이할지, 타인이 연구자 앞에서 어떤 행동을 하고 어떤 말을 하는지, 연구자 자신이 듣고 관찰한 것을 어떻게 해석하는지에 영향을 미친다.

이 모든 요소가 자료 자체에 영향을 주며, 자신이 자료에 영향을 준다는 사실을 얼마나 잘 인지하고 있는가는 연구자마다 다르다. 결과적으로, 자기 인식에 대한 이해가 서로 다르기 때문에 최종 결과물의 질에도 차이가 생긴다. 우리는 '자기 인식'을 연구자 자신의 존재가 인터뷰하거나 관찰한 사람들에게 미친 영향과, 그로 인해 수집된 자료에 미친 영향을 연구자가 얼마나 이해하는지로 한정해 정의하고자 한다.

앞으로 보게 될 것처럼, 높은 수준의 자기 인식은 경험적으로 강한 현장 연구를 알아볼 수 있는 신호 중 하나다.

배경

우리가 자기 인식이라는 평가 기준에서 논의하는 쟁점은 주로 두 가지의 큰 아이디어를 지칭한다. 하나는 과학에서, 다른 하나는 사회연구와 문화연구에서 비롯되었다. 첫 번째는 '관찰자 효과observer effect'로, 현상을 변형시키지 않고 관찰하는 것이 불가능하다는 생각이다. 관찰자 효과를 보여주는 한 가지 이론은 '하이젠베르크 효과Heisenberg effect'다. 하이젠베르크 효과는 물리학에서 등장하는 하이젠베르크의 불확정성 원리에 따라 전자와 같은 입자의 위치를 더 정확하게 측정할수록 입자 속도의 측정값은 부정확해지며 그 역도 마찬가지라고 가정한다.[171] 또 다른 이론은 '호손 효과Hawthorne effect'다. 호손 효과에 따르면, 사람들은 관찰자가 현장에 존재함으로써 일어난 환경 변화에 반응하는 경향이 있다.[172] 두 개념의 공통적 핵심은 관찰자의 존재가 관찰되는 현상에 불가피하게 영향을 미친다는 것이다.[173] 사람들은 자신이 관찰될 때와 그렇지 않을 때 다르게 행동하는데, 이는 대면 설문 조사와 실험실에서의 실험에서부터 인터뷰와 참여 관찰에 이르기까지 모든 요소에 영향을 미친다.

관찰자 효과를 보여 주는 더 구체적인 이론은 자료를 수집하는 과학자의 특성이 사람들의 행위에 영향을 미친다는 것이다. 이러한 효과는 많은 종류의 연구에서 발견되었다.[174] 예를 들어, 흰색 실험 가운을 입은 설문 조사 시행자는 가운을 입지 않은 시행자보다 대면 조사에서 더 높은 응답률을 얻을 수 있다.[175] 대면 설문 조사나 전화 설문 조사를 시행하는 여성은 남성 연구자보다 우울증에 대한 이야기, 평등한 젠더 역할에 대한 개방적인 언급, 젠더 불평등에 대한 비판을 더 많이 듣게 될 것이다.[176] 아프리카계 미국인 연구자는 백인 응답자를 대상으로 하는 여론 조사를 수행할 때 백인 조사자와는 다른 응답을 끌어낼 것이며, 그 역도 마찬가지다.[177] 베일을 쓴 무슬림 여성이 다른 무슬림 여성을 조사하면 베일을 쓰지 않은 사람이 조사하는 경우보다 종교와 이슬람 문화의 규범을 얼마나 준수하는지에 대해 더 많은 이야기를 끌어낼 수 있다.[178] 경찰관을 관찰하기 위해 순찰 동행 프로그램을 활용하는 민간인 연구자와 경찰학교에 다녔던 연구자는 경찰관으로부터 서로 다른 행위를 도출할 것이다.[179] 이러한 효과는 관찰되는 사람들의 일반적 상태뿐만 아니라 관찰하는 사람의 특성에서도 비롯된다. 관찰자가 자신과 다른 배경을 가진 타인에게 지닌 기존의 기대나 그들과의 관계가 개인이 어떻게 행동하는지에 영향을 미치기 때문이다.

따라서 인터뷰 기반 연구자나 참여 관찰자가 현상에 관여하지 않고 생각이나 행동을 포착하는 것은 불가능하다는 점을 명심해야 한다. 그러나 핵심은 행위의 측정이 실패할 수밖에 없다는 점이 아니다. 더욱 중요한 것은 연구자가 이러한 사실을 인지하면 자료를 수집하고 해석하는 방법에 이를 반영하게 된다는 점이다.

두 번째 주요 아이디어 또한 자기 인식 개념과 관련이 있다. 문화 분석과 사회 분석에서는 분석이 자기 성찰적일수록 그릇된 결론에 이를 가능성이 적다고 본다. 자기 성찰적 연구자는 연구 과정의 일부로서 자신이 누구인지, 그리고 연구 대상자들과의 관계는 어떤지를 고려한다.[180] 이러한 아이디어를 설명하는 다양한 이론이 존재하는데, 연구자가 무엇을 인지하는 것이 중요한지에 대해 서로 다른 견해를 제시한다. 여러 이론이 연구자의 권력, 타자와의 관계 속에서 연구자의 위치, 인식론적 가정에 영향을 주는 연구자의 관점, 의도하지는 않았어도 자신의 연구가 사회적 세계의 불공정에 얼마나, 어떻게 기여하는지 인지해야 한다고 주장한다.[181] 최근 수십 년 동안 일부 사상가들은 이러한 아이디어를 더욱 밀어붙였고, 현장에서 생겨난 모든 지식이 조사자와 조사 대상 사이의 관계에서 비롯되기에 진정한 자기 성찰적 에스노그라피에서 궁극적 조사 대상은 바로 연구자 자신이라고 주장하기도 했다.[182] 우리는 연구자가 반드시 과학적 탐구의 주요 대상이 되어야 한다고 생각하지는 않는다. 다만, 자신의 정체성, 타인과의 관계, 그리고 양자 모두가 인터뷰하고 관찰하는 사람들의 행동에 어떻게 영향을 미치는지에 대한 자기 인식이 훨씬 더 나은 자료와 사회적 세계에 대한 더 정확한 결론으로 이어질 수 있다는 것을 보여 주고자 한다.

연구자가 자기 인식을 수행할 수 있는 이슈의 범위와 잠재적 인식의 결과는 그 폭이 매우 넓다. 그중 우리는 접근access, 개방disclosure, 해석interpretation이라는 세 가지 맥락에서의 결과가 특히 중요하다고 본다.

접근

일부 공동체, 단체, 조직, 개인은 다른 집단보다도 외부인에게 더 폐쇄적이다. 예를 들어 엘리트 집단은 노동자 계급과 빈민보다 훨씬 더 적게 연구되곤 한다. 엘리트 집단이나 그들과 연관된 제도가 대개 외부인에게 닫혀 있기 때문이다.[183] 현장 연구자는 연구 참여에 동의하는 사람만을 연구할 수 있으며, 연구자의 정체성 중 몇몇 뚜렷한 요소가 연구 대상에 대한 접근 수준에 영향을 미친다.[184] 접근의 첫 번째 요소는 현장이나 폐쇄적 집단에 진입하는 능력이다. 이 과정에서 정체성이 중요한 역할을 한다. 다른 조건이 같다면 여성보다 남성이 여성 대학생 사교 클럽을 관찰하는 것이, 백인보다 흑인 연구자가 백인 우월주의 단체(KKK: Ku Klux Klan)를 관찰하는 것이 어려울 것이다. 그러나 연구자가 누구인지는 진입 단계를 넘어서도 영향을 준다. 어떤 현장 연구자는 자신이 누구인지, 어떻게 생겼는지, 어떻게 말하는지, 어떻게 행동하는지 때문에 잠재적 연구 참여자들에게 다른 연구자들에 비해 더 신뢰할 수 있는 사람으로 보일 것이다.[185] 신뢰를 얻게 되면, 연구자는 게이트키퍼가 더 많은 접근을 허용하거나 인터뷰 대상자들이 별다른 거리낌 없이 다른 인터뷰 대상을 추천한다는 사실을 알게 된다.[186] 연구자가 이 사실을 알고 있다면 접근 단계에서부터 이러한 요소를 고려할 것이다.

개방

접근에 뒤따르는 쟁점은 개방이다. 현장에 접근하는 일, 예컨대 연구자와 대화를 시작하거나 자신의 공간에 방문을 허용하도록 사람들을 설득하는 일은 시작에 불과하다. 사람들은 드러내기에 편하게 느끼는 것만을 말이나 행동으로 표현한다. 부끄럽거나 은밀하거나 민감한 모습을 드러낼 수도 있지만 그렇지 않을 수도 있다. 욕을 하거나, 인종 차별적이 거나 성차별적인 농담을 하거나, 술을 마시거나, 마약을 하거나, 도박하거나, 도둑질하거나, 속임수를 쓰거나, 다른 사람에게 거짓말하거나, 형편없는 사람으로 보일 법한 행동을 연구자가 관찰하도록 허용할 수도 있지만, 그렇지 않을 수도 있다.[187] 그리고 그 이외에도 앞서 말한 것들과 연관된 자신의 모습을 의도적으로나 무의식적으로 밝히지 않을 수도 있다. 연구자가 누구인지가 개방 과정에 자연스럽게 영향을 주며, 자기 인지적인 연구자는 연구 주제에 관한 연구 참여자의 개방을 극대화하기 위해 인터뷰나 관찰을 사전에, 또는 상호 작용이 이루어지는 도중에 구조화할 것이다.

해석

앞서 우리는 이 책이 수집된 자료의 분석이나 해석이 아닌 자료 수집에 초점을 맞춘다고 이야기했다. 그러나 해석에 대한 간략한 논의 역시 필요하다는 점 역시 언급해야 한다. 연구자는 진술, 사건, 관찰을 각자 다르게 해석할 것이고, 연구자의 정체성에 담긴 모든 요소가 이 과정에 자연스럽게 영향을 미칠 것이다. 가톨릭 신자인 한 여성이 성당에서 아들을 욕하는 것을 목격한 관찰자는 자신의 배경에 따라 이 행동을 별 의미 없는 것으로 보거나 신성모독과 다름없는 행위로 해석할 수 있다. 자기 인지적인 연구자는 자신이 느낀 첫인상이 자신이 누구인지에 따라 다르다는 점을 인지하고, 거기에 맞추어 사건에 대한 해석을 조정할 것이다. 일부 질적 연구자는 연구할 사람, 장소, 주제에 관해 가능한 한 적은 지식을 가지고 현장에 진입할 것을 추천하기도 한다.[188] 그러나 이런 해결책은 자신의 삶에서 떼어낼 수 없는 요소, 즉 연구자의 정체성이 자신이 발견한 것을 해석하는 데 어떻게 영향을 주는지는 다루지 않는다. 마이클 뷰러웨이Michael Burawoy가 제안하듯이 "주변인으로서 방관적인 자세에 머물거나 '현지인native'보다 높은 곳에 자신을 위치시키면, 에스노그라퍼 자신의 편향이 드러나지 않은 채 그대로 남아 있게 될 뿐 아니라 쉽게 잘못된 추론으로 이어지며, 우리가 연구한 대상이 직접적으로 드러내지 않거나 당연하게 여기는 것을 놓쳐 버리고 만다."[189] 자기 인식이 반영된 글에서는 특정 주제를 연구하는 과정에서 발생할 수 있는 연구자의 오독과 잘못된 해석의 가능성에 충분한 주의를 기울인다.

심층 인터뷰에서의 자기 인식

훌륭한 연구자는 인터뷰 시 이야기를 나누는 사람이나 그 주제에 상관없이 경험적으로 풍부하고 정확한 정보를 끌어

낼 수 있으며, 참여자의 삶에서 힘들었거나 민감한 부분에 대해서도 정보를 끌어낼 수 있다. 그렇기에 아프리카계 미국 인 연구자도 역시 백인 우월주의자 그룹의 구성원을 성공적으로 인터뷰할 수 있다.[190] 하지만 그렇다고 해서 연구자가 누구인지가 (인터뷰 전) 참여자에게 어느 정도 접근이 가능한지, (인터뷰 중) 참여자가 얼마나 자신을 열어 보일지, (인터뷰 후) 어떻게 발견된 것을 해석해야 할지에 영향을 준다는 점을 부정할 수 있는 것은 아니다. 특정 참여자를 연구할 때, 어떤 연구자는 자신의 정체성 덕분에 앞서 말한 세 가지를 비교적 더 쉽게 성공적으로 수행한다. 이어지는 글에서는 세 가지의 모든 측면에서 자기 인식을 지닌 연구자가 경험적으로 더 견고한 연구를 생산한다는 점을 보여 줄 것이다.

세 가지 영역

접근

논의를 위해 LGBTQ인 동시에 가톨릭 신자인 청년들이 섹슈얼리티에 대한 성당의 가르침을 어떻게 생각하는지에 관한 가상의 연구를 생각해 보자. 연구자는 연구 방법에 대해 다음과 같이 서술한다.

네트워크 기반 표집 전략을 사용하여 참여자들을 모집했다. 매번 인터뷰가 끝날 때마다 참여자들에게 다른 잠재적 참여자의 연락처를 제공해 줄 수 있는지 물었다. 잠재적 참여자에게 연락을 보내 (그들이 동의한 경우) 인터뷰를 수행했다. 충분한 숫자의 참여자를 인터뷰할 때까지 이 과정은 이어졌다. 이렇게 접근한 결과, LGBTQ 청년과 36건의 인터뷰를 할 수 있었는데, 그중 13명은 자신을 라틴계로 23명은 백인으로 인식했다.

이 글의 논리는 완벽하다. 그러나 연구의 관심 모집단에 접근하는 일이 그리 간단하지 않다는 점을 살펴보아야 한다. 많은 LGBTQ 청년은 가족이나 다른 공동체 구성원에게 자신의 정체성을 공개하지 않는다. 좀 더 사려 깊은 연구자라면 최소한 이 점을 명시했을 것이다. 예컨대, 연구자는 다음과 같은 말을 추가할 수 있었다. "모든 응답자는 인터뷰 시점에 이전에 자신의 정체성을 공개하기로 한 사람들이었다. 이러한 이유로 이 연구는 모집단 중 중요한 또다른 집단, 즉 자신의 섹슈얼리티를 공개하는 데 불편함을 느끼거나 밝히지 않으려는 사람들의 경험에 대해서는 논의하지 않는다." 또는 대안적으로 다음과 같이 추가할 수도 있었다. "응답자 중 대부분이 가까운 친구에게 정체성을 공개했으나, 모두가 자신의 정체성을 공개적으로 밝힌 것은 아니었다. 이 연구는 자신의 섹슈얼리티를 공개하기를 꺼리는 사람들의 경험에 대해서는 충분하게 서술하지 못했을 가능성이 있다." 다른 많은 대안적 서술이 가능하지만, 요점은 앞서 말한 것처럼 본래 글이 접근의 측면에서 명백히 중요한 제약을 언급하지 않았고, 그 결과 과학적 결론에 영향을 주었다는 것이다.

게다가 응답자의 섹슈얼리티만이 접근에 영향을 주는 것은 아니다. 동성애에 대한 성당의 공식적 입장이 존재하기 때문에 연구 주제와 LGBTQ의 특정 하위 집단도 접근에 영향을 미친다. 가톨릭교회의 공식 교리를 살펴보자. "동성애 행위를 엄중한 타락 행위로 바라보는 성서에 근거하여, 가톨릭교회는 전통적으로 '동성애 행위는 본질적으로 질서를 해친다'고 선언했다. 동성애는 자연법에 위배된다…… 어떤 상황에서도 승인될 수 없다."[191] 현지의 LGBTQ 공동체들은 섹슈얼리티에 대한 가톨릭교회의 일반적인 가르침을 서로 다르게 해석하겠지만, 사려 깊은 연구자라면 접근을 시도할 때 그 차이를 고려하고, 이런 점을 고려했다는 것 역시 서술에 포함할 것이다. 예컨대, 다음과 같은 문구가 추가될 수 있다. "대부분의 참가자는 캘리포니아 기반의 큰 공동체 출신이었는데, 이러한 공동체에서는 가톨릭교회의 지도자들이 진보적 가치를 공개적으로 옹호하고 성당의 입장을 일부 비판했다. 참가자 대부분이 자신의 섹슈얼리티를 공개했고 주기적으로 미사에 참석했다. 더 보수적인 사회적 맥락에서 연구가 이루어졌다면 연구 결과는 달라졌을 것이다." 다시 말하지만, 다른 많은 대안적 서술이 가능할 것이다. 연구 주제 자체가 접근에 영향을 미치며 그 결과 결론에도 영향을 미친다는 점을 연구자가 인정하는 일은 더 단단한 연구임을 알려주는 신호다.

하지만 이렇게 더 나아진 글도 아직 이 장에서 사용하는 의미에서의 '자기 인식'을 보여 주지는 않는다. 중요한 문제는 연구자가 누구인지도 영향을 준다는 것이다. 이 주제에서는 연구자가 LGBTQ인지 또는 가톨릭 신자인지가 중요할 것이다. 응답자는 LGBTQ가 아니거나 가톨릭 신자가 아닌 연구자와 대화하는 것을 꺼릴 수도 있다(물론 그렇지 않을 수도 있다). 가톨릭 신자이지만 LGBTQ는 아닌 연구자가 자신의 섹슈얼리티에 불편함을 느낄 수 있다는 점을 응답자가 두려워할 수도 있다(이 역시 그렇지 않을 수도 있다). 비가톨릭 LGBTQ 연구자[192]가 자신의 신앙에 대해 가치 판단을 내리지는 않을지 걱정할 수도 있다(마찬가지로 그렇지 않을 수도 있다). 이러한 문제는 어떤 응답자가 자신의 이야기를 기꺼이 털어놓을 수 있을지의 문제에 영향을 줄 것이다. 또한 참가자가 어떤 사람을 연구자에게 추천할지에도 영향을 줄 수 있으며, 이는 눈덩이 표집 전략snowballing strategy●의 결과를 바꿀 것이다.

우리가 말하고자 하는 바는 반드시 LGBTQ인 가톨릭 신자가 이런 연구를 해야 한다는 것이 아니다. 추후 논의하겠지만 그러한 배경도 나름의 문제를 발생시킬 수 있다. 중요한 점은 연구자가 자신의 정체성에서 비롯되는 이러한 문제를 인지하지 못한다면, 접근을 모색할 때 이런 문제를 완화하기 위해 그 어떤 조치도 수행하지 않을 것이라는 점이다. 좀 더 높은 자기 인식을 가진 연구자가 어떻게 대처했을지 생각해 보자.

연구 참가자를 모집할 때, 개인적인 인맥에서 시작하는 눈덩이 표집 접근법을 사용했다. 어렸을 때 나는 일요일마다 가족과 함께 미사에 참석했고, 가톨릭 청소년 리그 팀에서 농구를 했고, 성당 청소년부에 가입했다. 공동체에 있던 거의 모든 사람은 나처럼 치카노Chicano(멕시코계 미국인)였다. 첫 번째 인

● 질적 연구 표집 방법으로, 소수의 연구 참여자에서 시작한 뒤, 그들로부터 다른 참여자를 추천받아 총 연구 참여자 수를 점점 눈덩이처럼 불려가는 방법을 가리킨다. 이하의 예시들이 그 과정을 잘 보여 준다. ― 옮긴이

터뷰 참여자는 고등학교 시절 친구 둘이었는데, 이제는 30대 초반인 과테말라인 게이와 백인 레즈비언이었다. 나는 둘이 처음 커밍아웃을 했을 때 그 이야기를 들은 이성애자 중 한 사람이었다. 우리가 다시 만났을 때, 나는 미사에 덜 참석하게 되었고 어렸을 때보다 성당에 더 비판적 태도를 지니게 되었다고 설명했다. 인터뷰가 끝난 후, 나는 다른 LGBTQ 가톨릭 신자를 추천해 달라고 부탁했다. 그들은 각각 두 사람의 이름을 알려주었다. 언급된 사람들과 접촉하기에 앞서 나는 두 사람에게 그 사람들이 자신의 섹슈얼리티에 관해 얼마나 터놓고 이야기해 줄 수 있을지 알려 달라고 부탁했다. 인터뷰할 때마다 이 과정을 반복했다. 이렇게 접근한 결과, LGBTQ 청년과 36건의 인터뷰를 할 수 있었는데, 그중 13명은 라틴계 남성 또는 여성으로, 23명은 백인으로 스스로를 인식했다. 대부분은 친한 친구에게 커밍아웃했고, 약 절반은 친한 친구 이외의 다른 사람에게는 자신의 섹슈얼리티를 공개하지 않았다.

이 글에서 연구자는 훨씬 더 자기 인지적이다. 연구자는 자신의 배경, 그리고 네트워크 내에서 초기 참여자('씨앗 seeds')와의 관계가 다른 사람들에게 접근하는 데 중요하다는 점을 인식하며, 자신의 섹슈얼리티가 접근에 영향을 미칠 수 있다는 점도 알고 있다. 또한 자신의 섹슈얼리티를 공개하는 일에 사람마다 생각이 다르기 때문에 이미 커밍아웃했을 것이라는 섣부른 가정 아래 접근한다면 참여자의 불안감을 유발하거나 참여자가 속한 공동체의 비난에 그들을 노출시킬 수 있다는 점을 알고 있다. 위해를 끼칠 수 있음을 인식하는 일 역시 자기 인식의 일부다.

가톨릭 신자가 아닌 연구자라면 다른 전략을 활용해 자기 인식을 반영할 수도 있었을 것이다.

연구 참가자들을 모집할 때, 눈덩이 표집 접근법을 사용했다. 가톨릭에 대해 아는 것이 거의 없었기 때문에 나는 우선 섹슈얼리티와 다른 여러 이슈에 대한 성당의 견해를 공부했고, (성찬을 받지는 않았지만) 여러 번 미사에 참석했으며, 세 개의 교구에서 사제들과 이야기를 나누었다. 한 사제는 사회 문제에 대해 자주 이야기하는 두 명의 교구민을 추천했다. 나는 연구의 초점을 설명하면서 폭넓은 주제와 관련해 두 사람을 인터뷰했다. 두 사람은 교구민의 섹슈얼리티에 대해서는 잘 모르지만 사회 이슈에 대해 폭넓게 이야기할 수 있는 사람을 추천할 수는 있다고 설명했다. 내가 인터뷰한 여섯 번째 사람은 마침내 자신이 동성애자라고 털어놓았고 나에게 남자를 사귄 적이 있는지 물었다. 나는 그런 경험은 없다고 말했다. 그는 물었다. "그럼 이 책을 왜 쓰는 거죠?" 나는 도덕적으로 복잡한 상황에 직면한 사람들에게 관심이 있다고 설명했다. 엄밀히 말해, 이 연구의 첫 번째 참여자였던 그는 자신의 네트워크에 있는 다른 게이 가톨릭 신자들에게 나를 추천해 주었다. 그는 추천한 사람들 대부분이 커밍아웃하지 않았기 때문에, 자신이 우선 그들에게 상황을 설명하고 만약 관심이 있다면 그들이 내게 전화하도록 하겠다고 설명했다. 이 시점에서부터 나는 각각의 응답자에게 두 사람을 추천해 달라고 부탁해 인터뷰 참여자를 눈덩이처럼 불려 갔다. 이렇게 접근한 결과, LGBTQ 청년과 36건의 인터뷰를 할 수 있었는데, 그중 13명은 라틴계로, 23명은 백인으로 스스로를 인식했다. 대부분은 친한 친구에게 커밍아웃했고, 약 절반은 친한 친구 이외의 다른 사람에게는 자신의 섹슈얼리티를 공개하지 않았다.

이 서술에서 독자는 접근과 관련해 훨씬 더 많은 정보를 얻게 된다. 연구자는 앞서 언급된 중요한 문제를 인지하고 자기 인식을 보여 주었다. 접근의 잠재적 장애물이 될 수 있는 외부자로서의 지위를 어떻게 극복했는지도 분명히 밝혔다.

개방

접근에 영향을 미치는 연구자의 정체성 대부분은 사람들이 무엇을 개방할지 결정을 내리는 데도 영향을 준다. 그리고 (인터뷰 전) 접근 과정에서 자기 인식을 보여 주는 연구자들은 대개 (인터뷰 중) 개방 과정에서도 자기 인식을 보여 준다. 하지만 성공적으로 접근이 이뤄진다고 해서 반드시 인터뷰 과정에서의 자기 인식이 보장되는 것은 아니다. 물론 운이 좋은 연구자들도 많다. 예컨대, 과거 가톨릭 신자였지만 전혀 자기 인식은 없는 한 연구자가 아마 우정이나 그리움 때문에 자신을 반겨 줄 라틴계 게이 혹은 백인 레즈비언 고등학교 동창을 떠올려 볼 수도 있을 것이다. 또는 애초에 연구하고자 하는 공동체에 접근하는 것이 그다지 어렵지 않을 수도 있고, 많은 인터뷰 참여자를 확보하기 위해 충분한 보상을 지급할 수 있을 만큼의 연구 자금을 확보할 수도 있을 것이다. 어떤 맥락이든, 자기 인식이 부족한 연구자는 접근에는 성공할 수도 있지만 인터뷰 도중에는 결국 자기 인식 부족에 대한 값을 치르게 된다.

심리학자와 인터뷰 기반 연구자는 인터뷰 도중 개방에 영향을 미치는 요소에 대해 상세하게 연구한 바 있다.[193] 논의를 확장하기 위해서는 해당 연구를 참고하기를 권한다. 여기에서는 개방과 자기 인식에 내포된 두 가지 핵심에 논의를 제한할 것이다.

첫째, 인구학적으로 정체성이 일치한다고 해도 이러한

사실이 자기 인식을 대신해 주지는 않는다.[194] 일부 연구자들은 같은 인종, 계급 혹은 다른 여러 인구학적 배경을 공유하는 사람만을 인터뷰해야 한다고 믿는다. 논리는 유사하지만 덜 급진적인 관점을 택하는 일부 대규모 연구 프로젝트는 응답자의 인구학적 특징과 일치하는 연구자를 모집하여 해당 특징과 관련된 이슈에 관한 연구를 수행한다. 예를 들어, 결혼한 부부에 관한 대규모 연구라면 여성을 인터뷰하기 위해 여성을, 남성을 인터뷰하기 위해 남성을 고용할 것이다. 인종 차별 연구라면 특정한 인종 그룹과 같은 인종의 연구자를 고용할 것이다. 또는 LGBTQ 가톨릭 신자 연구를 위해 LGBTQ 가톨릭 연구자를 고용할 것이다. 이러한 결정이 특정 주제를 연구하는 데 좋은 생각일 수도 있고 아닐 수도 있다. 하지만 둘 중 어떤 경우든 인구학적으로 일치한다고 해서 자기 인식의 중요성이 줄어들지는 않는다. 예컨대, 캘리포니아의 큰 진보적 교구에서 평생을 살아온 게이 가톨릭 신자는 보스턴도 마찬가지로 개방적일 것이라고 오해해 응답자들을 짜증 나게 하고 침묵하게 하거나 더 조심스럽게 만드는 결과를 초래할 수 있다. 자기 인식이 가져다주는 이점은 다른 방법을 통해서는 결코 얻을 수 없다. 인터뷰에 주는 영향을 고려한다면, 정체성은 단순히 한 사람의 인종, 계급, 젠더, 섹슈얼리티, 종교의 총합이 아니라, 배경, 개인사, 품행, 자기 표현 방식 등을 포함한 자아의 다면적 구성 요소다.

둘째, 개방의 관점에서 인구학적 매칭에는 장단점이 모두 있다. 인구학적 매칭이 정당화될 수 있는 경우를 생각해 보자. 연구자는 사람들의 가족계획에 관심이 있으며, 특히 부모와 다른 친척에게 커밍아웃하지 않은 레즈비언과 게이 가톨릭 청년을 대상으로 연구를 진행하고 있다. 연구자는 30대 초반의 레즈비언 가톨릭 신자다. 연구자는 20대 초반의 게이 가톨릭 신자를 고용해 두 사람이 각각 자신과 같은 젠더의 참가자만을 인터뷰했다. 장점은 분명하다. 자신의 상황에 공감할 수 있는 사람에게는 사람들이 개인적인 문제를 기꺼이 털어놓는다는 점을 이미 여러 연구자가 보여 주었다.[195] 동성 결혼에 대해 가톨릭교회가 명시적인 입장을 취해 왔다는 점을 생각해 본다면, 참여자들은 자신과 같은 젠더와 성적 지향을 가지고 마찬가지로 가족계획을 고민할 나이에 있는 가톨릭 신자가 자신이 겪은 특수한 이슈를 더 잘 이해할 것이라고 믿을 것이다. 합리적인 예상이다. 인구학적 조건 덕분에 참여자가 더 많은 것을 개방해 주리라 예상할 수 있다. 하지만 인구학적 유사성은 양날의 검이다. 연구자들은 사람들이 대화 상대에게 뻔하게 짐작되는 일을 이야기하지 않는다는 점도 보여 주었다. 왜냐하면 그 일이 상대방에게 일어난 것이 아니고, 그 일을 언급하는 것이 잘난

체하는 것으로 보일 수도 있으며, 대화 당사자들이 그 일을 이야기할 만한 가치가 없는 것으로 여긴다고 지레짐작할 수 있기 때문이다.[196] 만약 그렇다면 연구 참여자는 자신의 이야기를 별로 털어놓지 않을 것이다.

특정 연구와 관련해서 사람들이 자기 이야기를 얼마나 털어놓을지는 오직 현장에서만 알 수 있다. 그러나 자기 인식이 없으면, 연구자는 연구자와 연구 대상이 인구학적으로 일치할 때 그리고 일치하지 않을 때 각각 발생하는 잠재적인 문제를 해결하는 데 어려움을 겪을 것이다. 더군다나 참여자가 중요한 무언가를 털어놓지 않았다는 사실을 연구자가 눈치채지 못할 수도 있다. 여성 연구자는 가톨릭 게이 응답자들이 이성과 성적인 이슈를 터놓고 논의하는 것을 불편해한다는 사실을 모를 수도 있다. 반대로, 아직 다른 남성과 친밀한 관계를 맺어 본 적 없는 게이 가톨릭 연구자는, 게이 가톨릭 응답자들이 연구자가 어떤 성적 경험이 있을 것이라 잘못 가정하고 이에 대해 서슴없이 이야기한다는 사실을 눈치채지 못할 수도 있다. 잠재적 개방과 관련해 아무런 이슈도 서술하지 않는 연구는 분명 이러한 문제에 직면했을 가능성이 크다. 개방과 관련된 문제를 다루지 않는 것은 자기 인식의 부족이 자료의 질에 영향을 미쳤다는 점을 알려주는 흔한 신호다.

해석

인터뷰 이전과 도중뿐만 아니라 인터뷰 이후에도 자기 인식은 중요하다. 핵심은 간단하다. 자기 인식이 부족한 연구자는 자료를 잘못 해석하기 마련이다. 물론, 자기 인식과는 별개로 일반적 인식도 분명 해석에 중요하다. 연구자는 현지의 용어, 속어, 상징적인 말, 그리고 문화적으로 고유한 다른 여러 요소가 연구자가 말하는 것에 어떤 영향을 줄 수 있는지 인지해야 한다. 가톨릭 신자가 아니라면, 잘못된 결론에 도달하지 않도록 자료를 해석하기에 앞서 가톨릭을 공부하려 할 것이다. 그러나 자기 인식은 특히 해석 과정에서 중요하며, 자기 인식의 부재는 인터뷰 참가자 모집이나 인터뷰 진행에는 영향을 주지 않더라도 해석에 영향을 줄 수 있다.

예를 살펴보자. 연구자는 자신을 레즈비언으로 인식하고 가톨릭 신자로 자랐지만 미사에는 몇십 년 동안 참여하지 않았다. 그녀는 공개적으로 커밍아웃을 한 보스턴의 젊은 LBQ 가톨릭 여성들에게 접근한다. 접근에는 문제가 없었으며 인터뷰 대상자들은 그녀에게 마음을 털어놓는다. 8월 말의 한 월요일, 연구자는 엠마를 인터뷰했다. 엠마는 관계의 성격을 규정하지는 않으려 했지만 한 여성과 진지한 관계를 맺고 있었다.

연구자　아바와 진지한 관계를 갖는 것에 대해 부모님이랑 이야기 나눠보셨어요?

엠마　가톨릭 신자들이 어떤지 아시잖아요. 그런 대화는 피하려고 해요. 저는 성당, 아버지, 모두와 문제가 있어요. 저는 누구에게도 종속되고 싶지 않아요. 아버지는 최악이에요. 로버트는 좋아했지만 아바는 싫어하죠. 저는 항상 가톨릭 신자일 거고, 미사에도 가겠지만, 제 방식대로 할 거예요. 로버트는 저를 지독하게 통제하려고 했고 특히 코로나 동안 더 그랬어요. 아바와는 그런 문제가 전혀 없어요. 우리는 행복해요.

연구자는 다음과 같이 서술한다. "엠마는 자신의 동성 관계에 대해서 부모와 이야기하는 것을 피한다. 그녀는 특히 독재적인 아버지에게 '종속'되고 싶어하지 않는다." 연구자의 해석은 완벽하게 개연성이 있는 것으로 보인다. 그러나 다른 여러 응답자와 마찬가지로 엠마는 많은 것을 한 번에 몰아서 이야기했으며, 앞선 해석과는 완전히 다른 대안적 해석 역시 논리적이다.

엠마는 연구자가 가톨릭 신자라는 것을 알았다. 그렇기에 자기 주변에 있는 모든 가톨릭 신자처럼 연구자가 최근 있었던 미사, 그해 8월 네 번째 일요일 미사에 참석했을 것으로 추측했을 수 있다. 날짜와 관계없이 모든 가톨릭 성당은 미사에서 같은 절차를 따른다. 연구자가 미사에 참석했다고 가정했기에 엠마는 응답할 때 다음과 같은 성경 구절을 염두에 두었을 수도 있다. "형제와 자매 여러분 / 그리스도를 경외하는 마음으로 서로 순종하십시오. / 아내는 주님께 순종하듯이 남편에게 순종해야 합니다…… / 교회가 그리스도에게 순종하듯이 / 아내는 모든 일에서 남편에게 순종해야 합니다."[197] 엠마는 연구자가 자기 자신보다 더 독실한 신자라고 생각했지만, 연구자는 이를 알아차리지 못했고 그로 인해 엠마의 말을 잘못 해석했다.

연구 과정의 단계로 보면, 일반적으로 해석은 자료 수집이 아닌 분석의 특징이므로 이 책의 범위에서 크게 벗어난다. 그러나 해석에서의 결함이 때때로 자료 수집에서의 실수로 이어지기 때문에 논의해 볼 가치가 있다. 앞선 예에서 자료가 수집되는 단계, 즉 참여자가 자신을 더 많이 열어 보일 수 있었던 인터뷰 시점에서 연구자가 더 큰 자기 인식을 발휘했다면 잘못된 해석을 피했을 수도 있었다. 가령, 유능한 연구자는 자신이 엠마보다는 가톨릭에 덜 헌신적이라는 점을 그녀에게 넌지시 알려주었을 수도 있었으며, 그랬다면 다른 형태의 인터뷰로 이어졌을 가능성이 크다.

연구자　아바와 진지한 관계를 갖는 것에 대해 부모님이랑 이야기 나눠보셨어요?

엠마　　가톨릭 신자들이 어떤지 아시잖아요. 그런 대화는 피하려고 해요. 저는 성당, 아버지, 둘 모두랑 문제가 있어요. 저는 누구에게도 종속되고 싶지 않아요. 연구자님이 더는 미사에 가지 않는다고 말한 건 알지만, 지난 일요일 신부님이 에페소서에 대해 말씀하셨어요. 교회가 그리스도에게 하는 것처럼 남편에게 순종하라는 얘기 말이에요. 어쨌든 저는 전혀 동의하지 않고 아버지도 동의하지 않아요. 하지만 아버지는 여전히 이 주제를 큰 문제라고는 생각하지 않아요. 저는 항상 가톨릭 신자일 거고 미사에도 가겠지만, 제 방식대로 할 거예요. 로버트는 저를 지독하게 통제하려고 했고 특히 코로나 동안 더 그랬었어요. 왜 아버지가 로버트는 좋아했는데 아바는 미워하는지 모르겠어요. 아바와는 그런 문제가 전혀 없어요. 우리는 행복해요.

연구자 자신에 대해 깊게 생각하면 인터뷰 자료의 질은 필연적으로 향상되며, 공개 단계에서의 자기 인식은 해석 단계에서의 문제를 방지하는 데 도움이 될 수 있다.

연구 사례

인터뷰 전 연구 집단에 대한 접근을 확보하는 데 자기 인식이 얼마나 중요한지를 예를 통해 간략히 살펴볼 것이다. 카리다 브라운Karida Brown의 《사라진 고향Gone Home》을 보자.[198] 아프리카계 미국인이 애팔래치아에서의 인종 간 관계와 정치를 어떻게 헤쳐 나가며 살아왔는지에 관한 연구다. 연구자는 석탄 채광 지역에 사는 사람들이 탈산업화 이후 어떤 변화를 겪었는지 이해하기 위해 여러 세대에 걸쳐 많은 가족 구성원을 인터뷰했다.

브라운은 외부인에 대한 불신으로 유명한 이 지역에서 타인에게 접근할 때 자신의 배경이 유용하다는 점을 알고 있었다. 그녀는 "나는 이 지역 사람들의 3대째 후손이다"라고 설명한다.[199] "어머니와 아버지는 켄터키주 린치시에서 태어나 자랐고, 그 후 뉴욕주 롱아일랜드로 이주해 그곳에서 오빠와 나를 키웠다. 어린 시절 기억 중 가장 이른 기억으로는 메모리얼 데이 주말 산을 오르는 '고향으로 돌아가는 순례길' 행사와 이스턴 켄터키 소셜 클럽 동창 모임에 참석하는, 당시에는 꽤 이국적으로 보였던 여행길 같은 것들이 있다."[200]

그러나 그녀의 접근이 단순히 인구학적 배경이나 가족사 덕분에 가능했던 것은 아니었다. 물론 그런 요소들이 문을 열어주었다. "[12년 만에 가족 모임을 위해 켄터키로] 돌아오자 정말 친숙했다. 마치 시간이 흐르지 않은 것 같았다. 거리를 걸으며 인사한 모든 사람이 내가 어느 집안사람인지 정확히 알고 있었다. '저기 브라운 가족 사람이 간다!' 또는 '너는 데이비스가 틀림없어. 니타의 딸, 맞지?' 이런 일화는 심지어 타지역으로의 대규모 인구 이동 이후 40년간의 여파에도 이곳의 공동체가 얼마나 친밀하고 가깝게 연결되어 있는지를 보여 주었다."[201]

하지만 그녀는 고향을 마지막으로 방문한 뒤 여러 해가 지났을 뿐만 아니라 장소도 변화를 겪어 왔기에 자신이 결코 완전한 내부자는 아니라는 사실도 알고 있었다.

[고향에 다시 찾아가자] 조부모님이 아직 살아 계셨던 어린 시절 고향에 왔을 때 느꼈던 너무나 많은 행복한 기억들이 되살아났다. 하지만 이 지역이 처한 상황은 안타까웠다. 마을은 내가 기억하는 십수 년 이전에 비하면 크기가 절반으로 줄어든 것처럼 보였다. 많은 집이 파괴되거나 폐허가 되어 썩어 갔다. 주말을 맞아 많은 사람이 나왔지만 예전에 비하면 그 수가 눈에 띄게 적었다.[202]

연구자는 자신이 연구하려는 사람들과의 관계를 분명히 자각하고 있었고, 이 관계가 참여자에게 접근하는 데 어떤 역할을 했는지 명확하게 서술했다.

참여 관찰에서의 자기 인식

자기 인식은 에스노그라퍼에게도 못지않게 중요하다. 에스노그라퍼는 집단, 현장, 공동체에 진입하기 위해 라포를 구축해야 하며, 사람들과 자연스럽게 상호 작용해야 하고, 현장 기록을 작성하는 즉시 혹은 추후 자료를 분석할 때 자신이 상호 작용 과정에 미쳤을 영향을 인식하면서 관찰한 것을 해석해야 한다. 많은 이슈가 인터뷰 과정에서 제기되는 이슈와 매우 유사하지만 몇 가지 다른 역학 관계도 작용한다.

세 가지 영역

접근

종교와 정치의 관계에 관한 에스노그라피 연구를 상상해 보자. 연구자는 가톨릭 성당 두 곳에서 종교 행사와 활동을 주기적으로 관찰했다. 연구자는 이 과정을 다음과 같이 묘사한다.

> 나는 넓은 의미에서의 시카고 지역에 있는 성당 두 곳을 관찰 장소로 선택했다. 성 바울 성당은 주로 백인들이 사는 교외 지역 사회를 대상으로, 성 파트리치오 성당은 주로 라틴계 사람

들이 사는 반쯤 시골인 지역 사회를 대상으로 사역했다. 나는 1년 동안 거의 매주 각각의 성당에서 열리는 일요일 아침이나 토요일 저녁 미사에 참석했다. 또한, 그러면서 모든 의무 축일 미사와 다른 공동체 활동에도 참석했다. 미사가 끝난 뒤에는 주로 성당 뒤편에서 서성이며 교구민, 사제, 집사 등과 잡담을 나누었고 결과적으로 550시간 이상 접촉했다. 방문 후 거의 항상 24시간 이내에 관찰 내용을 현장 기록에 적었다.

이 글은 완벽하게 논리적이다. 총 접촉 시간같이 자료의 질에 관해 중요한 세부 정보도 제공한다. 그러나 접근 방법에 관해서는 오직 미사에 참여했다는 점만을 언급하고 있으며, 자기 인식이 부족해 연구자가 접근했던 인물이나 현장이 얼마나 영향을 받았을지, 왜 그러한 영향을 받게 되었을지는 언급하지 않은 채 남겨두고 있다.

좀 더 자기 인지적인 연구자는 다음과 같은 말을 덧붙였을 수 있다. "각 연구 현장에서 첫 미사에 참석한 뒤, 나는 먼저 신부님께 다가가 신자들이 동시대의 문제를 이해하는 데 교회가 어떻게 도움을 주는지에 관한 책을 쓰고 있다고 설명했다. 대화 중 나는 내가 가톨릭 신자이고, 어린 시절 합창단에 참가했으며, 여전히 미사에 주기적으로 참석한다고 이야기했다." 독자는 연구자의 종교적 배경이 접근에 어떤 영향을 미쳤는지 더 명확한 인상을 받게 된다.

더 자세히 써볼 수도 있다. 가톨릭 신자라 하더라도 아무런 문제 없이 손쉽게 접근할 수 있는 것은 아니며 어떤 성당 공동체는 연구자를 회의적으로 바라볼 수도 있다. 더욱더 자기 인지적인 연구자는 이 이슈를 다음과 같이 논의했을 것이다.

성 파트리치오 성당의 사제는 내 의도를 의심하는 것처럼 보였다. 그가 첫 미팅 요청 이메일에 절대 응답하지 않았기 때문에 나는 어느 일요일 아침 스페인어 미사에 참석했고 그 후 그와 이야기를 나누기 위해 주변을 맴돌았다. 나는 자신 없는 스페인어로 대화를 시도했다. 라틴계 남성 사제는 처음에는 나를 따라 스페인어로 말했지만 곧 영어로 바꾸었고 그래서 나도 영어를 썼다. 그는 내가 성당에서 환영받았지만 자신의 책임은 "공동체를 향해" 있다고 설명했다. 그는 성당 뒤편에서 이야기하며 웃는 몇몇 가족을 가리키며 설명했다. "우리 교구민들은 여기서 안전하다고 느낍니다. 저는 그걸 위태롭게 하는 그 어떤 것도 원치 않습니다." 이처럼 정중하지만 조심스러운 환영은 대부분 라틴계 남성인 다른 성당의 지도자와 교구민들에게도 퍼져 나갔다. 성 파트리치오 성당에서 나는 스페인어 미사가 끝날 때마다 다른 참석자들과 (대개 스페인어로)

대화를 시도하려고 노력했다. 사제가 아니면서도 짧은 눈인사 이상의 응답을 해 줄 사람을 찾는 데 거의 두 달의 주기적 방문이 필요했다.

이 글은 매우 시사적이다. 첫째, 우리는 자신이 항상 신뢰받지는 않는다는 점을 연구자가 인식하고 있다는 것을 분명히 알게 된다. 둘째, 사람들과 연구자 사이의 상호 작용을 통해 그들의 의심을 명확히 보여 줌으로써 이러한 불신이 한 명의 사제뿐 아니라 공동체 또는 공동체와 연구자가 맺는 관계의 특징임을 밝혔다.

그러나 이 글은 자기 인식이 부족한 연구의 가장 흔한 예이기도 한데, 아마 사회적으로 지배적인 집단에 속한 초보 에스노그라퍼의 현장 기록에서 가장 흔히 보이는 특징일 것이다. 이 글은 모든 사람의 인종적·민족적 배경을 언급하지만 자신의 배경은 서술하지 않는다. 앞선 예시에서 연구자는 백인이었다. 연구자가 이 사실을 명시하지 않는다는 점은 그가 백인을 기본 범주로 이해한다는 사실을 보여 준다. 연구자에게 자신의 인종적·민족적 배경은 너무 당연해서 언급될 필요가 없었을 것이다. 좀 더 자기 인지적인 연구자라면 자신의 인종적·민족적 배경을 드러냈을 것이고, 이는 연구자의 배경이 접근에 미쳤을 영향에 대해 좀 더 사려 깊은 토론을 할 수 있게 해 주었을 것이다.

[나는] 미사 뒤 사제와 이야기를 나누기 위해 주변을 맴돌았다. 학교에서 6년, 멕시코 대학에서 1년을 보내며 어느 정도 배운 스페인어로 대화를 시도했다. 라틴계 남성 사제는 처음에 나를 따라 스페인어로 말했지만 곧 영어로 바꾸었고 그래서 나도 영어를 썼다. 그는 내가 성당에서 환영받았지만 자신의 책임은 "공동체를 향해" 있다고 설명했다. 그는 성당 뒤편에서 이야기하며 웃는 몇몇 가족을 가리키며 설명했다. "우리 교구민들은 여기서 안전하다고 느낍니다. 저는 그걸 위태롭게 하는 그 어떤 것도 원치 않습니다." 나는 미국에서 태어난 백인 이탈리아계 미국인이고, '안전'에 대한 그의 발언이 외부인 또는 백인 중 누구를 염두에 두고 있는 것인지 확신할 수 없었다. 시카고 외곽 교외 지역에서는 미등록 이민자의 비율이 높았기 때문에 교구민을 국토안보부에 신고할 수 있는 사람들을 염두에 둔 것일 수도 있었다. 이처럼 정중하지만 조심스러운 환영은 대부분 라틴계 남성인 다른 성당 지도자와 교구 주민에게도 퍼져 나갔다.

우리는 이제 연구자의 모국어가 무엇인지, 그가 어디에서 스페인어를 어디서 배웠는지 안다. 우리는 "자신 없는 스페인어"라는 모호한 문구로 연구자의 스페인어 수준이나 태도를 언급하는 것보다는 더 명확한 기술을 보게 된다. 훨씬 더 중요한 것은 우리가 연구자의 인종뿐 아니라 그의 출생 국가도 알고 있다는 점이다. 이는 사제와 공동체 내의 다른 사람들이 우려하는 것이 무엇이었는지 잠재적인 단서를 제공한다. 연구자가 더 많은 이야기를 풀어냈다면 좋았겠지만, 어쨌든 이러한 서술은 틀림없이 올바른 경로이며, 독자는 연구자에게 훨씬 더 큰 신뢰를 느끼게 된다.

개방

지금까지 논의한 내용 대부분은 사람들이 기꺼이 공개할 의향이 있는 소재에 해당한다. 이를 되풀이해 말할 필요는 없다. 다만 한 가지 추가할 만한 이슈는 사람들은 자신의 말뿐 아니라 행동도 개방할 것인지 말 것인지를 판단한다는 것이다. 자기 인지적인 연구자라면 이러한 사실에 주의를 기울일 것이다. 앞서 언급한 에스노그라피 연구의 예를 보자.

내가 현장에 방문한 지 8주 또는 9주가 지날 무렵, 성 파트리치오 성당의 교구민 수는 약 50명에서 75명 이상으로 증가했다. 나는 두 번째 방문부터 교구민 수를 세기 시작했는데 6주 차에 들어서야 증가하기 시작했다. 나는 무엇이 미사를 더 인기 있게 만들었는지 궁금해하면서 몇 주를 보냈다. 사제는 변하지 않았고, 미사에 대한 그의 접근법도 변하지 않았다. 추수철이 오래전에 끝났기에 공동체에서 아무런 인구 이동 패턴의 변화도 식별할 수 없었고, 영향을 주었을지도 모르는 계절노동도 줄어들고 있었다. 사람들은 이제 내게 훨씬 더 관대했고 심지어 인사를 하려고 다가오는 경우도 종종 있었다. 나는 내 존재가 신자들의 출석에 영향을 미쳤을 수도 있음을 깨달았다. 그래서 나는 내 관심사, 배경, 책을 위해 발전시키고 있는 아이디어 등, 나 자신을 더 많이 드러내기 위해 부단히 노력했다. 핵심 정보원이 되어 준 교구민 카르멘은 내 태도가 더 솔직해졌음을 알아챘고 이를 지지했다. 그녀는 내가 현장에 처음 방문했을 때 내가 사제와 대화를 나누고 다른 교구민에게 접근을 시도하는 모습을 사람들이 보았고, 그래서 나를 공무원으로 추측하고 있다고 설명해 주었다. 카르멘에 따르면, 평상시 미사에 참석하던 사람 중 많은 수가 그다음 주부터는 미사를 건너뛰거나 대체 미사에 참석하기로 했다. 그 소문이 사그라지는 데 시간이 좀 걸렸지만 결국에는 잠잠해졌다. 연구를 시작한 지 3개월에 이르렀을 때, 나는 세 번의 퀸시네라quinceañeras● 중 첫 번째 퀸시네라에 초대받았다.

● 라틴계 국가, 특히 멕시코에서 여성이 만 15세가 되었을 때 성년으로의 이행

이 글이 분명히 보여 주듯이, 현장 연구자의 존재는 사람들의 말뿐 아니라 행동에도 영향을 미칠 수 있다. 여기에서 현장 연구자의 존재는 접근과 공개 모두에, 즉 연구자가 누구를 보았고 그들이 무엇을 했는지에 영향을 미쳤다. 연구자는 이 사실을 밝혀내 적절하게 반응할 만큼 충분히 인지하고 있다. 연구자는 타인에게 활짝 열려 있었던 덕분에, 즉 사람들이 자신을 얼마나 깊게 아는가가 자신에 대한 신뢰를 결정한다는 점을 이해하고 있었던 덕분에, 사람들은 가족 모임이나 축제에서 연구자와 자연스럽게 상호 작용하며 연구자에게 자신을 더욱 많이 드러냈다.

해석

에스노그라피에서의 자기 인식에서도 해석은 중요하다. 앞서 인터뷰의 맥락에서 논의되었던 해석의 여러 쟁점이 에스노그라피의 맥락에서도 유사하게 등장하기 때문이다. 예를 들어 보자. 현장 조사가 시작된 첫 8주 동안 사실 많은 교구민이 성당에 나오지 않았다. 연구자가 그때까지 수집한 모든 자료는 교구에서 사람을 더 잘 신뢰하거나, 공동체 내에서 자신을 다른 사람에게 털어놓는 데 평균적인 사람보다 더 편안함을 느

을 축하하는 파티 성격의 행사를 말한다. ─ 옮긴이

끼거나, 스스로에 대해 더 잘 이야기하는 구성원들에게 얻은 것이었다. 연구자가 최종적으로 이러한 사실을 인식하고 있는지에 따라 서술된 자료의 해석 방식이 결정된다.

두 가지 주목할 만한 이슈가 더 있다. 첫째, 참여 관찰에서 특히 중요한 질문은 연구자가 가할 수 있는 위해에 대한 질문이다. 많은 에스노그라피 연구는 안전이 중요한 현장이나 인구 집단 내에서 이루어진다. 물론 연구자는 자신의 안전을 어떻게 확보할 것인지에 대해서도 인지해야 한다. 하지만 이와 함께 자신이 연구하는 사람들에게 의도치 않은 해를 끼치지 않도록 주의해야 한다. 이러한 이슈는 자료의 해석과 그 이후의 발표 과정 중에 발생한다. 만약 성 파트리치오 성당이 실제로 미등록 이민자 비율이 높은 교구였다면, 연구로 인해 이러한 사실이 노출되어 이 지역이 이민국 단속의 표적이 될 수도 있다. 결과를 서술하는 데 따르는 윤리를 처음부터 끝까지 모두 논의하는 것은 이 책의 범위를 벗어난다. 앞의 예처럼, 자기 인식이 부족한 연구자라 하더라도 정체성의 일부 측면이 타인과 자신의 관계에 영향을 미친다는 점을 정확하게 인식할 수 있다. 하지만 미등록 이민자가 많다는 사실을 서술하면, 연구 참여자들은 경솔한 연구자가 교구민을 이민자 단속이라는 위험에 빠뜨릴지도 모른다는 자신들의 의심이 맞았다는 것을 다시 한번 확인할 것이다.

이 점은 쉽게 간과될 수 있다. 자기 인식의 중요성은 현장에서 끝나지 않는다.

두 번째 중요한 이슈는 서사에 관한 것이다. 지금까지 살펴보았듯이, 접근, 개방, 해석의 맥락에서 자기 인식을 보여 주는 글은 다른 글보다 더 긴 편이다. 예시에서처럼, 글은 연구자가 대개 자신을 이야기한다는 점에서 자기 성찰적이기도 하다. 하지만 자기 인식을 증명하기 위해 연구자가 자신에 대해 세세하게 이야기할 필요는 없다. 일부 질적 연구자는 스스로에 대해 많은 것을 이야기하면서도 타인이 자신의 존재에 어떻게 반응하는지에 관해서는 충분히 드러내지 못하는 실수를 저지른다. 다른 과학적 시도와 마찬가지로, 여기서 핵심은 연구자가 아니라 연구되는 사람들이다. 연구자 자신을 비판적으로 바라본다고 해서 자문화기술지 autoethnography●를 목표로 삼아야 하는 것은 아니다. 연구자의 배경이나 성격에는 여러 측면이 있겠지만, 그중 자기 인식에 중요한 것은 사람들이 연구자에게 어떻게 반응하는지에 직접적인 영향을 미치는 요소다.

● 타인과 세계에 대해 논의하기 위해 이들을 직접 연구하기보다는 연구자 자기 자신 혹은 자신이 사회와 맺는 관계를 주요 소재 및 매개체로 삼아 연구하는 에스노그라피의 한 종류를 가리킨다. ─ 옮긴이

연구 사례

한 집단에 성공적으로 접근하는 데 자기 인식이 얼마나 중요한지를 보여 주는 사례로는 캐럴 스택의 고전적 연구를 꼽을 수 있다. 스택은 자신이 "플랫The Flats"이라고 부른, 도심의 아프리카계 미국인 거주 지역에서 가족 간의 도움 네트워크에 관한 연구를 수행했다.[203] 서론의 가장 첫 문장에서 스택은 자신의 정체성이 현장 접근에 영향을 미쳤음을 분명히 언급할 뿐만 아니라, 연구 과정 중 중요한 것으로 판명되었던 자신의 인종과 나이를 밝혔다. "서론에서는 젊은 백인 여성이 어떻게 흑인의 가족생활에 관한 연구를 수행할 수 있었는지 독자들이 궁금해할 것이라 예상해, 획득한 자료의 신뢰성과 질을 평가하기 위한 기초를 제시한다."[204] 이어지는 이야기도 계속해서 우리의 논의와 크게 공명한다. "제기된 질문은 더 폭넓은, 사회 분석에 핵심적인 질문들과 관련된다. 지배적 문화를 상징하는 외부자가 흑인 공동체에 진입하고, 공동체의 참여와 승인을 얻고, 신뢰할 수 있는 자료를 얻고, 그 신뢰성을 판단할 수 있을까?"[205] 이 글에서 연구자는 접근·개방·해석에서 자기 인식의 중요성을 드러내 지적했다. 그녀는 자신의 정체성뿐 아니라 타인이 이에 어떻게 반응할지가 중요하다는 사실을 알고 있었다.

이어 스택은 접근에 대해 직접 논의한다. "[동네와 더 큰 공동체]에서 지위와 권력을 가진 흑인 남성과 여성을 찾고, 그들이 속한 지역 유지 네트워크를 통해 플랫에 접근할 수도 있었을 것이다."[206] 그러나 그녀는 자신의 배경과 그들의 배경이 합쳐지면, 지역 유지들은 백인 외부자가 쉽게 받아들일 만한 특정한 인구 집단을 추천할 것이고, 자신의 접근이 이러한 집단에만 제한될까 우려했다. "대신에 나는 독자적인 진입 방법을 찾기로 결정했다. (……) 노력과 행운을 통해 한 여성을 알게 되었는데, 그녀는 플랫에서 복지 제도의 수혜를 받으며 자랐고 이후 내가 속한 대학에 진학했다. 그녀는 그곳에서 자라면서 알고 지내던 가족들을 내게 소개해 주기로 했다. 나에게 서로 아무 관계도 없는 두 가족을 소개해 줄 예정이었고, 그 이후에는 혼자서 연구를 진행해야 했다."[207]

스택은 훨씬 더 많은 일을 했다. 추후 집중적으로 관찰한 여러 가족 중 한 가족을 처음 만났을 때, 그녀는 거실에 함께 둘러앉아 신문 접는 일을 도왔다. 아이들의 석간 배달을 위해서였다. 작업은 한두 시간이 걸렸는데, 이 일이 참여자들에게는 스택이 연구자로서 믿을 만한지에 관해 중요한 신호가 되었다. 그녀는 다음과 같이 썼다. 작업을 마치고 나서 "나는 플랫에서의 가족생활에 대한 연구를 시작하고 싶다고 말했다. [그들은] 다음에 다시 집에 들르라고, 또 그때는 내 아이와 함께 오라고 했다. 몇 달 후 [어머니]는 내가 첫날 신문을 접으며 함께 앉아 있었고 나중에는 다시 도와주러 왔다는 사실에 놀랐다고 이야기했다. 그녀가 말했다. "'백인들'은 시간이 없어요. 항상 서두르고, 흑인들 가구에 앉지도 않아요. 적어도 플랫에 오는 백인 중 그렇게 하는 사람은 없어요."[208]

스택은 자신의 정체성 중 몇몇 측면이 공동체에 대한 접근에 영향을 미칠 것이라는 점을 이해하고, 재빨리 그런 사실의 증거를 찾아냈다. 그녀는 관심 집단의 일부만을 소개받는 등, 예상되는 난점을 피할 수 있는 진입 전략을 택했다. 그리고 자신과 비슷한 사람을 불신하는 이들에게 신뢰를 얻기 위해 연구 초기에서부터 공을 들였다. 그녀의 연구는 자기 인식의 부족이 문제가 될 가능성이 낮다고 볼 만한 많은 이유를 제시했다. 스택은 매우 숙련된 에스노그라퍼이며, 이 책에서 논의된 여러 주제의 예시를 확인하려면 그녀의 연구를 참조하기를 권하고 싶다.

～～～～～

'정체성'이라는 표현을 넓은 의미에서 사용한다는 전제 아래, 현장 연구자의 정체성은 연구자가 누구에게 도달할 수 있는지, 얼마나 성공적으로 도달하는지, 어떻게 그 결과를 이해하는지에 영향을 미친다. 자기 인지적인 연구자는 자료 수집 과정 전에, 수집이 진행되는 과정에서, 수집이 끝난 이후에도 계속해서 이러한 사실을 염두에 둔다. 그리고 명민한 연구자라면, 독자가 연구자의 자기 인식을 이해할 수 있도록 노력할 것이다.

결론

우리는 심층 인터뷰나 참여 관찰에 기반을 둔 연구의 과학적 가치를 인지적 공감, 다원성, 구체성, 추적, 자기 인식 등을 얼마나 잘 수행해 냈는가를 통해 평가할 수 있다고 제안했다. 우리가 제시한 기준은 완전하지 않다. 또한 질적 연구에 중요한 모든 측면을 다루고 있는 것도 아니다. 주로 자료의 수집에만 초점을 맞추고 있으며 설계·분석·이론과 같이 자료 수집 못지 않게 중요한 다른 여러 측면은 다루고 있지 않다. 하지만 우리가 제안한 기준은 효과적인 자료 수집에 핵심적이며, 성공적인 모든 경험 연구의 토대를 이룬다. 이 기준들은 강력한 질적 연구 기술을 구성하는 가장 특징적인 요소에 속하며, 왜 질적 연구가 과학을 추구하는 여정에 필수불가결한지를 보여 준다.

질적 연구는 다양하다. 연구자들은 현장 연구가 연역적 접근을 택해야 하는지 혹은 귀납적 (또는 가추적abductive●)

● 질적 사회학 연구가 실제 연구에서는 기존 이론 검토와 경험적 자료 수집 두

접근을 택해야 하는지 같은 광범위한 인식론 관련 질문이나, 얼마나 많은 사람을 인터뷰해야 할지 같은 협소한 연구 설계 관련 질문에 서로 동의하지 않는다. 연구자들은 앞으로도 오랜 시간 동안 의견 차이를 보일 것이다. 하지만 경험이 풍부한 현장 연구자는 현장에 간 연구자가 타인을 효과적으로 인터뷰하고 관찰했는지, 연구자가 깊고 의미 있는 자료를 도출했는지, 또는 에스노그라퍼가 연구 주제에 중요할 가능성이 큰 현장, 맥락, 또는 일련의 상호 작용을 구성하는 요소를 식별해 냈는지에 대해서는 동의하는 편이다. 경험이 풍부한 현장 연구자들은 서로의 작업에서 고도의 숙련성을 식별할 수 있다. 사회적 세계의 구성 요소들은 오랜 기간 신

과정을 왕복하면서 시행됨에도, 방법론적 논의에서는 각각 이론과 관찰 중 한 측면에만 과도하게 방점을 두는 (순수)연역적 또는 귀납적 경향을 강조하는 경향을 비판하며 제시된 대안적 접근. 가추적 접근이라는 용어 자체는 전공과 논자에 따라 다르게 해석되지만, 미국 사회학 내에서 주로 이도 타보리Iddo Tavory와 스테판 팀머만Stefan Timmermans의 해석이 널리 쓰인다. 이들이 제시한 가추적 연구 절차를 도식적으로 요약하면 다음과 같다. (1) 특정한 경험적 현상을 설명해 줄 수 있는 가설 또는 이론을 미리 검토한다. (2) 해당 현상을 관찰하면서 미리 검토했던 여러 이론에 부합하지 않는 '예상치 못한,' 그래서 '놀라운' 발견을 찾아낸다. (3) 이 발견을 초기에 검토하지 않았던 이론 중 어떤 이론을 통해 개연성있게 설명할 수 있는지를 논의함으로써 해당 현상에 대한 이론적 논의와 해당 이론에 대한 경험적 논의를 확장한다. 자세한 논의는 이 책에도 반복 인용된 Tavory & Timmermans, 2014를 참조하라. ― 옮긴이

뢰를 쌓아 성공적으로 질문을 던지고, 오랜 기간 현장에 몰입하여 사려 깊고 기민하게 관찰하는 것 이외의 방식으로는 결코 포착할 수 없으며, 현장 연구자들이 보여 주는 고도의 숙련성은 이러한 요소들을 과학적으로 이해할 수 있게 해주는 질적 연구의 핵심이다. 하지만 고도의 숙련성이 무엇인지, 어떤 요소가 거기에 포함되어 있는지가 분명하게 표현되거나 정리되는 경우는 드물다. 대신 연구실이나 복도에서 지도 교수가 학생에게 조용히 전수하거나, 후배 현장 연구자가 마치 새로운 것처럼 재발견하곤 한다. 우리는 이러한 이슈를 명확히 정리해 밝히는 일이 과학을 추구하는 여정에 필수적이라고 믿는다.

이는 질적 연구 내부자와 외부자 모두에게 중요하다. 오늘날 많은 질적 연구가 동시대의 문제 — 불평등, 빈곤, 교육, 차별, 양극화, 보건, 이민, 경영, 정책 등 — 를 다루기에 양적 연구자가 연구하는 주제를 연구한다. 그 결과, 과거의 에스노그라퍼는 자신을 평가하는 사람이 다른 에스노그라퍼일 것이라는 점을 알고 만족할 수 있던 반면, 오늘의 현장 연구자는 경제학자, 인구학자, 심리학자, 양적 사회학자, 통계학자, 관련 주제에는 전문가이지만 방법과 관련해서는 그렇지 않은 여러 사람이 읽고 평가하는 연구를 생산할 수밖에 없다. 우리는 모든 연구자가 반드시 명확한 연구 평가 방

법을 사용해야 한다고 주장한다. 연구 평가 방법의 명확성
은 사회과학 전반에 대한 대중의 신뢰가 위기를 겪고 있는
현시점에서 특히 중요하다.

우리의 관점

우리는 질적 연구가 축적 지향적 사회과학에 필수적이고,
그 잠재력을 실현하기 위해서는 평가 기준이 명확해야 한다
고 생각한다. 또한, 그러한 기준을 명확히 하기 위한 해결책
은 자료 수집 방법을 자료 분석을 위한 접근법과 구분해야
하며, 그리고 ― 아마도 가장 중요한 것일 텐데 ― 한 연구
의 자료 수집 방법이 성공적으로 수행되었는지는 그 방법이
의도한 목적을 성취했는지에 따라 평가되어야만 한다고 본
다. 심층 인터뷰는 사람들이 어떻게 자신과 자신이 놓인 상
황을 이해하는지를 포착하는 것을 목표로 삼는다. 참여 관
찰은 현상을 자연스런 맥락 속에서 직접 관찰하는 것을 목
적으로 삼는다. 두 방법 모두 잘 수행될 수도, 잘못 수행될
수도 있다. 우리는 두 방법이 제대로 수행되었을 때와 그렇
지 못했을 때의 차이를 논의하는 법을 설명하고자 했다.

두 자료 수집 방법은 연구자가 사전 예상에 따라 자료
를 수집할 뿐만 아니라, 실제로는 현장에서 무엇을 더 살피

냐 마느냐에 관한 순간순간의 결정으로 자료를 생산한다는 점에서 공통적이다. 무엇을 조사하고 조사하지 않을지, 무엇을 관찰하고 주의를 기울이지 않을지, 무엇에 대해 현장 기록을 쓰고 쓰지 않을 것인지 같은 결정들 말이다. 연구자가 현장에서 내리는 결정은 수집하는 자료의 가장 기본적인 특성을 형성하고, 연구자의 말과 행동은 자료의 분리 불가능한 일부가 된다. 한 사람을 인터뷰하거나 한 현장을 관찰한 두 명의 연구자는 서로 다른 녹취록과 서로 다른 현장 기록, 즉 서로 다른 자료를 생산한다. 이러한 차이 때문에 축적 지향적 과학을 추구하려는 질적 연구 프로젝트는 어려움을 겪는다.

하지만 비록 이러한 차이가 불가피하다고 해도 우리는 인터뷰하거나 관찰한 사람들에 대해 서로 다른 두 명의 연구자가 동일한 사회적 사실에 도달할 수 있다고 주장한다. 두 연구자의 기술이 숙련되어 있고, 연구 대상에 대한 충분한 접촉이 이루어졌다면 실제로 그럴 가능성이 크다. 그렇기에 접촉은 강한 질적 경험 연구의 전제 조건이다. 많은 시간 동안 참가자를 인터뷰하거나 현장을 관찰하지 않고서는, 즉 접촉 없이는 경험적으로 탄탄한 기반을 가진 현장 연구는 불가능하다.

평가

이러한 이유로 이 책에 개괄된 원칙에 따라 질적 경험 연구 프로젝트를 평가하려는 독자는 가장 먼저 접촉을 평가할 것이다. 현장 안에서의 접촉 시간은 필수 조건이다. 접촉이 적은 프로젝트는 연구가 완료되었더라도 경험적으로는 이미 살아 있는 연구가 아니다.

충분한 접촉이 이루어졌다면, 독자는 인지적 공감의 신호를 찾을 것이다. 인지적 공감은 사회문제에 관한 연구에서 대다수의 경험 연구 프로젝트가 달성하고자 하는 주요 목표다. 최소 기준으로서, 독자는 연구에서 인터뷰하거나 관찰한 사람들이 자신과 자신의 사회적 세계를 어떻게 인식하고 있는가가 서사 내에서 서술되고 있는지 평가할 것이다. 그 증거는 추상적이거나 일반적이지 않고 구체성 있거나 사실적일 것이다. 서사는 전반적으로 다원성을 드러낼 것이다. 만약 서사가 발견의 어떤 측면에서도 사람, 시간, 상황, 맥락에 걸친 다양성을 보여 주지 않는다면, 즉 큰 변이variation 없이 한 가지 경험적 패턴만을 반복적으로 기록한다면 이 연구는 심각하게 의심받을 것이다. 다원성은 연구자가 적어도 최소한의 신중함을 가지고 인터뷰와 관찰을 했다는 점을 보여 준다.

하지만 이러한 내용도 최소한의 기준에 불과하다. 더 강한 서사는 사람들이 세계를 어떻게 인식하는지뿐만 아니라, 사람들이 그러한 인식에 어떤 의미를 부여하는지, 그리고 만약 연구 주제가 행동의 동기와 연관되어 있다면 그들이 자신의 동기를 어떻게 표현하는지에 인지적 공감을 보여 줄 것이다. 그러한 서사는 의미와 (만약 연구 주제가 연관된다면) 동기의 다원성 역시 서술할 것이며, 아마 사람들이 사물에 부여하는 의미가 어째서 다른지도 설명할 것이다. 그리고 좋은 현장 연구는 예상치 못한 것들에 반응하므로 연구자는 이전에 생각하지 못했던 진술이나 관찰을 추가로 연구했을 것이다. 실제로 강력한 에스노그라피가 보내는 공통된 신호는 연구자가 처음 연구를 시작할 때 지녔던 연구 질문과는 다른 연구 질문에 답한다는 것이다. 마지막으로 더 강한 서사에서 연구자는 자신의 존재가 접근 대상이 되는 사람들, 그리고 그들이 공개한 것에 미친 영향을 분명히 인식한다는 사실을 드러낼 것이다.

여기에서 우리가 서술한 기준은 기초적 지표다. 연구자가 기본적인 기술 수준에서 자료 수집을 만족스럽게 수행했다면 완료된 연구에서 누구나 찾아볼 수 있는 지표이기 때문이다. 이러한 지표들을 넘어서면 질적 연구자들의 시각은 서로 차이를 보일 것이다. 예를 들어, 어떤 학자들은 응답자의 수가 중요하다고 주장하는 반면, 다른 학자들은 이를 부정할 것이다. 어떤 학자들은 시간에 걸친 변화를 추적하는 종단적 자료 수집이 중요하다고 주장하지만, 다른 학자들은 그렇지 않다고 할 것이다. 어떤 학자들은 여러 가설을 검증하는 것이 필수적이라고 주장하거나 현장에 기반을 두고 상향식으로 이론을 생성하는 것이 목표라고 주장할 것이다. 어떤 학자들은 사례 간 비교가 필요하다고 주장하고, 또다른 학자들은 단일 사례 연구의 오랜 전통을 내세울 수도 있다.

이 모든 이슈를 다루려면 또 한 권의 책이 필요할 것이다. 다만, 우리는 이 책의 주요 주장의 바탕을 이루는 두 가지 전제가 중요하다는 점을 강조한다. 첫째, 높은 수준의 접촉을 제외한다면, 인터뷰나 참여 관찰 연구를 경험적으로 성공적인 연구로 이끄는 필수적 연구 설계 특징은 존재하지 않는다. 이 명제는 당연해 보일 수도 있지만 동의하지 않는 연구자들도 있다. 예를 들어, 일부 연구자는 모든 인터뷰 기반 연구에서 인터뷰 대상자의 수가 최소한 특정 숫자를 넘겨야만 한다고 주장한다(설문 조사 방법의 표집 방법에서 시작된 아이디어다).[209] 유사하게, 어떤 연구자는 모든 에스노그라피가 비교를 위해 최소한 두 개의 사례를 다루어야만 한다고 주장한다(실험 연구의 조작 집단과 통제 집단의 개념에서 유래한 아이디어다).[210] 우리는 이러한 관점이 서로 다른 연구가 서로 다른 목표를 가진다는 점을 무시한다고 생각한다. 서로 다른 목표를 달성하려면 서로 다른 설계를 해야 한다. 다수의 설문 조사형 질문을 활용하는 인터뷰 연구는 우리가 이미 확보하고 있고 잘 알고 있는 변수들이 인구 집단 전체에서 가지는 분포와 관련된 주장을 만든다. 이런 연구에서는 충분히 큰 표본이 필요한데, 이때 표본은 적합한 표집 틀에 근거해 선택되어야 하며, 모집단 내 모든 응답자는 무작위 표집 방법을 활용해 할당된 확률에 기반을 두어 선택되어야 한다. 어떤 인터뷰 연구는 매우 작고 접근하기 어렵지만 중요한 인구 집단(예를 들면, 코로나바이러스에 감염된 가장 최초의 우한 주민)에서 지금까지 알려지지 않은 현상을 이해하려고 한다. 이른바 우리가 모른다는 것조차 모르는 것the unknown unknowns●이라고 불리는 현상을 밝히려 하는 것이다. 이러한 연구에서는 정확성과 포화가 가장 중요하고 연구 대상을 충분히 좁히는 접근이 필요하며, 통계적 대표성은 부적절한 기준이다.

● 한국어에서 일상적이라고 보기는 어려운 표현이지만 저자에 따르면 특정한 개념어가 아니며 영어권에서 널리 쓰이는 관용적 표현이다. '우리가 안다는 것을 알고 있는 것the known knowns'과 '우리가 모른다는 것을 알고 있는 것the known unknowns'에 대비하여 '우리가 모르고 있다는 사실조차도 모르는 무언가'를 가리킨다. 질적 접근은 연구 과정에서 무엇이 발견될지 예상할 수 없기에 '우리가 모른다는 것을 알고 있는 것'을 알아내는 다른 과학적 방법과는 구별되는 장점이 있다고 해석할 수 있다. — 옮긴이

마찬가지로, 두 조직의 특징을 비교하려는 에스노그라피적 연구는 당연히 두 조직 모두를 연구 사례로 선택해야 한다. 반면 중요한 공동체가 특정 사건 이후 어떻게 변화했는지 (예를 들어, 허리케인 카트리나 이후 뉴올리언스시)를 밝히려는 연구는 단기적, 장기적 결과를 포착하기 위해 여러 해에 걸쳐 충분한 현장 연구 기간을 확보해야 한다. 이 경우, 현장에서 보내는 시간은 핵심적이며 다른 사례와의 비교는 부적절한 기준이 될 것이다. 이 외에도 가능한 질문의 종류는 무한하며, 마찬가지로 개연성 있는 대안적 연구 설계의 수 역시 무한히 많다.

둘째, 모든 자료 수집 방법은 근본적으로는 그 방법이 설계된 목적에 기초하여 평가되어야 한다. 어떤 연구든 많은 구성 요소를 포함하고 있기에 여러 방식에 의해 평가될 수 있다. 그러나 그 방법이 의도하지 않은 것에 기반해 평가가 이루어진다면, 그 평가는 정당하지 않다. 예를 들어, 특정 설문 조사 기반 연구는 여러 기준에 근거해 평가할 수 있다. 그러나 자료 수집 방법으로서의 설문 조사를, 이를테면 응답자의 행위에 관여하지 않고 있는 그대로 포착하는 것 같이 그 방법이 할 수 없는 일을 근거로 비판하는 것은 설문 조사의 목적을 오해하는 것이다. 마찬가지로 자료 수집 방법으로서의 심층 인터뷰 또는 참여 관찰 연구를 (접촉을 평가하는 것과는 반대로) 표본의 크기, 통제된 연구 설계, 그 외에도 질적 연구의 강점에 중요하지 않은 핵심 평가 기준에 근거해 비판하는 것은 두 방법의 목표를 오해하는 것이다. 이 책은 인터뷰와 참여 관찰이 의도했던 것을 토대로 두 연구를 평가하는 방법을 명확히 드러내고자 했다.

질적 연구 방법이 성취하고자 하는 과제들은 사회과학에 꼭 필요하다. 과학에는 통제된 실험실에서 실험을 설계할 수 있는 학자가, 현장에서 무작위 배정 임상 시험을 수행할 수 있는 학자가, 모든 인구 집단의 특성에 대해 신뢰도 높은 기술을 할 수 있는 학자가 필요하다. 마찬가지로 과학에는 사람들과 대화를 나누고 그들의 신뢰를 설득력 있게 얻어 낼 누군가가 필요하다. 또한 사람들이 자신과 세계를 어떻게 인식하고, 인식 내에서 의미를 찾으며, 행동에 동기를 부여하는지에 대해 믿을 만한 진술을 끌어낼 누군가가 필요하다. 공동체·집단·마을·동네·조직에 접근하고, 그들에게 관찰자로 받아들여지며, 상호 작용과 행동에 대해 정확하게, 성찰적으로, 포괄적으로 서술할 누군가가 필요하다. 이 책이 인터뷰 기반 연구자와 에스노그래퍼가 자신의 일을 잘 해 냈는지 알아보는 방법을 보여 주었기를 바란다.

이 책은 2018년 컬럼비아대학교의 사회경제연구 및 정책연구소 Institute for Social and Economic Research and Policy의 '양극화된 사회에서 합의를 구축하기the Coming to Terms with Polarized Society' 시리즈의 일부분으로, 민주주의 사회에서 질적 리터러시의 중요성에 대한 스몰의 강의에서 출발했다. 스몰은 이 강의를 2019년 전미교육학회American Education Research Association의 연례 학술대회에서 스펜서재단 특강Spencer Foundation Lecture의 이름으로 다시한번 강연했다.● 아이디어를 소개하고 토론할 기회를 준 사회경제연구 및 정책연구소와 스펜서재단에 감사를 전한다. 두 번째 강의에서, 스몰은 제시카 칼라코의 경험 연구에 대해 긍정적으로 논의했는데, 두 사람은 한번 만난 적 있지만 함께 작업한 적은 없었다. 강연 후, 우리는 현장 연구 방법과 관련한 공통의 관심사를 두고 실행 가능한 프로젝트를 물색하며 몇 달에 걸쳐 이야기를 나누었고,

●　해당 강연은 스펜서재단의 유튜브 채널에서 볼 수 있다. "Mario L. Small AERA 2019 Spencer Lecture"(https://youtu.be/z1Hje2syc1Y) — 옮긴이

질적 연구를 평가하는 법에 관해 짧은 책을 쓰기로 했다. 이 과제는 예상보다 훨씬 더 어려웠다. 책의 초안을 작성한 후, 터무니없이 잘 못된 인용을 하지 않았기를 바라면서 책 속에서 예시로 강조되었 던 작업의 연구자들과 해당하는 장을 공유했다. 자신의 작업을 마 음껏 활용할 수 있도록 허락해 주고 유용한 코멘트와 지적을 해 준, 카리다 브라운, 야포니카 브라운-사라치노, 앤드루 디너, 케이시 휴 즈, 제니퍼 리, 대니엘 라우덴부시, 크리스 타카스, 셀리스트 왓킨 스-헤이즈, 민 저우 등에게 감사의 말을 전한다. 또한, 책의 제목부 터 전체 원고에 이르기까지 모든 부분과 관련해 대화를 나누고 코 멘트를 준 엘리자베스 브루흐, 들래인 컴튼, 타라 가르시아 매슈슨, 캐슬린 거슨, 모니카 크라우스, 니콜라스 르만, 딕 머네인, 스티브 라 우덴부시, 벨 월렘에게도 감사의 말을 전한다. 우리의 주장에 대한 비판을 이들이 감당해야 할 이유는 없지만, 우리의 생각을 구체화 하도록 도와준 기여는 이들 모두에게 돌아가야 한다. 나오미 슈나 이더는 처음부터 이 책에 열성적이었다. 감사의 말을 전한다. 마지 막으로, 원고를 마무리하는 동안 자신들의 역할 이상을 육아에 전 념해 준 댄과 타라에게도 감사의 말을 전한다. 아라벨라, 레일라, 레 오, 오딘에게도 그들의 인내심과, 즐거움과 영감으로 가득 찬 시간 을 함께 보내 준 것에 대해 고마움을 전한다.

이 책을 시작하게 된 질문은 어떻게 하면 견고한 질적 경험 연구를 그렇지 못한 작업, 예를 들어 아름답게 쓰였지만 경험적으로는 견고하지 못한 작업과 구분해 낼 수 있는가였다. 일부 독자들은 완성된 책이나 논문이 아닌 연구 계획의 단계에서 견고한 작업과 견고하지 않은 작업을 구분하고 싶을 것이다. 질적 연구계획서를 평가하는 것은 사회과학 연구에 자금을 지원하는 연방 정부(국립과학재단 및 국립보건원 등)와 민간 기관(윌리엄 T. 그랜트 및 러셀 세이지 재단 등)에 소속된 주요 재단 모두에서 점점 더 일상적인 일이 되어 가고 있다. 인터뷰나 참여 관찰을 바탕으로 하는 우수한 경험적 사회 과학을 지원하겠다는 두 재단의 목표를 우리 역시 공유하기에, 연구계획서 평가에 대해 신중하게 논의할 필요가 있다.

난점

우리의 기준을 사용해 연구계획서를 평가하는 것은 최소한 세 가지 이유에서 어렵다. 첫째, 우리의 기준은 수집된 자료의 질을 근거로 완성된 연구의 경험적 견고함을 분별한다. 경험 연구를 수행하려는 연구계획서는 우리의 가이드라인이 평가하고자 하는 자료를 아직 생산하지 않은 상태일 것이다. 둘째, 대개 연구계획서는 연구 설계에 기초해 평가하는 반면, 이 책은 (연구실에서의) 구상이 아니라 (현장에서의) 실행에 명시적으로 초점을 맞추는데, 설계는 구상의 한 요소다. 1장에서 언급했듯이 우리는 설계, 보다 일반적으로는 구상에 대해서는 논의하지 않았다. 다루어야 하는 이슈의 범위와 해결해야 하는 논쟁의 양 모두가 짧은 책 한 권에서 논의할 수 있는 것보다 훨씬 더 방대하기 때문이다.

셋째, 우리의 기준은 많은 평가자가 불편함을 느끼는 현실을 있는 그대로 받아들인다. 모든 현장 연구자가 양적 학자들이 '연구 설계'로 고려할 만한 요소에 근거해 자신의 연구를 정당화하지는 않는다는 것이다. 현장 연구자는 다양하다. 누군가는 인터뷰나 관찰을 시행하기 전 문헌을 공부하고, 가설을 생성하며, 변수를 정의하고, 표집 틀을 만들고, 촘촘한 인터뷰 가이드를 작성하고, 완결된 코딩 도식을 구체화한다. 또 누군가는 현장에 진입하기 전에는 엄밀한 가설을 만들지 않으려 한다. 이들은 연구 질문, 현장이나 인구집단, 초기 계획 등에 관련된 결정만을 내린 다음, 현장에 들어가 떠오르는 발견에 대응하며 세부 사항을 마무리 짓는다. 또 다른 이들은 심지어 연구 질문을 형식화하지도 않는다. 이들은 하나의 주제, 가령 한 회사의 직장인들 사이에 존재하는 젠더 관계 혹은 한 동네에서 볼 수 있는 친족 간의 지원 연결망 같은 주제만 가지고 시작해 선택한 현장에서 우리가 모른다는 것조차 모르는 것을 밝혀내려 한다. 사실, 많은 참여 관찰자들은 누군가에게 설명할 수 있는 선험적 설계가 아니라, 단지 관심 주제와 관련해 떠오르는 발견을 체계적으로 추적하겠다는 책임감commitment만을 가지고 있다. 그 외에도 서로 다른 많은 접근법이 있다.

다른 방법과 달리 질적 연구에서는 설계의 꼼꼼함과 완결된 결과물의 질 사이에 필연적 관계가 존재하지 않는다. 다른 방법과의 이러한 차이는 중요하다. 변수, 처치treatments, 투명하게 구체화된 절차 등이 없이 분명하게 설계되지 않은 실험은 좋은 과학적 결과물을 생산할 수 없다. 본질적으로 실험은 귀납적이지 않기 때문이다.● 그러나 과학적으로 가장 중요한 에스노그라피 연구 중 다수는 분명하게 설계된

● 대조적으로, 복수의 실험을 연속된 '시리즈'로 이어 수행하는 경우 대개 연구 설계가 분명하게 되어 있지 않은데, 이는 한 실험에서의 발견이 다른 실험의 설계에 영향을 주기 때문이다.

연구가 아니었다.[211] 바로 이 지점이 저명한 에스노그라퍼인 하워드 베커Howard Becker가 질적 연구계획서 평가 방법에 관한 국립과학재단의 두 보고서를 비판하며 강하게 강조한 부분이었다.[212] 그는 다음과 같이 썼다.

고전이 된 연구들을 조사해 보면 (……) [많은] 연구자들이 연구를 시작할 때 방법, 이론, 또는 자료를 완전히 구체화하지 않는다는 점이 보인다. 그들은 아이디어, 지향하는 관점, 때로는 구체적인 가설에서 시작하지만, 일단 시작하면 새로운 단서를 조사하고, 수집한 (어떨 때는 기대하지 않은) 증거에 유용한 이론적 아이디어를 적용하고, 다른 여러 방식으로 체계적이고 엄밀한 과학적 탐구를 수행한다. 각각의 인터뷰와 매일매일의 관찰을 통해 아이디어를 생산하고, 이를 관련 자료와 비교해 검증한다. 아이디어와 절차를 미리 구체화하지 않고, 발견에 맞춰 이를 바꿀 준비를 하는 것, 이것은 질적 연구의 결함이 아니라 오히려 큰 장점 중 하나다.[213]

베커에게 중요한 것은 질적 연구의 많은 부분이 반복적일 수밖에 없다는 점이다. "성공적인 질적 연구는 반복적인 과정이다. 시점 1에서 수집된 자료는 시점 2에서 수행되는 자료 수집 작업에 영향을 미친다. 성공적인 연구자는 연구를 시작할 때 자신이 연구 대상에 대해 아는 것이 거의 없다는 사실, 그리고 매일매일 배운 것을 다음의 결정, 즉 무엇을 관찰하고, 누구를 인터뷰하고, 무엇을 찾고, 무엇을 물을지 결정하는 데 사용한다는 사실을 알고 있다."[214]●

그 결과, 다른 자료 수집 방법에서보다 심층 인터뷰 및 참여 관찰에서 연구계획서 평가 방법을 구체화하는 것이 더 어렵다. 질적 방법에서는 설계의 구체화 정도가 완성된 연구의 질과 반드시 연관되지는 않기 때문이다. 설문 조사와 더 비슷한 심층 인터뷰 접근의 경우, 설계가 가장 중요할 것이다. 그렇지 않은 경우, 예를 들어 거의 알려지지 않은 주제나 인구 집단을 연구하기 때문에 유연성이 필요한 접근의 경우, 현장에서의 실행이 설계보다는 훨씬 더 중요할 것이다. 참여 관찰 연구의 경우, 현장에서의 실행이 거의 전부라고 해도 과언이 아닐 것이다. 거의 모든 종류의 현장에서 흥미롭고 새롭고 중요한 무언가를 식별해 내는 것은 프로젝트에 전념

● 많은 질적 연구자, 특히 심층 인터뷰 연구자들이 실행 전 꼼꼼하게 설계된 프로젝트를 성공적으로 수행했다는 점에 주목해야 한다. 이러한 종류의 프로젝트에는 국립과학재단의 두 지침이 담고 있는 많은 지적이 적합할 것이라 생각한다. 그러나 많은 질적 연구 프로젝트가 전혀 이런 식으로 진행되지 않으며, 잘못된 기준을 근거로 이들을 평가하면 좋은 과학의 기반을 훼손하게 된다. 해당 기준으로 평가했다면 미국 역사상 가장 훌륭한 에스노그라피 중 대다수는 아마 연구비 지원을 받지 못했을 것이다.

하기에 충분한 시간을 가진 숙련되고 신중한 관찰자이기 때문이다. 이러한 다양성은 연구계획서를 평가하는 방법에 관한 논의가 어떤 철칙에 기반을 두기dogmatic보다는 항상 일반적general이어야 함을 시사한다. 이런 목적을 위해, 이 책에서 논의된 지표들을 활용해 연구계획서를 평가할 때 고려할 사항들을 간략하게 개괄하고자 한다.

평가 기준과 연구계획서

접촉

첫 번째이자 가장 중요하게 고려되어야 할 이슈는 접촉, 즉 연구자가 개인을 인터뷰하거나 관찰하는 데 소요될 것으로 예상하는 시간이다. 접촉 없이는 논의된 기준 대부분을 달성할 수 없기에 우리는 접촉이 필수 조건(요소)이라는 점을 지적했다. 현장 연구에 대한 접근 방식이 다양하므로, 표본의 크기 자체는 적절한 고려 사항으로 볼 수 없다는 점을 반드시 강조해야 한다. 소수의 참여자를 대상으로 진행된 수백 시간의 인터뷰와 관찰은 뛰어난 질적 연구의 질을 보장해 주는 증표였다.[215] 여기서 핵심 기준은 시간이며 우리는 모든 질적 연구의 평가자가 표본 크기 개념을 접촉 개념으로, 즉 사람의 수를 시간으로 대체하는 것이 더 나은 방안이라고 생각한다. 성공적인 연구에서는 개인에게 적은 시간을 투입해 다수의 사람을 조사할 수도 있고, 개인에게 많은 시간을 투입해 소수의 사람만을 조사할 수도 있다. 사람이나 사례의 적절한 수는 연구 질문에 따라 달라질 것이다. 그러나 질문에 상관없이 연구자는 필수적으로 사람이나 현장에 많은 시간 동안 접촉해야 한다.

접촉 시간이 너무 짧은 것은 위험 신호다. 100시간 미만의 접촉으로 경험적으로 강력한 인터뷰 연구를 수행하는 것이 불가능한 일은 아니지만 드물다. 접촉 시간이 짧다면 연구 질문을 좁히고 연구 목표를 제한해야 한다. 강력한 참여 관찰 연구는 대개 1,000시간 이상의 현장 연구를 포함하지만 고도로 연구 범주를 좁힌 연구는 훨씬 적은 시간을 들여 목표를 달성할 수 있다.

예비 조사 자료

이 책에서 기술된 연구 기준은 자료 안에서만 완전히 식별될 수 있기에, 우리는 예비 조사 자료의 유무와 수준을 고려할 것이다. 대부분의 대규모 연구는 예비 조사와 함께 시작하며, 효과적인 연구계획서는 수집된 자료의 질을 보여 주는 데 예비 조사를 활용할 것이다. 이런 접근은 단순히 이미 진행된 연구 진도를 서술하는 것뿐 아니라 예비 조사에서의 발견을 실제로 제시해 연구자의 능력을 증명한다. 만약 연구계획서가 이러한 접근을 택했다면, 연구자가 얼마나 인지적 공감을 추구했는지, 연구자가 다원성에 대해 어느 정도의 민감도를 지녔는지가 명확하게 드러날 것이다. 제시된 자료가 강력하다면 설령 한계가 있더라도 그 자료에는 구체성이 있을 것이다. 달리 말하자면, 우리가 이 책에서 논의한 지표 중 몇 가지가 드러나기 시작할 것이다. 추가로, 필연적으로 예비 조사 자료는 현장이나 인구 집단을 처음 접한 사람은 다루지 못했을 많은 이슈를 발굴할 것이다. 역으로 말하자면 관련 분야에서 전례가 없는 대규모 연구를 위한 연구계획서는 앞으로 발생할 문제의 조짐을 드러낼 것이다. 이러한 연구는 아마도 탐색적 연구를 위한 더 작은 규모의 초기 연구비 요청seed-funding 연구계획서로 재구상하는 것이 가장 바람직할 것이다.

정당화 근거

우리는 정당화 근거rationale도 고려할 것이다. 우리는 질적 연구의 접근 방식이 광범위하며, 그중 무엇이 최적인지 연구자들이 동의하지 않는다는 점을 보여 주었다. 심지어 연구자들은 형식화된 설계가 질적 연구에 필요한지도 서로 동의하지 않는다. 이러한 맥락에서, 우리는 연구계획서가 '연구자가 구상한 바에 맞춰' 연구의 각 구성 요소를 뒷받침하는 정당화 근거를 포함하고 있는지를 따져볼 것이다. 예컨대, 만약 연구자가 형식화된 가설, 미리 결정된 표본 크기, 엄격한 인터뷰나 관찰 수칙, 또는 형식화된 코딩 도식을 제안하는 경우, 연구계획서는 그러한 결정이 자명하다고 가정하기보다는 각 요소들이 왜 필요한지 정당화해야 한다. 이를테면 제안자는 다음과 같이 쓸 수 있을 것이다. 선행 연구를 고려해 볼 때, 두 개의 명확하고 대립하는 결과가 예상되므로 이 연구는 가설을 형식화한다. 서로 다른 배경의 여러 인터뷰 대상자를 포함할 것이므로 본 연구에는 엄격한 인터뷰 수칙이 필요할 것이다 등등. 다른 예를 들어보자. 만약 연구자가 주제와 현장은 구체화했으나 가설 설정을 피하고, 대신 모든 연구 질문이 현장에서 귀납적으로 등장하도록 놔두고자 한다면 연구계획서는 이러한 접근의 각 요소를 뒷받침하는 동기를 설명해야 할 것이다. 이를테면, 다음과 같이 쓸 수 있을 것이다. 선행 연구가 너무 최근에 수행되어 설득력 있는 가설을 생성하기 어렵다. 이 인구 집단에 관해서는 우리가 모른다는 것을 모르는 것이 많아 가설을 세우기보다는 현장에서의 발견에 민감하게 반응할 필요가 있다 등등.

정당화 근거를 효과적으로 논의하기 위해서는 해당 접근법을 구성하는 요소의 한계에 대한 인정과, 그러한 제약에도 불구하고 어째서 이 요소들이 여전히 정당한지 그 이유에 대한 설명이 언급되어야 할 것이다. 모든 접근의 모든 요소, 이를테면 가설을 구체화하거나 하지 않기, 엄격한 인터뷰나 개방형 인터뷰 혹은 관찰 수칙을 사용하기, 다수 혹은 소수의 참여자를 참여시키기, 하나 혹은 다수의 현장을 관찰하기, 귀납적 혹은 연역적으로 코딩하기 등등, 각각의 요소에는 잘 알려진 강점과 한계가 있다. 우리는 연구계획서에서 이러한 한계에 대한 논의를 찾아볼 것이다.

따라서 접근을 정당화하지 않고 단순히 단언하는 연구계획서는 위험하다. 동기와 단점을 논의하지 않은 채 1시간 길이 인터뷰 100개에 기초해 연구가 진행될 것이라고 단순하게 단언하는 것은 곤란할 것이다. '근거 이론'이 무엇을 의미하는지 정의하지 않고, 왜 필요한지 설명하지 않으며, 그 한계를 밝히지 않은 채 이에 기초를 둘 것이라고 말하는 연구도 마찬가지다. 달리 말해, 두 경우 모두, 독자에게는 연구자가 자료의 해석에 영향을 줄 만한 주요 이슈를 고려했다고 믿을 만한 근거가 없다. 각 접근의 정당화 근거에 대해 분명히 밝히지 않은 연구계획서는 연구자가 성찰적이지 못하다는 신호일 수 있다.

자기 인식

우리는 자기 인식도 고려할 것이다. 자기 인식의 일부 요소는 사실 연구계획서 단계에서도 관찰될 수 있다. 우리가 논의했듯, 성공적인 연구자는 접근, 개방, 해석에서 자신의 영향을 관리할 뿐만 아니라 예상한다. 강력한 연구계획서라면 최소한 연구자의 — 우리가 사용했던 의미에서 — 정체성*이 누구에게 접근할 수 있으며, 또 얼마나 그들에게 가깝게 다가갈 수 있을지에 영향을 미치는지 고려할 것이다. 이러한 쟁점을 고려하지 않은 연구자는 부실하거나 잘못 해석된 자료가 생산될 가능성에 대해 효과적으로 성찰하지 않은 것이다.

추적을 예상하기

4장에서 논의한 바와 같이, 현장 연구 과정에서 질적 연구자는 예상하지 못했던 진술이나 사건, 연구자가 수중에 지닌 자료로는 답할 수 없는 질문을 반드시 마주치게 될 것이다. 이러한 사실에 대한 연구자의 인지와 이에 대해 대처할 의지를 보여 주는 것은 연구가 성공할 가능성이 크다는 강

● 저자들이 사용한 정체성의 정의는 5장 "자기 인식"에 잘 기술되어 있으며 특히 장의 도입부와 "심층 인터뷰에서의 자기 인식" 절의 "개방" 소절 부분이 좋은 참조가 된다. ─ 옮긴이

력한 신호다. 강력한 연구계획서는 알려지지 않은 것에 대해 솔직하며, 알려지지 않은 발견이 이에 대한 대응을 요구할 것이라는 점을 공식 연구 계획에 포함하거나 적어도 예상한다.

대조적으로, 연구자가 추적이 필요한 경우를 예상하지 못한다는 것을 감지해 낼 수 있는 세 가지 위험 신호가 있다. 하나는 연구를 빠르게 시작하고 종결하겠다는 제안이다. 큰 연구 질문에 답변하는 데 걸리는 전달 시간을 너무 짧게 잡는 연구계획서는 접촉이 제한될 것이라는 신호를 보낸다. 거기에 더해 이러한 계획서는 현장에서 반드시 등장하게 될 많은 이슈를 추적하지 않겠다는 연구자의 결정을 암시하거나 많은 발견을 어떤 형태로든 추적해야 한다는 사실에 대한 연구자의 지식이 부족하다는 점을 암시한다. 또 다른 위험 신호는 너무 많은 연구 질문을 제시하는 것이다. 초기 질문의 수를 증가시키면 프로젝트에서 예상할 수 있는 미지의 발견 수도 기하급수적으로 증가한다. 합리적인 시간 내에 많은 수의 연구 질문을 다루는 유일한 방법은 추적을 포기하거나, 많은 연구 질문을 피상적으로 다루는 것뿐이다. 세 번째 위험 신호는 형식화된 질문이 다수 포함된 질문지, 또는 다수의 현장이나 사전 설정된 다수의 관찰 대상을 포함한 현장 연구 계획이다. 상세한 인터뷰 가이드는 설문 조사에서는 매우 잘 작동하지만 인터뷰가 더 심층적으로 진행될수록 점점 더 무의미해진다. 심층 인터뷰의 경우, 예상하지 못했던 진술에 대응하는 능력을 요구하기 때문이다. 많은 현장이나 사전 계획된 여러 관찰 지점을 포함한 현장 연구 계획은 현장에 일단 들어간 뒤 많은 지점을 포기하거나, 연구 프로젝트를 수년, 심지어 수십 년 더 연장하거나, 현장 안에서 추적을 수행하지 않음으로써만 진행될 수 있다. 질적 연구 프로젝트의 규모는 연구 진행 중 반드시 성장한다. 이 사실을 예상하지 못한다면, 이는 경험 부족을 보여 주는 신호다.

우리가 고려한 기준의 목록은 완전하지 않다. 명확한 연구 질문, 중요하거나 흥미로운 주제 등, 모든 연구 계획에 필수적인 구성 요소들에 대한 논의는 분명히 이 목록에서 빠져 있다. 특정한 설계에만 해당하기 때문에 특수한 방식으로 평가해야 하는 이슈들도 논의에서 제외하고 있다. 통계적 대표성을 제안하는 연구에서 표집 틀의 질이나, 근거이론화를 제안하는 연구에서 자료에 충실히 근거한 참신한 발견의 가능성이 그 예가 될 수 있을 것이다. 그러나 일반적인 수준에서 볼 때, 우리가 고려하는 이슈는 상상 가능한 대부분의 질적 연구 계획에서 중요할 것이다. 최종적으로 우리는 연구계획서를 평가하는 사람들도 완결된 연구를 평가하는 사람들과 마찬가지로 우리가 주장하고자 한 것과 일치하는 접근 방식, 다시 말해 비판적이되 교조적이지 않고, 개방적이되 사려 깊고, 방법 간의 차이를 인지하면서도 연구의 질을 보여 주는 신호에 주의를 기울이는 접근을 활용하기를 바란다.

1 Small, 2018.

2 Hammersley, 1992; Denzin, 2010.

3 또한 Hirschman & Berman, 2014; Christensen, 2020; Espeland & Stevens, 2008을 참조하라.

4 관련 연구가 너무나 많아 요약하기 어렵다. 하지만 다양한 전공의 학자들이 질적 연구의 기여를 개괄하는 여러 리뷰 에세이를 썼다. 예를 들어 Davies, 2000; Nastasi & Schensul, 2005; Riehl, 2001; Newman & Massengill, 2006; Alasuutari, 2010; Doz, 2011 등을 참조하라.

5 Bloor, 2010; Sadovnik, 2006; Hammersley, 2000; Green & Britten, 1998; Wedeen, 2010; Gerring, 2017.

6 예를 들어 다음을 참조하라. Small, Manduca, & Johnston, 2018; Klinenberg, 2018; Hagerman, 2018; Hughes, 2021; Lareau & Goyette, 2014; Brown-Saracino, 2017.

7 예를 들어 다음을 참조하라. Kajanus et al., 2019; Gansen, 2017, 2018; Lewis, 2003, Calarco, 2018; Carter, 2007; Morris, 2018; Oeur, 2018; Rios, 2011; Shedd, 2015; Jack, 2019; Guhin, 2020; Binder & Wood, 2013; Tyson, 2011; Lewis & Diamond, 2015; Lewis-McCoy, 2014; Murray et al., 2019; Posey-Maddox, 2014; Cucchiara, 2013; Morris, 2005; Armstrong & Hamilton, 2015.

8 예를 들어 다음을 참조하라. Menjívar, 2011; Carrillo, 2018; Durand & Massey, 2004; Mckenzie & Menjívar, 2011; Garcia, 2019.

9 예를 들어 다음을 참조하라. Wingfield & Chavez, 2020; Rivera, 2016; Friedman & Laurison, 2019; Chavez, 2021.

10 예를 들어 다음을 참조하라. Collins, 2019; Damaske, 2011; Edin & Kefalas, 2011; Edin & Lein, 1997; Dow, 2019; Gerson, 1985; Swidler, 2013; Hochschild, 1989.

11 예를 들어 다음을 참조하라. Abrego, 2006; Anderson, 2009; Gonzales, 2011; Rios, 2011; Kwon, 2014; Van Cleve, 2016.

12 예를 들어 다음을 참조하라. Mazelis, 2016; Pattillo, 1999; Lareau, 2011; Silva, 2013; Wingfield, 2009, 2010; Black, 2010; Stack, 1974; Lacy, 2007; Ray, 2017.

13 Lareau, 2011; Hochschild, 1989를 참고하라.

14 Johansson, Risberg, & Hamberg, 2003; King, Keohane, & Verba, 1994; Aspers & Corte, 2019; Shuval et al., 2011; Aguinaldo, 2004.

15 King, Keohane, & Verba, 1994.

16 McKeown, 1999; Hopf, 2007; Kratochwil, 2007.

17 Brady & Collier, 2004; Moses & Knutsen, 2019.

18 Ragin, Nagel, & White, 2004: 7.

19 Lamont & White, 2005; Ragin, Nagel, & White, 2004.

20 Ragin, Nagel, & White, 2004: 3~4.

21 Lamont & White, 2005: 4.

22 Ragin, Nagel, & White, 2004: 4("연구자의 존재[와] 개인사"); Lamont & White, 2005("연구 사례 선정 이유를 설명하기").

23 Becker, 2009: 9.

24 Cohen, 2017.

25 Lubet, 2017.

26 Clarke, 2007; Levers, 2013; Jerolmack & Khan, 2014; Small, 2015; Reyes, 2018; Rios, 2015; Jerolmack & Murphy, 2019; Murphy et al., 2020; Katz, 2019.

27 Henrich, Heine, & Norenzayan, 2010.

28 Rubin, 2017; Kerr, 1998; Head et al., 2015; Konnikova, 2015; Simmons, Nelson, & Simonsohn, 2011.

29 Resnick, 2018, 2021.

30 Gauchat, 2012; Resnik, 2011; Anvari & Lakens, 2018.

31 Gewin, 2016; Wicherts et al., 2016; Nosek & Lindsay, 2018.

32 Khan, 2019; Marcus, 2020.

33 Murphy et al., 2020.

34 Jerolmack & Murphy, 2019; Reyes, 2018.

35 Alexander et al., 2020; Mannheimer et al., 2019.

36 Murphy et al., 2020; Tsai et al., 2016; Krystalli, 2018; McLeod & O'Connor, 2021.

37 Aspers & Corte, 2019.

38 Small, 2011.

39 Small, 2011: 60.

40 Small, 2011: 60.

41 Glaser & Strauss, 1999(근거 이론); Burawoy, 1998(사례 확장 방법).

42 Riessman, 1990; Black, 2010; Watkins-Hayes, 2019(전기 서사); Andrews et al., 2010; Edin & Lein, 1997(통계적 회귀).

43 Anderson, 1999; Duneier, 1999; Lareau, 2011(전통적 에스노그라피); Putnam, 2001; Collins, 2004; White, White, & Johansen, 2005(양적 분석).

44 이러한 논쟁과 관점에 관한 토론으로는 다음 문헌을 참조하라. Devault, 1990; Fonow & Cook, 1991; Gluck & Patai, 1991; Hammersley, 1992; Miles & Huberman, 1994; Anderson & Jack, 1997; Visweswaran, 1997; Glaser & Strauss, 1999; Foley, 2002; Atkinson et al., 2007; Hammersley & Atkinson, 1995; Duncan, 2005; Nayak, 2006;

Wedeen, 2010; Charmaz, 2014; Chávez, 2012; Maxwell, 2013; Creswell & Poth, 2016; Gluck & Patai, 1991; Gerring, 2017; Lareau & Shultz, 2019; Davis & Craven, 2020; Gerson & Damaske, 2020; Lareau, 2021.

45   Miles, 1979; Miles & Huberman, 1994.

46   Becker, 2009; Tavory & Timmermans, 2014; Katz, 2015.

47   Knapik, 2006; Pezalla, Pettigrew, & Miller-Day, 2012; Xu & Storr, 2012.

48   Driedger et al., 2006; Conlon et al., 2015; Mauthner & Doucet, 2008.

49   May & Pattillo-McCoy, 2000.

50   King, Keohane, & Verba, 1994. 그러나 Mahoney, 2000, 2007도 보라.

51   Shaw, 1930; Whyte, 1943; Fenno, 1966; Liebow, 1967; Stack, 1974; Kanter, 1977; Willis, 1977; Anderson, 1978; MacLeod, 1987; Perry, 1994; Duneier, 1999; Pattillo, 1999; Anderson, 1999; Small, 2004; Desmond, 2008; Lareau, 2011; Armstrong & Hamilton, 2015; Gillespie, 2013; Van Cleve, 2016.

52   Small, 2009a.

53   Emerson, Fretz, & Shaw, 2011; Gerson & Damaske, 2020; Weiss, 1995; Denzin & Lincoln, 2011; Hollstein, 2011; Lareau, 2021; Creswell & Poth, 2016.

54   Duneier, 1999; Lareau, 2011; Calarco, 2018.

55   Small, 2009b, 2017a; Lareau, 2000; Hochschild, 1989, 2016.

56   Small, 2017a.

57   Small, 2017a; Becker, 1967; Fine, 1993.

58   예를 들면, Simi et al., 2017; Bedera, 2021을 보라.

59   Smith, 1822: 2.

60   Mead, 1934.

61   Mead, 1934: 125.

62   Mead, 1934: 155.

63   Hausheer, 1996.

64   Dilthey, 1927: 123.

65   Dilthey, 1927: 123.

66   Weber, 1978: 4.

67   Saiedi, 1992.

68   Geertz, 1973: 5.

69   Edin & Kefalas, 2011.

70   Weber, 1978: 11, 8~9.

71   Mills, 1940; Scott & Lyman, 1968; Czarniawska, 2004; Benzecry, 2011; Damaske, 2011, 2013; Fridman, 2016; Lizardo, 2021; Vaisey, 2009.

72   Small & Cook, 2021; Deutscher, Pestello, & Pestello, 1993.

73   Freese & Kevern, 2013.

74   Small, 2015.

75   Small, 2009b.

76   Small & Cook, 2021; Deutscher, Pestello, & Pestello, 1993; Pugh, 2013; Gerson & Damaske, 2020.

77   Watkins-Hayes, 2019.

78   Small, 2015.

79   Watkins-Hayes, 2019: 1.

80   Watkins-Hayes, 2019: 4.

81   Watkins-Hayes, 2019: 5.

82   Lareau, 2021; Devault, 1990; Anderson & Jack, 1997.

83   Geertz, 1973.

84   Emerson, Fretz, & Shaw, 2011.

85   Pugh, 2013; Small & Cook, 2021.

86   Deener, 2012.

87   Deener, 2012: xiii.

88   Deener, 2012: 44.

89   Deener, 2012: 45.

90   Deener, 2012: 45.

91   Deener, 2012: 45.

92   Deener, 2012: 45~46.

93   Deener, 2012: 46.

94   Ackerman et al., 2006.

95   Hochschild, 2016.

96   Ackerman et al., 2006.

97   Quattrone & Jones, 1980; Cikara, Bruneau, & Saxe, 2011; Linville, Fischer, & Salovey, 1989; Messick & Mackie, 1989; Park, Judd, & Ryan, 1991; Zhou et al., 2020; Reggev et al., 2019; Simon & Pettigrew, 1990.

98   Van Bavel, Packer, & Cunningham, 2008.

99   Merton, 1972.

100   Kanter, 1977; Willis, 1977; Bosk, 1979; Fine, 1987; Pattillo, 1993; Lewis, 2003; Pascoe, 2011; Tyson, 2011; Khan, 2012; Lewis & Diamond, 2015; Mueller & Abrutyn, 2016.

101   Abrego, 2006; Gonzales, 2011; Garcia, 2019.

102   Hochschild, 2016.

103   Stuart, 2020.

104   Stuart, 2016; Avery, 2012.

105   Lareau, 2011; Desmond, 2017.

106   MacLeod, 1987.

107   Small, 2004.

108   Pattillo, 1999; Jones, 2018; Watkins-Hayes, 2019.

109   Shaw, 1930.

110   Whyte, 1943; Stack, 1974.

111   Small & Cook, 2021.

112   이 책의 초판에서는 Patricia라고 되었으나 저자에게 Patricio임을 확인해 번역하였다. — 옮긴이

113   Schwartz, 2000; McFarland, 1981; Moore, 2002; Pustejovsky & Spillane, 2009; Jensen, Watanabe, & Richters, 1999; Vitale, Armenakis, & Field, 2008.

114   다양한 접근의 예로는 다음을 보라. Bonilla-Silva, 2003; Carter, 2007; Small, 2017a; Small, 2009b; Calarco et al., 2021; Calarco & Anderson, 2021.

115   Hughes, 2021.

116   Hughes, 2021: 10.

117   Hughes, 2021: 10.

118   Hughes, 2021: 10.

119   Hughes, 2021: 10.

120   Hughes, 2021: 14.

121   Small, 2015.

122   Raudenbush, 2020.

123   Raudenbush, 2020: 20.

124   Raudenbush, 2020: 20.

125   Raudenbush, 2020: 20.

126   Raudenbush, 2020: 20.

127   Raudenbush, 2020: 21.

128   Raudenbush, 2020: 31.

129   Raudenbush, 2020: 29.

130   '고도로 통합'에 관해서는 Raudenbush, 2020: 33; 공식적 의료 돌봄에 대한 접근권에 대해서는 34~35를 보라.

131   Raudenbush, 2020: 25.

132   Simmel, 1909; Whitehead, 1925; Merton, 1973; Toscano, 2008; Tavory & Timmermans, 2014.

133   Simmel, 1909; Merton, 1973; Hodgson, 2001.

134   King, Keohane, & Verba, 1994.

135   Weiss, 1995; Small, 2017a; Gerson & Damaske, 2020.

136   Weiss, 1995; Gerson & Damaske, 2020; Lareau, 2021.

137   Lee & Zhou, 2015.

138   Lee & Zhou, 2015: 53.

139   Lee & Zhou, 2015: 54~55.

140   Thorne, 1999.

141   Thorne, 1999: 76.

142   Thorne, 1999: 76.

143   Knapik, 2006; Pezalla, Pettigrew, & Miller-Day, 2012; Xu & Storr, 2012.

144　May & Pattillo-McCoy, 2000.

145　예를 들어, Krause, 2014.

146　Small, 2009a를 보라.

147　다른 종류에 관한 자료는 다음을 보라. Small, 2011; Rinaldo & Guhin, 2019. 대규모 설문 조사의 예시는 다음을 보라. Bonilla-Silva, 2003; Carter, 2007; Small, 2017a; Friedman & Laurison, 2019; Calarco & Anderson, 2021. 에스노그라피적 관찰의 예시는 다음을 보라. Pascoe, 2011; Khan, 2012; Rivera, 2016.

148　예를 들어 Small, 2017a.

149　몇 가지 예는 Rinaldo & Guhin, 2019를 보라.

150　Small, 2011.

151　Glaser & Strauss, 1999; Small, 2009a; Charmaz, 2014.

152　Glaser & Strauss, 1999; Guest, Bunce, & Johnson, 2006; Charmaz, 2014; Fusch & Ness, 2015; Hennink, Kaiser, & Marconi, 2017; Weller et al., 2018; Small, 2017b.

153　맥락에 따라 그 수는 열 명 내외로 적을 수도 있다. 포화 상태를 위해 얼마나 많은 인터뷰가 필요한지에 관해서는 다음을 보라. Guest, Bunce, & Johnson, 2006; Hennink, Kaiser, & Marconi, 2017; Weller et al., 2018.

154　Takacs, 2020.

155　Takacs, 2020: 260.

156　Takacs, 2020: 260.

157　Takacs, 2020: 260.

158　Takacs, 2020: 258.

159　예를 들어 다음을 보라. Burawoy, 1998; Glaser & Strauss, 1999; Simmons & Smith, 2019; Pacheco-Vega, 2020.

160　Small, 2011.

161　맥락화된 에스노그라피는 다음을 보라. Vaughan, 2004; Small, 2004; Twine, 2006; Ho, 2009; Cucchiara, 2013; Shedd, 2015; Vargas, 2016; Ewing, 2018; Calarco, 2020; Matthews, 2022; Stuber, 2021. 인터뷰-에스노그라피 연구는 다음을 보라. Rinaldo & Guhin, 1999; Van Cleve, 2016; Calarco, 2018; Hagerman, 2018; McKenna, 2019.

162　통계적 대표성은 다음을 보라. Soss, 1999; Small, 2009b; Desmond, 2017; Calarco & Anderson, 2021. 온라인 상호 작용은 다음을 보라. McKenna, 2019; Rafalow, 2020; Guran, 2020.

163　Brown-Saracino, 2017.

164　Brown-Saracino, 2017: 254.

165　Brown-Saracino, 2017: 258.

166　Brown-Saracino, 2017: 258.

167　Brown-Saracino, 2017: 258~259.

168　Brown-Saracino, 2017: 259.

169　Brown-Saracino, 2017: 259.

170   Brown- Saracino, 2017: 257.

171   Heisenberg, 1977.

172   Landsberger, 1958.

173   Fine, 1993; Labaree, 2002; Fox, 2004; Monahan & Fisher, 2010; Trnka & Lorencova, 2016; Paradis & Sutkin, 2017; West & Blom, 2017.

174   Freeman & Butler, 1976; Reese et al., 1986; Dionne, 2014.

175   Dommeyer et al., 2009.

176   Kane & Macaulay, 1993; Davis et al., 2010; Adida et al., 2016; White et al., 2018.

177   Cotter, Cohen, & Coulter, 1982; Hatchett & Schuman, 1975; Davis, 1997; An & Winship, 2017; White et al., 2005. 또한 실험 연구는 여성과 아프리카계 미국인이 시험을 볼 때 같은 젠더 또는 인종의 실험자들이 시험을 감독할 경우에 그렇지 않은 경우보다 더 높은 점수를 기록한다는 점을 발견했다(Marx & Roman, 2002; Marx & Goff, 2005).

178   Benstead, 2014; Blaydes & Gillum, 2013.

179   Moskos, 2009; Armenta, 2016.

180   Riessman, 1990; Fonow & Cook, 1991; Fine, 1993; Beoku-Betts, 1994; Coffey, 1999; de Andrade, 2000; Berger, 2015; Hoang, 2015; Krause, 2014.

181   Devault, 1990; Burawoy, 1991, 2003; Bourdieu & Wacquant, 1992; Davies, 1998; Collins, 2000; Foley, 2002; Venkatesh, 2013; Small, 2015; Lichterman, 2017.

182   Humphreys, 2005; Anderson, 2006; Delamont, 2009; Adams & Holman Jones, 2011.

183   Peabody et al., 1990; Khan, 2012; Mears, 2020; Stuber, 2021.

184   Simi et al., 2017; Hammersley & Atkinson, 1995; Merton, 1972; Venkatesh, 2009.

185   Merton, 1972; de Andrade, 2000; Labaree, 2002; Hodkinson, 2005; Ergun & Erdemir, 2010; Hoang, 2015.

186   Sixsmith, Boneham, & Goldring, 2003; Taylor, 2011; Bucerius, 2013; Greene, 2014.

187   Goffman, 1956, 1959; Riessman, 1987; Edwards, 1990; Hoang, 2015; Small & Cook, 2021.

188   Glaser & Strauss, 1999.

189   Burawoy, 1991: 4.

190   Brown, 2017.

191   Vatican, 1993.

192   이 책의 초판에는 respondent(응답자)라고 서술되었으나 문맥상 맞지 않아 저자에게 researcher임을 확인한 후 연구자로 옮겼다. — 옮긴이

193   예를 들어 다음을 보라. Deutscher, Pestello, & Pestello 1993; Small & Cook 2021; Dean & Whyte 1958; Schwartz 2000.

194   Riessman, 1987; Beoku-Betts, 1994; Gibson & Abrams, 2003.

195   Small, 2017a; Cotter, Cohen, & Coulter, 1982; Hatchett & Schuman, 1975; Davis, 1997; An & Winship, 2017; White et al., 2018; Song & Parker, 1995; Gibson & Abrams, 2003; Dionne, 2014; Adida et al., 2016.

196   Merton, 1972; Labaree, 2002; Taylor, 2011; Blee, 2019.

197   성경 에페소서 5장 21~32절. US Conference of Catholic Bishops, 2021도 참조하라.

198   Brown, 2018.

199   Brown, 2018: 6.

200   Brown, 2018: 6.

201   Brown, 2018: 195.

202   Brown, 2018: 195.

203   Stack, 1974.

204   Stack, 1974: ix.

205   Stack, 1974: ix.

206   Stack, 1974: x.

207   Stack, 1974: xi.

208   Stack, 1974: 10.

209   예컨대 Dworkin, 2012.

210   예컨대 Simmons & Smith, 2019.

211   예컨대 Whyte, 1943; Stack, 1974; Duneier, 1999.

212   Becker, 2009. 또한 다음을 참조하라. Ragin, Nagel, & White, 2004; Lamont & White, 2005.

213   Becker, 2009: 548.

214   Becker, 2009: 547.

215   예컨대 MacLeod, 1987; Lareau, 2011; Ray, 2017; Willis, 1977.

Abrego, Leisy Janet (2006). "'I Can't Go to College Because I Don't Have Papers':
  Incorporation Patterns of Latino Undocumented Youth." *Latino Studies* 4(3):
  212~231. https://doi.org/10.1057/palgrave.Ist.8600200.

Ackerman, Joshua M., Jenessa R. Shapiro, Steven L. Neuberg, Douglas T. Kenrick, D.
  Vaughn Becker, Vladas Griskevicius, Jon K. Maner, & Mark Schaller (2006). "They
  All Look the Same to Me (Unless They're Angry): From Out-Group Homogeneity
  to Out-Group Heterogeneity." *Psychological Science* 17 (10): 836~840. https://doi.
  org/10.1111/j.1467-9280.2006.01790.X.

Adams, Tony E., & Stacy Holman Jones (2011). "Telling Stories: Reflexivity, Queer
  Theory, and Autoethnography." *Cultural Studies* ↔ *Critical Methodologies* 11(2):
  108~116. https://doi-org/10.1177/1532708611401329.

Adida, Claire L., Karen E. Ferree, Daniel N. Posner, & Amanda Lea Robinson (2016). "Who's
  Asking? Interviewer Coethnicity Effects in African Survey Data." *Comparative
  Political Studies* 49(12): 1630~1660. https://doi.org/10.1177/0010414016633487.

Aguinaldo, Jeffrey P. (2004). "Rethinking Validity in Qualitative Research from a Social
  Constructionist Perspective: Fro." *Qualitative Report* 9(1): 127~136.

Alasuutari, Pertti (2010). "The Rise and Relevance of Qualitative Research."
  International Journal of Social Research Methodology 13(2): 139~155. https:// doi.
  org/10.1080/13645570902966056.

Alexander, Steven M., Kristal Jones, Nathan J. Bennett, Amber Budden, Michael Cox,
  Merce Crosas, Edward T. Game, Janis Geary, R. Dean Hardy, Jay T. Johnson,
  Sebastian Karcher, Nicole Motzer, Jeremy Pittman, Heather Randell, Julie A. Silva,
  Patricia Pinto da Silva, Carly Strasser, Colleen Strawhacker, Andrew Stuhl, & Nic
  Weber (2020). "Qualitative Data Sharing and Synthesis for Sustainability Science."
  Nature Sustainability 3(2): 81~88. https://doi.org/10.1038/41893-019-0434-8.

An, Weihua, & Christopher Winship (2017). "Causal Inference in Panel Data with
  Application to Estimating Race-of-Interviewer Effects in the General Social
  Survey." *Sociological Methods & Research* 46(1): 68~102. https://doi.org/10.1177/
  0049124115600614.

Anderson, Elijah (1978). *A Place on the Corner.* Chicago: University of Chicago Press.

Anderson, Elijah (1999). *Code of the Street: Decency, Violence, and the Moral Life of the Inner City.* New York: W. W. Norton.

Anderson, Elijah (2009). *Against the Wall: Poor, Young, Black, and Male.* Philadelphia: University of Pennsylvania Press.

Anderson, Kathryn, & Dana C. Jack (1997). *Learning to Listen: Interview Techniques and Analyses.* New York: Routledge.

Anderson, Leon (2006). "Analytic Autoethnography." *Journal of Contemporary Ethnography* 35(4): 373~395. https://doi-org/10.1177/0891241605280449.

Andrews, Kenneth T., Marshall Ganz, Matthew Baggetta, Hahrie Han, & Chaeyoon Lim (2010). "Leadership, Membership, and Voice: Civic Associations That Work." *American Journal of Sociology* 115(4): 1191~1242. https:// doi.org/10.1086/649060.

Anvari, Farid, & Daniël Lakens (2018). "The Replicability Crisis and Public Trust in Psychological Science." *Comprehensive Results in Social Psychology* 3(3): 266~286. https://doi.org/10.1080/23743603.2019.1684822.

Armenta, Amada (2016). "Between Public Service and Social Control: Policing Dilemmas in the Era of Immigration Enforcement." *Social Problems* 63(1): 111~126. https://doi.org/10.1093/socpro/spv024.

Armstrong, Elizabeth A., & Laura T. Hamilton (2015). *Paying for the Party: How College Maintains Inequality.* Reissue ed. Cambridge, MA: Harvard University Press.

Aspers, Patrik, & Ugo Corte (2019). "What Is Qualitative in Qualitative Research." *Qualitative Sociology* 42(2): 139~160. https://doi.org/10.1007/S11133-019-9413-7.

Atkinson, Paul, Sara Delamont, Amanda Coffey, John Lofland, & Lyn Lofland (2007). *Handbook of Ethnography.* Thousand Oaks, CA: Sage.

Avery, Jacob (2012). "Down and Out in Atlantic City." *ANNALS of the American Academy of Political and Social Science* 642(1): 139~151. https://doi.org/10.1177/0002 71621 24 38196.

Becker, Howard S. (1967). "Whose Side Are We On?" *Social Problems* 14(3): 239~147. https://doi.org/10.2307/799147.

Becker, Howard S. (2009). "How to Find Out How to Do Qualitative Research." *International Journal of Communication* 3(0): 9.

Bedera, Nicole (2021). "Moaning and Eye Contact: Men's Use of Ambiguous Signals in Attributions of Consent to Their Partners." *Violence against Women* 27(15~16). https://doi.org/10.1177/1077801221992870.

Benstead, Lindsay J. (2014). "Does Interviewer Religious Dress Affect Survey Responses? Evidence from Morocco." *Politics & Religion* 7(4): 734~760. http://dx.doi.org.proxyiub.uits.iu.edu/10.1017/S1755048314000455.

Benzecry, Claudio E. (2011). *The Opera Fanatic: Ethnography of an Obsession.* 1st ed.

Chicago: University of Chicago Press.

Beoku-Betts, Josephine (1994). "When Black Is Not Enough: Doing Field Research among Gullah Women." *NWSA Journal* 6(3): 413~433.

Berger, Roni (2015). "Now I See It, Now I Don't: Researcher's Position and Reflexivity in Qualitative Research." *Qualitative Research* 15(2): 219~234. https://doi.org/10.1177/1468794112468475.

Binder, Amy J., & Kate Wood (2013). *Becoming Right: How Campuses Shape Young Conservatives*. 1st ed. Princeton, NJ: Oxford University Press.

Black, Timothy (2010). *When a Heart Turns Rock Solid: The Lives of Three Puerto Rican Brothers On and Off the Streets*. New York: Penguin.

Blaydes, Lisa, & Rachel M. Gillum (2013). "Religiosity-of-Interviewer Effects: Assessing the Impact of Veiled Enumerators on Survey Response in Egypt." *Politics & Religion* 6(3): 459~482. http://dx.doi.org.proxyiub.uits.iu.edu/10.1017/S1755048312000557.

Blee, Kathleen (2019). "How Field Relationships Shape Theorizing." *Sociological Methods & Research* 48(4): 739~762. https://doi.org/10.1177/0049124117701482.

Bloor, Michael (2010). "Addressing Social Problems through Qualitative Research." In *Qualitative Research*, edited by D. Silverman, 15~30. Thousand Oaks, CA: Sage.

Bonilla-Silva, Eduardo (2003). *Racism without Racists: Color-Blind Racism and the Persistence of Racial Inequality in America*. Lanham, MD: Rowman & Littlefield.

Bosk, Charles L. (1979). *Forgive and Remember: Managing Medical Failure*. Chicago: University of Chicago Press.

Bourdieu, Pierre, & Loic J. D. Wacquant (1992). *An Invitation to Reflexive Sociology*. Chicago: University of Chicago Press. [이상길 옮김.《성찰적 사회학으로의 초대: 부르디외 사유의 지평》. 그린비. 2015].

Brady, Henry E., & David Collier (2004). *Rethinking Social Inquiry: Diverse Tools, Shared Standards*. Lanham, MD: Rowman & Littlefield.

Brown, Dwane (2017). "How One Man Convinced 200 Ku Klux Klan Members to Give Up Their Robes." *NPR*. August 20. www.npr.org/2017/08/20 /544861933/how-one-man-convinced-20o-ku-klux-klan-members-to-give-up-their-robes.

Brown, Karida L. (2018). *Gone Home: Race and Roots through Appalachia*. Chapel Hill: University of North Carolina Press.

Brown-Saracino, Japonica (2017). *How Places Make Us: Novel LBQ Identities in Four Small Cities*. Chicago: University of Chicago Press.

Bucerius, Sandra Meike (2013). "Becoming a 'Trusted Outsider': Gender, Ethnicity, and Inequality in Ethnographic Research." *Journal of Contemporary Ethnography* 42(6): 690~721. https://doi.org/10.1177/0891241613497747.

Burawoy, Michael (1991). "Reconstructing Social Theories." In *Ethnography Unbound*, edited by Michael Burawoy et al., 8~28. Chicago: University of California Press.

Burawoy, Michael (1998). "The Extended Case Method." *Sociological Theory* 16(1): 4~33. https://doi.org/10.1111/0735-2751.00040.

Burawoy, Michael (2003). "Revisits: An Outline of a Theory of Reflexive Ethnography." *American Sociological Review* 68(5): 645~679. https://dol.org/10.2307/1519757.

Calarco, Jessica McCrory (2018). *Negotiating Opportunities: How the Middle Class Secures Advantages in School*. New York: Oxford University Press.

Calarco, Jessica McCrory (2020). "Avoiding Us versus Them: How Schools' Dependence on Privileged 'Helicopter' Parents Influences Enforcement of Rules." *American Sociological Review* 85(2): 223~246. https://doi.org/10.1177/0003122420905793.

Calarco, Jessica McCrory, & Elizabeth M. Anderson (2021). "'I'm Not Gonna Put That on My Kids': Gendered Opposition to New Public Health Initiatives." *SocArxiv Papers*. https://doi.org/10.31235/osf.io/tv8zw.

Calarco, Jessica McCrory, Emily Meanwell, Elizabeth Anderson, & Amelia Knopf (2021). "By Default: The Origins of Gendered Inequalities in Pandemic Parenting." *Socius* 7. https://doi.org/10.1177/23780231211038783.

Carrillo, Héctor (2018). *Pathways of Desire: The Sexual Migration of Mexican Gay Men*. Chicago: University of Chicago Press.

Carter, Prudence L. (2007). *Keepin' It Real: School Success Beyond Black and White*. Illustrated ed. Oxford: Oxford University Press.

Charmaz, Kathy (2014). *Constructing Grounded Theory*, 2nd ed. Thousand Oaks, CA: Sage. [이상균 · 박현선 · 이채원 옮김. 《근거이론의 구성: 질적 분석의 실천 지침》. 학지사. 2013].

Chavez, Koji (2021). "Penalized for Personality: A Case Study of Asian-Origin Disadvantage at the Point of Hire." *Sociology of Race and Ethnicity* 7(2): 226~246. https://doi.org/10.1177/2332649220922270.

Chávez, Minerva S. (2012). "Autoethnography, a Chicana's Methodological Research Tool: The Role of Storytelling for Those Who Have No Choice but to Do Critical Race Theory." *Equity & Excellence in Education* 45(2): 334~348. https://doi.org/10.1080/10665684.2012.669196.

Christensen, Johan (2020). *The Power of Economists within the State*. Stanford, CA: Stanford University Press.

Cikara, Mina, Emile G. Bruneau, & Rebecca R. Saxe (2011). "Us and Them: Intergroup Failures of Empathy." *Current Directions in Psychological Science* 20(3): 149~153. https://doi.org/10.1177/0963721411408713.

Clarke, Adele E. (2007). "Grounded Theory: Critiques, Debates, and Situational Analysis." In *The SAGE Handbook of Social Science Methodology*, 423~442. London: Sage.

Clauset, Aaron, Samuel Arbesman, & Daniel B. Larremore (2015). "Systematic Inequality

and Hierarchy in Faculty Hiring Networks." *Science Advances* 1(1). https://doi.org/
10.1126/sciadv.1400005.

Coffey, Amanda (1999). *The Ethnographic Self: Fieldwork and the Representation of Identity*.
Thousand Oaks, CA: Sage.

Cohen, Philip N. (2017). "On the Run: Fugitive Life in an American City." *Social Forces*
95(4): e5∼e5. https://doi.org/10.1093/st/sov113.

Collins, Caitlyn (2019). *Making Motherhood Work: How Women Manage Careers and
Caregiving*. Princeton, NJ: Princeton University Press.

Collins, Patricia Hill (2000). *Black Feminist Thought: Knowledge, Consciousness, and the
Politics of Empowerment*. New York: Routledge. [박미선·주해연 옮김.《흑인 페미
니즘 사상: 지식, 의식, 그리고 힘기르기의 정치》. 여성문화이론연구소. 2009].

Collins, Randall (2004). "Rituals of Solidarity and Security in the Wake of Terrorist
Attack." *Sociological Theory* 22(1): 53∼87. https://doi.org/10.1111/1467-9558.
2004.00204.x.

Conlon, Catherine, Gemma Carney, Virpi Timonen, & Thrmas Scharf (2015). "'Emergent
Reconstruction' in Grounded Theory: Learning from Team-Based Interview Research."
Qualitative Research 15(1): 39∼56. https://doi.org/10.1177/1468794113495038.

Cotter, Patrick R., Jeffrey Cohen, & Philip B. Coulter (1982). "Race-of-Interviewer Effects
in Telephone Interviews." *Public Opinion Quarterly* 46(2): 278∼284.

Cottom, Tressie MeMillan (2018). *Lower Ed: The Troubling Rise of For-Profit Colleges in the
New Economy*. New York: The New Press.

Cottom, Tressie MeMillan (2019). "Testimony of Dr. Tressie McMillan Cottom
Regarding Reauthorizing the Higher Education Act: Strengthening Accountability
to Protect Students and Taxpayers." U.S. Senate Committee on Health, Education,
Labor & Pensions, April, Washington, DC.

Creese, Angela, and Adrian Blackledge (2012). "Voice and Meaning-Making in Team
Ethnography." *Anthropology & Education Quarterly* 43(3): 306∼324. https://doi.
org/10.1111/j.1548-1492.2012.01182.x.

Creswell, John W., & Cheryl N. Poth (2016). *Qualitative Inquiry and Research Design:
Choosing Among Five Approaches*. Thousand Oaks, CA: Sage. [조흥식·정선욱·김진
숙·권지성 옮김.《질적 연구방법론: 다섯가지 접근》. 학지사. 2021].

Cucchiara, Maia Bloomfield (2013). *Marketing Schools, Marketing Cities*. Chicago:
University of Chicago Press.

Czarniawska, Barbara (2004). *Narratives in Social Science Research*. Thousand Oaks, CA: Sage.

Damaske, Sarah (2011). *For the Family? How Class and Gender Shape Women's Work*.
Illustrated ed. New York: Oxford University Press.

Damaske, Sarah (2013). "Work, Family, and Accounts of Mothers' Lives Using Discourse
to Navigate Intensive Mothering Ideals." *Sociology Compass* 7(6): 436∼344. https://

doi.org/10.1111/soca.12043.

Davies, Charlotte Aul (1998). *Reflexive Ethnography: A Guide to Researching Selves and Others*. London: Routledge.

Davies, Philip (2000). "Contributions from Qualitative Research." In *What Works? Evidence-Based Policy and Practice in Public Services*, edited by D. T. O. Huw and N. M. Sandra. Policy Press.

Davis, Dána-Ain, & Christa Craven (2020). "Feminist Ethnography." In *Companion to Feminist Studies*, edited by Nancy A. Naples, 281~299. Hoboken, NJ: John Wiley & Sons.

Davis, Darren W. (1997). "The Direction of Race of Interviewer Effects among African-Americans: Donning the Black Mask." *American Journal of Political Science* 41(1): 309~322. https://doi.org/10.2307/2111718.

Davis, R. E., M. P. Couper, N. K. Janz, C. H. Caldwell, & K. Resnicow (2010). "Interviewer Effects in Public Health Surveys." *Health Education Research* 25(1): 14~26. https://doi.org/10.1093/her/cyp046.

de Andrade, Leila Lomba (2000). "Negotiating from the Inside: Constructing Racial and Ethnic Identity in Oualitative Research." *Journal of Contemporary Ethnography* 29(3): 268~290. https://doi.org/10.1177/089124100129023918.

Dean, John P., & William Foote Whyte (1958). "How Do You Know If the Informant Is Telling the Truth?" *Human Organization* 17(2): 34~38.

Deener, Andrew (2012). Venice: A Contested Bohemia in Los Angeles. Illustrated ed. Chicago: University of Chicago Press.

Delamont, Sara (2009). "The Only Honest Thing: Autoethnography, Reflexivity and Small Crises in Fieldwork." *Ethnography and Education* 4(1): 51~63. https://doi-org/10.1080/17457820802703507.

Denzin, Norman K. (2010). "Moments, Mixed Methods, and Paradigm Dialogs." *Qualitative Inquiry* 16(6): 419~427. Ittps://doi.org/10.1177/077800410364608.

Denzin, Norman K., & Yvonna S. Lincoln, eds. (2011). *The SAGE Handbook of Qualitative Research*. 4th ed. Thousand Oaks, CA: Sage. [최욱 옮김.《질적연구 핸드북》. 아카데미프레스. 2014].

Desmond, Matthew (2008). *On the Fireline: Living and Dying with Wildland Firefighters*. Chicago: University of Chicago Press.

Desmond, Matthew (2017). *Evicted: Poverty and Profit in the American City*. Reprint ed. New York: Broadway Books. [성원 옮김.《쫓겨난 사람들: 도시의 빈곤에 관한 생생한 기록》. 동녘. 2016]

Deutscher, Irwin, Fred P. Pestello, & H. Frances G. Pestello (1993). *Sentiments and Acts*. Piscataway, NJ: Transaction Publishers.

Devault, Marjorie L. (1990). "Talking and Listening from Women's Standpoint: Feminist

Strategies for Interviewing and Analysis." *Social Problems* 37(1): 96~116. https://doi.org/10.2307/800797.

Dilthey, Wilhelm (1927). "The Understanding of Other Persons and Their Expressions of Life." In *Descriptive Psychology and Historical Understanding*, edited by W. Dilthey, 121~144. Dordrecht: Springer Netherlands.

Dionne, Kim Yi (2014). "The Politics of Local Research Production: Surveying in a Context of Ethnic Competition." *Politics, Groups, and Identities* 2(3): 459~480. https://doi.org/10.1080/21565503.2014.930691.

Dommeyer, Curt J., Elizabeth A. Lugo, J. D. Power, Kelly R. Riddle, & Lily Valdivia (2009). "Using a White Lab Coat to Enhance the Response Rate to Personally Initiated, Self-Administered Surveys." *Journal of Applied Business and Economics* 9(2): 67~76.

Dow, Dawn Marie (2019). *Mothering While Black*. Oakland: University of California Press.

Doz, Yves (2011). "Qualitative Research for International Business." *Journal of International Business Studies* 42(5): 582~590. https://doi.org/10.1057/jibs.2011.18.

Driedger, S. Michelle, Cindy Gallois, Carrie B. Sanders, & Santesso Nancy (2006). "Finding Common Ground in Team-Based Qualitative Research Using the Convergent Interviewing Method." *Qualitative Health Research* 16(8): 1145~1157. https://doi.org/10.1177/1049732306289705.

Duncan, Garrett Albert (2005). "Critical Race Ethnography in Education: Narrative, Inequality and the Problem of Epistemology." *Race Ethnicity and Education* 8(1): 93~114. https://doi.org/10.1080/1361332052000341015.

Duneier, Mitchell (1999). *Sidewalk*. New York: Farrar, Straus and Giroux.

Durand, Jorge, & Douglas S. Massey (2004). *Crossing the Border: Research from the Mexican Migration Project*. New York: Russell Sage Foundation.

Dworkin, Shari L. (2012). "Sample Size Policy for Qualitative Studies Using In-Depth Interviews." *Archives of Sexual Behavior* 41(6): 1319~1320. https://doi.org/10.1007/10508-012-0016-6.

Edin, Kathryn, & Maria J. Kefalas (2011). *Promises I Can Keep: Why Poor Women Put Motherhood before Marriage*. Berkeley: University of California Press.

Edin, Kathryn, & Laura Lein (1997). *Making Ends Meet: How Single Mothers Survive Welfare and Low-Wage Work*. New York: Russell Sage Foundation. [김은정 옮김. 《한부모 어머니들의 취업과 복지》. 도서출판 신정. 2007].

Edwards, Rosalind (1990). "Connecting Method and Epistemology: A White Women Interviewing Black Women." *Women's Studies International Forum* 13(5): 477~490. https://doi.org/10.1016/0277-5395(90)90100-C.

Emerson, Robert M., Rachel I. Fretz, & Linda L. Shaw (2011). *Writing Ethnographic Fieldnotes*. 2nd ed. Chicago: University of Chicago Press.

Ergun, Ayça, & Aykan Erdemir (2010). "Negotiating Insider and Outsider Identities in the Field: 'Insider' in a Foreign Land; 'Outsider' in One's Own Land." *Field Methods* 22(1): 16～38. https://doi.org/10.1177/1525822X09349919.

Espeland, Wendy Nelson, & Mitchell L. Stevens (2008). "A Sociology of Quantification." *European Journal of Sociology* 49(3): 401～436.

Ewing, Eve L. (2018). *Ghosts in the Schoolyard: Racism and School Closings on Chicago's South Side*. 1st ed. Chicago: University of Chicago Press.

Fenno, Richard F. (1966). *The Power of the Purse: Appropriations Politics in Congress*. Boston: Little, Brown.

Fetner, Tina (2018). "Who Hires Whom?" *Scatterplot* (blog). January 8. https://scatter. wordpress.com/2018/01/08/who-hires-whom/.

Fine, Gary Alan (1987). *With the Boys: Little League Baseball and Preadolescent Culture*. Chicago: University of Chicago Press.

Fine, Gary Alan (1993). "Ten Lies of Ethnography: Moral Dilemmas of Field Research." *Journal of Contemporary Ethnography* 22(3): 267～294. https://doi. org/10.1177/089124193022003001.

Foley, Douglas E. (2002). "Critical Ethnography: The Reflexive Turn." *International Journal of Qualitative Studies in Education* 15(4): 469～490. https://doi .org/ 10.1080/09518390210145534.

Fonow, Mary Margaret, & Judith A. Cook (1991). *Beyond Methodology: Feminist Scholarship as Lived Research*. Bloomington: Indiana University Press.

Fox, Renée C. (2004). "Observations and Reflections of a Perpetual Field-worker." *ANNALS of the American Academy of Political and Social Science* 595(1): 309～326. https://doi.org/10.1177/0002716204266635.

Freeman, John, & Edgar W. Butler (1976). "Some Sources of Interviewer Variance in Surveys." *Public Opinion Quarterly* 40(1): 79～91. https://doi.org/10.1086/268269.

Freese, Jeremy, & J. Alex Kevern (2013). "Types of Causes." In *Handbook of Causal Analysis for Social Research, Handbooks of Sociology and Social Research,* edited by S. L. Morgan, 27～41. Dordrecht: Springer Netherlands.

Fridman, Daniel (2016). *Freedom from Work: Embracing Financial Self-Help in the United States and Argentina*. Stanford, CA: Stanford University Press.

Friedman, Sam, & Daniel Laurison (2019). *The Class Ceiling: Why It Pays to Be Privileged*. 1st ed. Bristol, UK: Policy Press.

Fusch, Patricia I., & Lawrence R. Ness (2015). "Are We There Yet? Data Saturation" in *Qualitative Research* 20(9). https://doi.org/10.46743/2160-3715/2015.2281.

Gansen, Heidi M. (2017). "Reproducing (and Disrupting) Heteronormativity: Gendered Sexual Socialization in Preschool Classrooms." *Sociology of Education* 90(3): 255～272. https://doi.org/10.1177/0038040717720981.

Gansen, Heidi M. (2018). "Push-Ups Versus Clean-Up: Preschool Teachers' Gendered

Beliefs, Expectations for Behavior, and Disciplinary Practices." *Sex Roles*, July 19. https://doi.org/10.1007/11199-018-0944-2.

Garcia, Angela S. (2019). *Legal Passing*. 1st ed. Oakland: University of California Press.

Gauchat, Gordon (2012). "Politicization of Science in the Public Sphere: A Study of Public Trust in the United States, 1974 to 2010." *American Sociological Review* 77(2): 167~187. https://doi.org/10.1177/0003122412438225.

Geertz, Clifford (1973). *The Interpretation of Cultures*. New York: Basic Books. [문옥표 옮김.《문화의 해석》. 까치글방. 2009].

Gerring, John (2017). "Qualitative Methods." *Annual Review of Political Science* 20: 15~36.

Gerson, Kathleen (1985). *Hard Choices: How Women Decide about Work, Career and Motherhood*. Berkeley: University of California Press.

Gerson, Kathleen, & Sarah Damaske (2020). *The Science and Art of Interviewing*. 1st ed. New York: Oxford University Press.

Gewin, Virginia (2016). "Data Sharing: An Open Mind on Open Data." *Nature* 529(7584): 117~119. https://doi.org/10.1038/nj7584-117a.

Gibson, Priscilla, & Laura Abrams (2003). "Racial Difference in Engaging, Recruiting, and Interviewing African American Women in Qualitative Research." *Qualitative Social Work* 2(4): 457~476. https://doi.org/10.11771473325003024005.

Gillespie, Andra (2013). *The New Black Politician: Cory Booker, Newark, and Post-Racial America*. New York: New York University Press.

Glaser, Barney, & Anselm Strauss (1999). *The Discovery of Grounded Theory: Strategies for Qualitative Research*. New Brunswick, NJ: Routledge. [이병식 옮김.《근거 이론의 발견: 질적 연구 전략》. 학지사. 2011].

Gluck, Sherna Berger, & Daphne Patai (1991). *Women's Words: The Feminist Practice of Oral History*. New York: Routledge.

Goffman, Erving (1956). *Interaction Ritual: Essays in Face-to-Face Behavior*. New York: Routledge. [진수미 옮김.《상호작용 의례: 대면 행동에 관한 에세이》. 아카넷. 2013].

Goffman, Erving (1959). *The Presentation of Self in Everyday Life*. 1st ed. New York: Anchor. [진수미 옮김.《자아 연출의 사회학: 일상이라는 무대에서 우리는 어떻게 연기하는가》. 현암사. 2016].

Goldrick-Rab, Sara (2016). *Paying the Price: College Costs, Financial Aid, and the Betrayal of the American Dream*. Chicago: University of Chicago Press.

Gonzales, Roberto G. (2011). "Learning to Be Illegal: Undocumented Youth and Shifting Legal Contexts in the Transition to Adulthood." *American Sociological Review* 76(4): 602~619. https://doi.org/10.1177/0003122411411901.

Green, Judith, & Nicky Britten (1998). "Qualitative Research and Evidence Based Medicine." *BMJ* 316(7139): 1230~1232. https://doi.org/10.1136/bmj.316.7139.1230.

Greene, Melanie J. (2014). "On the Inside Looking In: Methodological Insights and

Challenges in Conducting Qualitative Insider Research." *Qualitative Report* 19(29): 1~13. https://doi.org/10.46743/2160-3715/2014.1106.

Guest, Greg, Arwen Bunce, & Laura Johnson (2006). "How Many Interviews Are Enough? An Experiment with Data Saturation and Variability." *Field Methods* 18(1): 59~82. https://doi.org/10.1177/1525822X05279903.

Guhin, Jeffrey (2020). *Agents of God: Boundaries and Authority in Muslim and Christian Schools.* New York: Oxford University Press.

Güran, Gözde (2020). "Brokers of Order: How Money Moves in Wartime Syria." PhD diss., Princeton University.

Hagerman, Margaret (2018). *White Kids: Growing Up with Privilege in a Racially Divided America.* New York: New York University Press.

Hammersley, Martyn (1992). "The Paradigm Wars: Reports from the Front." *British Journal of Sociology of Education* 13(1): 131~143. https://doi.org/10.1080/0142569920130110.

Hammersley, Martyn (2000). "The Relevance of Qualitative Research." *Oxford Review of Education* 26(3–4): 393~405. https://doi.org/10.1080/713688545.

Hammersley, Martyn, & Paul Atkinson (1995). *Ethnography: Principles in Practice.* East Sussex, UK: Psychology Press.

Harris, Anna, Andrea Wojcik, & Rachel Vaden Allison (2020). "How to Make an Omelette: A Sensory Experiment in Team Ethnography." *Qualitative Research* 20(5): 632~648. https://doi.org/10.1177/1468794119890543.

Hatchett, Shirley, & Howard Schuman (1975). "White Respondents and Race-of-Interviewer Effects." *Public Opinion Quarterly* 39(4): 523~528.

Hausheer, Roger (1996). "Three Major Originators of the Concept of Ver-stehen: Vico, Herder, Schleiermacher." *Royal Institute of Philosophy Supplements* 41: 47~72. https://doi.org/10.1017/S1358246100006044.

Head, Megan L., Luke Holman, Rob Lanfear, Andrew T. Kahn, & Michael D. Jennions (2015). "The Extent and Consequences of P-Hacking in Science." *PLOS Biology* 13(3): 1002106. https://doi.org/10.1371/journal.pbio.1002106.

Heisenberg, W. (1977). "Remarks on the Origin of the Relations of Uncertainty." In *The Uncertainty Principle and Foundations of Quantum Mechanics, a Fifty Years Survey,* edited by W. Price and S. Chissick, 3~6. London: Wiley.

Hennink, Monique M., Bonnie N. Kaiser, & Vincent C. Marconi (2017). "Code Saturation Versus Meaning Saturation: How Many Interviews Are Enough?" *Qualitative Health Research* 27(4): 591~608. https://doi.org/101177/1049732316665344.

Henrich, Joseph, Steven J. Heine, & Ara Norenzayan (2010). "Most People Are Not WEIRD." *Nature* 466 (7302): 29. https://doi.org/10.1038/466029a.

Hirschman, Daniel, & Elizabeth Popp Berman (2014). "Do Economists Make Policies? On the Political Effects of Economics." *Socio-Economic Review* 12(4): 779~811.

https://doi.org/10.1093/ser/mwu017.

Ho, Karen (2009). *Liquidated: An Ethnography of Wall Street.* Illustrated ed. Durham, NC: Duke University Press Books. [유강은 옮김. 《호모 인베스투스: 투자하는 인간, 신자유주의와 월스트리트의 인류학》. 이매진. 2013].

Hoang, Kimberly Kay (2015). *Dealing in Desire: Asian Ascendancy, Western Decline, and the Hidden Currencies of Global Sex Work.* Oakland: University of California Press.

Hochschild, Arlie Russell (1989). *The Second Shift: Working Families and the Revolution at Home.* New York: Penguin Books. [백영미 옮김. 《돈 잘 버는 여자 밥 잘 하는 남자: 맞벌이 부부의 가사분담 이야기》. 아침이슬. 2001].

Hochschild, Arlie Russell (2016). *Strangers in Their Own Land: Anger and Mourning on the American Right.* New York: The New Press. [유강은 옮김. 《자기 땅의 이방인들: 미국 우파는 무엇에 분노하고 어째서 혐오하는가》. 이매진. 2017].

Hodgson, Geoffrey M. (2001). *How Economics Forgot History: The Problem of Historical Specificity in Social Science.* New York: Routledge.

Hodkinson, Paul (2005). "'Insider Research' in the Study of Youth Cultures." *Journal of Youth Studies* 8(2): 131~149. https://doi.org/10.1080/13676260500149238.

Hollstein, Betina (2011). "Qualitative Approaches." In *The SAGE Handbook of Social Network Analysis,* 404~416. Thousand Oaks, CA: Sage.

Hopf, Ted (2007). "The Limits of Interpreting Evidence." In *Theory and Evidence in Comparative Politics and International Relations, New Visions in Security,* edited by R. N. Lebow & M. I. Lichbach, 55~84. New York: Palgrave Macmillan US.

Hughes, Cayce C. (2021). "'A House But Not a Home': How Surveillance in Subsidized Housing Exacerbates Poverty and Reinforces Marginaliza-tion." *Social Forces* 100(1): 293~315. https://doi.org/10.1093/sf/soaa108.

Humphreys, Michael (2005). "Getting Personal: Reflexivity and Autoethnographic Vignettes." *Qualitative Inquiry* 11(6): 840~860.

Jack, Anthony Abraham (2019). *The Privileged Poor: How Elite Colleges Are Failing Disadvantaged Students.* 1st ed. Cambridge, MA: Harvard University Press.

Jarzabkowski, Paula, Rebecca Bednarek, & Laure Cabantous (2015). "Conducting Global Team-Based Ethnography: Methodological Challenges and Practical Methods." *Human Relations* 68(1): 3~33. https://doi.org/10.1177/0018726714535449.

Jensen, Peter S., Henry K. Watanabe, & John E. Richters (1999). "Who's up First? Testing for Order Effects in Structured Interviews Using a Counterbalanced Experimental Design." *Journal of Abnormal Child Psychology* 27(6): 439~445. https://doi.org/10.1023/A:1021927909027.

Jerolmack, Colin, & Shamus Khan (2014). "Talk Is Cheap: Ethnography and the Attitudinal Fallacy." *Sociological Methods & Research* 43(2): 178~209. https://doi.org/10.1177/0049124114523396.

Jerolmack, Colin, & Alexandra K. Murphy (2019). "The Ethical Dilemmas and Social Scientific Trade-Offs of Masking in Ethnography." *Sociological Methods & Research* 48(4): 801~827. https://doi.org/10.1177/0049124117701483.

Johansson, Eva E., Gunilla Risberg, & Katarina Hamberg (2003). "Is Qualitative Research Scientific, or Merely Relevant?" *Scandinavian Journal of Primary Health Care* 21(1): 10~14. https://doi.org/10.1080/02813430310000492.

Jones, Nikki (2018). *The Chosen Ones: Black Men and the Politics of Redemption.* 1st ed. Oakland: University of California Press.

Kajanus, Anni, Katherine McAuliffe, Felix Warneken, & Peter R. Blake (2019). "Children's Fairness in Two Chinese Schools: A Combined Ethnographic and Experimental Study." *Journal of Experimental Child Psychology* 177: 282~296. https://doi.org/10.1016/j.jecp.2018.08.012.

Kane, Emily W., & Laura J. Macaulay (1993). "Interviewer Gender and Gender Attitudes." *Public Opinion Quarterly* 57 (1): 1~28. https://doi.org/101086/269352.

Kanter, Rosabeth Moss (1977). *Men and Women of the Corporation.* New Edition. New York: Basic Books.

Katz, Jack (2015). "A Theory of Qualitative Methodology: The Social System of Analytic Fieldwork." *Méthod(e)s: African Review of Social Sciences Methodology* 1(1~2): 131~146. https://doi.org/10.1080/23754745.2015.1017282.

Katz, Jack (2019). "Hot Potato Criminology: Ethnographers and the Shame of Poor People's Crimes." *Annual Review of Criminology* 2: 21~52.

Kerr, Norbert L. (1998). "HARKing: Hypothesizing after the Results Are Known." *Personality and Social Psychology Review* 2(3): 196~217. https://doi.org/10.1207/s15327957pspro203_4.

Khan, Amina (2019). "Study Linking Police Violence and Black Infants' Health Is Retracted." *Los Angeles Times*, December 16.

Khan, Shamus (2012). *Privilege: The Making of An Adolescent Elite.* Princeton, NI: Princeton University Press. [강예은 옮김.《특권: 명문 사립 고등학교의 새로운 엘리트 만들기》. 후마니타스. 2019].

King, Gary, Robert O. Keohane, & Sidney Verba (1994). *Designing Social Inquiry.* Princeton, NJ: Princeton University Press. [김석동 옮김.《사회과학연구의 설계: 질적 연구에서의 과학적 추론》. 성균관대학교 출판부. 2022].

Klinenberg, Eric (2018). *Palaces for the People: How Social Infrastructure Can Help Fight Inequality, Polarization, and the Decline of Civic Life.* 1st ed. New York: Crown. [서종민 옮김.《도시는 어떻게 삶을 바꾸는가: 불평등과 고립을 넘어서는 연결망의 힘》. 웅진지식하우스. 2019].

Knapik, Mirjam (2006). "The Qualitative Research Interview: Participants' Responsive Participation in Knowledge Making." *International Journal of Qualitative Methods*

5(3): 77~93. https://doi.org/10.1177/160940690600500308.

Konnikova, Maria (2015). "How a Gay-Marriage Study Went Wrong." *New Yorker*, May 22.

Kratochwil, Friedrich V. (2007). "Evidence, Inference, and Truth as Problems of Theory Building in the Social Sciences." In *Theory and Evidence in Comparative Politics and International Relations, New Visions in Security*, edited by R. N. Lebow & M. I. Lichbach, 25~54. New York: Palgrave Macmillan US.

Krause, Monika (2014). *The Good Project*. Chicago: University of Chicago Press.

Krystalli, Roxani (2018). "Negotiating Data Management with the National Science Foundation: Transparency and Ethics in Research Relationships." https://connect.apsanet.org/interpretation/wp-content/uploads/sites/60 /2015/10/Krystalli-NSF-Data-Sharing-Memo_ForPosting_March2019pdf.

Kwon, Hyeyoung (2014). "The Hidden Injury of Class in Korean-American Language Brokers' Lives." *Childhood* 21(1): 56~71. https://doi.org/10.1177/0907568213483597.

Labaree, Robert V. (2002). "The Risk of 'Going Observationalist': Negotiating the Hidden Dilemmas of Being an Insider Participant Observer." *Qualitative Research* 2(1): 97~122. https://doi.org/10.1177/1468794102002001641.

Lacy, Karyn (2007). *Blue-Chip Black: Race, Class, and Status in the New Black Middle Class*. Oakland: University of California Press.

Lamont, Michèle, & Patricia White (2005). *Workshop Participants & Attendees*. Washington, DC: National Science Foundation.

Landsherger, Henry A. (1958). *Hawthorne Revisited: Management and the Worker, Its Critics, and Developments in Human Relations in Industry*. 1st ed. Ithaca, NY: Cornell University Press.

Lareau, Annette (2000). *Home Advantage: Social Class and Parental Intervention in Elementary Education*. New York: Rowman & Littlefield.

Lareau, Annette (2011). *Unequal Childhoods*. Berkeley: University of California Press. [박상은 옮김.《불평등한 어린 시절: 부모의 사회적 지위와 불평등의 대물림》. 에코리브르. 2012].

Lareau, Annette (2021). *Listening to People: A Practical Guide to Interviewing, Participant Observation, Data Analysis, and Writing It All Up*. Chicago: University of Chicago Press.

Lareau, Annette, & Kimberly Goyette (2014). *Choosing Homes, Choosing Schools*. New York: Russell Sage Foundation.

Lareau, Annette, & Jeffrey Shultz (2019). *Journeys Through Ethnography: Realistic Accounts of Fieldwork*. New York: Routledge.

Lee, Jennifer, & Min Zhou (2015). *The Asian American Achievement Paradox*. Illustrated ed. New York: Russell Sage Foundation.

Levers, Merry-Jo D. (2013). "Philosophical Paradigms, Grounded Theory, and

Perspectives on Emergence." *SAGE Open* 3(4): 2158244013517243. https://doi.org/10.1177/2158244013517243.

Lewis, Amanda E. (2003). *Race in the Schoolyard: Negotiating the Color Line in Classrooms and Communities*. New Brunswick, NJ: Rutgers University Press.

Lewis, Amanda E., & John B. Diamond (2015). *Despite the Best Intentions: How Racial Inequality Thrives in Good Schools*. New York: Oxford University Press.

Lewis-McCoy, R. L'Heureux (2014). *Inequality in the Promised Land: Race, Re-sources, and Suburban Schooling*. Palo Alto, CA: Stanford University Press.

Lichterman, Paul (2017). "Interpretive Reflexivity in Ethnography." *Ethnography* 18(1): 35~45. https://doi.org/10.1177/1466138115592418.

Liebow, Elliott (1967). *Tally's Corner: A Study of Negro Streetcorner Men*. Lanham, MD: Rowman & Littlefield.

Linville, Patricia W., Gregory W. Fischer, & Peter Salovey (1989). "Perceived Distributions of the Characteristics of In-Group and out Group Members: Empirical Evidence and a Computer Simulation." *Journal of Personality and Social Psychology* 57(2): 165~188. https://doi.org/10.1037/0022-3514.57.2.165.

Lizardo, Omar (2021). "Habit and the Explanation of Action." *Journal for the Theory of Social Behaviour* 51(3): 391~411. https://doi.org/10.1111/jtsb.12273.

Lubet, Steven (2017). *Interrogating Ethnography: Why Evidence Matters*. Oxford: Oxford University Press.

MacLeod, Jay (1987). *Ain't No Makin' It: Aspirations and Attainment in a Low-Income Neighborhood*. Boulder, CO: Routledge.

Maher, Thomas V., Charles Seguin, Yongjun Zhang, & Andrew P. Davis (2020). "Social Scientists' Testimony before Congress in the United States between 1946–2016: Trends from a New Dataset." *PLOS ONE* 15(3): 0230104. https://doi.org/10.1371/journal.pone.0230104.

Mahoney, James (2000). "Strategies of Causal Inference in Small-N Analysis." *Sociological Methods & Research* 28(4): 387~424. https://doi.org/10.1177/0049124100028004001.

Mahoney, James (2007). "Qualitative Methodology and Comparative Politics." *Comparative Political Studies* 40(2): 122~144. https://doi.org/10.1177/0010414006296345.

Mannheimer, Sara, Amy Pienta, Dessislava Kirilova, Colin Elman, & Amber Wutich (2019). "Qualitative Data Sharing: Data Repositories and Academic Libraries as Key Partners in Addressing Challenges." *American Behavioral Scientist* 63(5): 643~664. https://doi.org/10.1177/0002764218784991.

Marcus, Adam (2020). "I'm Starting the Year off with Something I Didn't Expect to Ever Do: I'm Retracting a Paper." *Retraction Watch*. January 2o. https://retractionwatch.com/2020/01/20/im-starting-the-year-off-with-something-i-didnt-expect-to-ever-do-im-retracting-a-paper/.

Marx, David M., & Phillip Atiba Goff (2005). "Clearing the Air: The Effect of Experimenter Race on Target's Test Performance and Subjective Experience." *British Journal of Social Psychology* 44(4): 645~657. https://doi.org/10 .1348/014466604X17948.

Marx, David M., & Jasmin S. Roman (2002). "Female Role Models: Protecting Women's Math Test Performance." *Personality and Social Psychology Bulletin* 28(9): 1183~1193. https://doi.org/10.1177/01461672022812004.

Matthews, Morgan C. (2022). "Organizational Roots of Gender Polarization in the State Legislature." *Sociological Inquiry* 92(1): 244~269. https://doi.org /10.1111/ soin.12447.

Mauthner, Natasha S., & Andrea Doucet (2008). "'Knowledge Once Divided Can Be Hard to Put Together Again': An Epistemological Critique of Collaborative and Team-Based Research Practices." *Sociology* 42(5): 971~985. https://doi. org/10.1177/0038038508094574.

Maxwell, Joseph A. (2013). *Qualitative Research Design: An Interactive Approach*. 3rd ed. Thousand Oaks, CA: Sage.

May, Reuben A. Buford, & Mary Pattillo-McCoy (2000). "Do You See What I See? Examining a Collaborative Ethnography." *Qualitative Inquiry* 6(1): 65~87. https:// doi.org/10.1177/107780040000600105.

Mazelis, Joan Maya (2016). *Surviving Poverty*. New York: New York University Press.

McFarland, Sam G. (1981). "Effects of Question Order on Survey Responses." *Public Opinion Quarterly* 45(2): 208~215. https://doi.org/10.1086/268651.

McKenna, Elizabeth (2019). "The Revolution Will Be Organized: Power and Protest in Brazil's New Republic, 1988–2018." PhD diss., University of California, Berkeley.

Mckenzie, Sean, & Cecilia Menjivar (2011). "The Meanings of Migration, Remittances and Gifts: Views of Honduran Women Who Stay." *Global Networks* 11(1): 63~81. https://doi.org/https://doi.org/10.1111/j.1471-0374 .2011.00307.X.

McKeown, Timothy J. (1999). "Case Studies and the Statistical Worldview." *Review of Designing Social Inquiry: Scientific Inference in Qualitative Research*, edited by G. King, R. O. Keohane, & S. Verba. *International Organization* 53(1): 161~190.

McLeod, Julie, & Kate O'Connor (2021). "Ethics, Archives and Data Sharing in Qualitative Research." *Educational Philosophy and Theory* 53(5): 523~535. https:// doi.org/10.1080/00131857.2020.1805310.

Mead, George Herbert (1934). *Mind, Self, and Society*. Chicago: University of Chicago Press. [나은영 옮김. 《정신·자아·사회: 사회적 행동주의자가 분석하는 개인과 사회》. 한길사. 2010].

Mears, Ashley (2020). *Very Important People: Status and Beauty in the Global Party Circuit*. Princeton, NJ: Princeton University Press.

Menjivar, Cecilia (2011). *Enduring Violence: Ladina Women's Lives in Guatemala*. Berkeley:

University of California Press.

Merton, Robert K. (1972). "Insiders and Outsiders: A Chapter in the Sociology of Knowledge." *American Journal of Sociology* 78(1): 9～47. https://doi.org/10.1086/225294.

Merton, Robert K. (1973). *The Sociology of Science: Theoretical and Empirical Investigations.* Chicago: University of Chicago Press.

Messick, David M., & Diane M. Mackie (1989). "Intergroup Relations." *Annual Review of Psychology* 40: 45～81. https://doi.org/10.1146/annurev.ps.40.020189.000401.

Miles, Matthew B. (1979). "Qualitative Data as an Attractive Nuisance: The Problem of Analysis." *Administrative Science Quarterly* 24(4): 590～601. https://doi.org/10.2307/2392365.

Miles, Matthew B., & A. Michael Huberman (1994). *Qualitative Data Analysis: An Expanded Sourcebook.* Thousand Oaks, CA: Sage.

Miller-Idriss, Cynthia (2018). *The Extreme Gone Mainstream: Commercialization and Far Right Youth Culture in Germany.* Princeton, NJ: Princeton University Press.

Miller-Idriss, Cynthia (2019). "Testimony of Dr. Cynthia Miller-Idriss." *House Committee on Homeland Security.* September 18. https://homeland.house.gov/imo/media/doc/Miller-Testimony.pdf.

Mills, C. Wright (1940). "Situated Actions and Vocabularies of Motive." *American Sociological Review* 5(6): 904～913. https://doi.org/10.2307/2084524.

Monahan, Torin, & Jill A. Fisher (2010). "Benefits of 'Observer Effects': Lessons from the Field." *Qualitative Research* 10(3): 357～376. https://doi.org/10.1177/1468794110362874.

Moore, David W. (2002). "Measuring New Types of Question-Order Effects: Additive and Subtractive." *Public Opinion Quarterly* 66(1): 80～91.

Morris, Edward W. (2005). "From 'Middle Class' to 'Trailer Trash': Teachers' Perceptions of White Students in a Predominately Minority School." *Sociology of Education* 78(2): 99～121. https://doi.org/10.1177/003804070507800201.

Morris, Monique (2018). *Pushout: The Criminalization of Black Girls in Schools.* New York: The New Press.

Moses, Jonathon Wayne, & Torbjorn L. Knutsen (2019). *Ways of Knowing: Competing Methodologies in Social and Political Research.* New York: Macmillan International Higher Education. [신욱희 · 조동준 · 이왕휘 · 이용욱 옮김. 《정치학 연구방법론: 자연주의와 구성주의》. 을유문화사. 2011].

Moskos, Peter (2009). *Cop in the Hood.* Princeton, NJ: Princeton University Press.

Mueller, Anna S., & Seth Abrutyn (2016). "Adolescents under Pressure: A New Durkheimian Framework for Understanding Adolescent Suicide in a Cohesive Community." *American Sociological Review* 81(5): 877～899. https://doi.org/10.1177/0003122416663464.

Murphy, Hannah, Lauren Keahey, Emma Bennett, Archie Drake, Samantha K. Brooks, & G.

James Rubin (2020). "Millennial Attitudes towards Sharing Mobile Phone Location Data with Health Agencies: A Qualitative Study." *Information, Communication & Society* 24(4): 1～14. https://doi.org/10.1080 /1369118X.2020.1753798.

Murray, Brittany, Thurston Domina, Linda Renzulli, & Rebecca Boylan (2019). "Civil Society Goes to School: Parent Teacher Associations and the Equality of Educational Opportunity." *RSF: The Russell Sage Foundation Journal of the Social Sciences* 5(3): 41～63. https://doi.org/10.7758/RSF.20195.3.03.

Nastasi, Bonnie K., & Stephen L. Schensul (2005). "Contributions of Qualitative Research to the Validity of Intervention Research." *Journal of School Psychology* 43(3): 177～195. https://doi.org/10.1016/j.jsp.2005.04.003.

Nayak, Anoop (2006). "After Race: Ethnography, Race and Post-Race Theory." *Ethnic and Racial Studies* 29(3): 411～430. https://doi.org/10.1080/01419870600597818.

Newman, Katherine S., & Rebekah Peeples Massengill (2006). "The Texture of Hardship: Qualitative Sociology of Poverty, 1995–2005." *Annual Review of Sociology* 32(1): 423～446. https://doi.org/10.1146/annurev.soc.32.061604123122.

Nosek, Brian A., & D. Stephen Lindsay (2018). "Preregistration Becoming the Norm in Psychological Science." *APS Observer* 31(3). www.psychological science.org/observer/preregistration-becoming-the-norm-in-psychological-science.

Oeur, Freeden Blume (2018). *Black Boys Apart: Racial Uplift and Respectability in All-Male Public Schools*. Minneapolis: University of Minnesota Press.

Pacheco-Vega, Raul (2020). "Using Ethnography in Comparative Policy Analvsis: Premises, Promises and Perils." In *Handbook of Research Methods and Applications in Comparative Policy Analysis*, 312～322. Cheltenham, UK: Elgar.

Paradis, Elise, & Gary Sutkin (2017). "Beyond a Good Story: From Hawthorne Effect to Reactivity in Health Professions Education Research." *Medical Education* 51(1): 31～39. https://doi.org/10.1111/medu.13122.

Park, Bernadette, Charles M. Judd, & Carey S. Ryan (1991). "Social Categorization and the Representation of Variability Information." *European Review of Social Psychology* 2(1): 211～245. https://doi.org/10.1080/14792779143000079.

Pascoe, C. J. (2011). *Dude, You're a Fag: Masculinity and Sexuality in High School*. 2nd ed. Berkeley: University of California Press.

Pattillo, Mary (1999). *Black Picket Fences: Privilege and Peril among the Black Middle Class*. Chicago: University of Chicago Press.

Peabody, Robert L., Susan Webb Hammond, Jean Torcom, Lynne P. Brown, Carolyn Thompson, & Robin Kolodny (1990). "Interviewing Political Elites." *PS: Political Science & Politics* 23(3): 451～455. https://doi.org/10.2307/419807.

Perry, H. W., Jr. (1994). *Deciding to Decide: Agenda Setting in the United States Supreme Court*. 1st ed. Cambridge, MA: Harvard University Press.

Pezalla, Anne E., Jonathan Pettigrew, & Michelle Miller-Day (2012). "Researching the Researcher-as-Instrument: An Exercise in Interviewer Self-Reflexivity." *Qualitative Research* 12(2): 165~185. https://doi.org/10.11771468794111422107.

Posey-Maddox, Linn (2014). *When Middle-Class Parents Choose Urban Schools: Class, Race, and the Challenge of Equity in Public Education.* Chicago: University of Chicago Press.

Pugh, Allison J. (2013). "What Good Are Interviews for Thinking about Culture? Demystifying Interpretive Analysis." *American Journal of Cultural Sociology* 1(1): 42~68. https://doi.org/10.1057/ajcs.2012.4.

Pustejovsky, James E., & James P. Spillane (2009). "Question-Order Effects in Social Network Name Generators." *Social Networks* 31(4): 221~229. https://doi.org/10.1016/j.socnet.2009.06.001.

Putnam, Robert D. (2001). *Bowling Alone: The Collapse and Revival of American Community.* New York: Simon & Schuster. [정승현 옮김. 《나 홀로 볼링: 사회적 커뮤니티의 붕괴와 소생》. 페이퍼로드. 2016].

Quattrone, George A., & Edward E. Jones (1980). "The Perception of Variability within In-Groups and Out-Groups: Implications for the Law of Small Numbers." *Journal of Personality and Social Psychology* 38(1): 141~152. https://doi.org/10.1037/0022-3514.38.1.141.

Rafalow, Matthew H. (2020). *Digital Divisions: How Schools Create Inequality in the Tech Era.* 1st ed. Chicago: University of Chicago Press.

Ragin, Charles C., Joane Nagel, & Patricia White (2004). *Workshop on Scientific Foundations of Qualitative Research.* Washington, DC: National Science Foundation.

Raudenbush, Danielle (2020). *Health Care Off the Books.* Oakland: University of California Press.

Ray, Ranita (2017). *The Making of a Teenage Service Class: Poverty and Mobility in an American City.* Oakland: University of California Press.

Reese, Stephen D., Wayne A. Danielson, Pamela J. Shoemaker, Tsan-Kuo Chang, & Huei-Ling Hsu (1986). "Ethnicity-of-Interviewer Effects Among Mexican-Americans and Anglos." *Public Opinion Quarterly* 50(4): 563~572. https://doi.org/10.1086/269004.

Reggev, Niv, Kirstan Brodie, Mina Cikara, & Jason Mitchell (2019). "Human Face-Selective Cortex Does Not Distinguish between Members of a Racial Outgroup." *eNeuro* 7 (3). https://doi.org/10.1523/ENEURO.0431-19.2020.

Resnick, Brian (2018). "Social Science Replication Crisis: Studies in Top Journals Keep Failing to Replicate." *Vox*, 27 August.www.vox.com/science-and-health/2018/8/27/17761466/psychology-replication-crisis-nature-social-science.

Resnick, Brian (2021). "Psychology Is in a Replication Crisis. The Psychological Science Accelerator Is Trying to Fix It." *Vox*, August 7. www.vox.com/science-and-health/22360363/replication-crisis-psychological-science-accelerator.

Resnik, David B. (2011). "Scientific Research and the Public Trust." *Science and Engineering Ethics* 17(3): 399~409. https://doi.org/10.1007/s11948-010-9210-X.

Reyes, Victoria (2018). "Three Models of Transparency in Ethnographic Research: Naming Places, Naming People, and Sharing Data." *Ethnography* 19(2): 204~226. https://doi.org/10.1177/1466138117733754.

Riehl, Carolyn (2001). "Bridges to the Future: The Contributions of Qualitative Research to the Sociology of Education." *Sociology of Education* 74: 115~134. https://doi.org/10.2307/2673257.

Riessman, Catherine Kohler (1987). "When Gender Is Not Enough: Women Interviewing Women." *Gender & Society* 1(2): 172~207. https://doi.org/10.1177/0891243287001002004.

Riessman, Catherine Kohler (1990). "Strategic Uses of Narrative in the Presentation of Self and Illness: A Research Note." *Social Science & Medicine* 30(11): 1195~1200. https://doi.org/10.1016/0277-9536(90)90259-U.

Rinaldo, Rachel, & Jeffrey Guhin (2019). "How and Why Interviews Work: Ethnographic Interviews and Meso-Level Public Culture." *Sociological Methods & Research* 0049124119882471. https://doi.org/10.1177/0049124119882471.

Rios, Victor M. (2011). *Punished: Policing the Lives of Black and Latino Boys*. New York: New York University Press.

Rios, Victor M. (2015). Review of *On the Run: Fugitive Life in an American City*, by Alice Goffman. *American Journal of Sociology* 121(1): 306~308. https://doi.org/10.1086/681075.

Rivera, Lauren A. (2016). *Pedigree: How Elite Students Get Elite Jobs*. Reprint ed. Princeton, NJ: Princeton University Press. [이희령 옮김.《그들만의 채용 리그: 고소득 엘리트는 어떻게 재생산되는가》. 지식의날개(방송대출판문화원). 2020].

Romero, Mary (2006). "Racial Profiling and Immigration Law Enforcement: Rounding Up of Usual Suspects in the Latino Community." *Critical Sociology* 32(2–3): 447~473. https://doi.org/10.1163/156916306777835376.

Rubin, Mark (2017). "When Does HARKing Hurt? Identifying When Different Types of Undisclosed Post Hoc Hypothesizing Harm Scientific Progress." *Review of General Psychology* 21(4): 308~320. https://doi.org/10.1037 /gpr0000128.

Sadovnik, Alan R. (2006). "Qualitative Research and Public Policy." In *Handbook of Public Policy Analysis: Theory, Politics, and Methods*, edited by F. Fischer & G. J. Miller. Boca Raton, FL: CRC Press.

Saiedi, Nader (1992). *The Birth of Social Theory*. Lanham, MD: University Press of America.

Schwartz, Martin D. (2000). "Methodological Issues in the Use of Survey Data for Measuring and Characterizing Violence Against Women." *Violence Against Women*

6(8): 815~838. https://doi.org/10.1177/10778010022182164.

Scott, Marvin B., & Stanford M. Lyman (1968). "Accounts." *American Sociological Review* 33(1): 46~62. https://doi.org/10.2307/2092239.

Shaw, Clifford Robe (1930). *The Natural History of a Delinquent Career*. New York: Praeger.

Shedd, Carla (2015). *Unequal City: Race, Schools, and Perceptions of Injustice*. 1st ed. New York: Russell Sage Foundation.

Shuval, Kerem, Karen Harker, Bahman Roudsari, Nora E. Groce, Britain Mills, Zoveen Siddiqi, & Aviv Shachak (2011). "Is Qualitative Research Second Class Science? A Quantitative Longitudinal Examination of Qualitative Research in Medical Journals." *PLOS ONE* 6(2): 16937. https://doi .org/10.1371/journal.pone.0016937.

Silva, Jennifer M. (2013). *Coming Up Short: Working-Class Adulthood in an Age of Uncertainty*. 1st ed. New York: Oxford University Press. [문현아 · 박준규 옮김. 《커밍 업 쇼트: 불확실한 시대 성인이 되지 못하는 청년들 이야기》. 리시올. 2020].

Simi, Pete, Kathleen Blee, Matthew DeMichele, & Steven Windisch (2017). "Addicted to Hate: Identity Residual among Former White Supremacists." *American Sociological Review* 82(6): 1167~1187. https://doi.org/10.1177/0003122417728719.

Simmel, Georg (1909). "The Problem of Sociology." *American Journal of Sociology* 15(3): 289~320.

Simmons, Erica S., & Nicholas Rush Smith (2019). "The Case for Comparative Ethnography." *Comparative Politics* 51(3): 341~359. https://doi.org/105129/001041 519X15647434969920.

Simmons, Joseph P., Leif D. Nelson, & Uri Simonsohn (2011). "False-Positive Psychology: Undisclosed Flexibility in Data Collection and Analysis Allows Presenting Anything as Significant." *Psychological Science* 22(11): 1359~1366. https://doi. org/10.1177/0956797611417632.

Simon, Bernd, & Thomas F. Pettigrew (1990). "Social Identity and Perceived Group Homogeneity: Evidence for the Ingroup Homogeneity Effect." *European Journal of Social Psychology* 20(4): 269~286. https://doi.org /https://doi.org/10.1002/ ejsp.2420200402.

Sixsmith, Judith, Margaret Boneham, & John E. Goldring (2003). "Accessing the Community: Gaining Insider Perspectives from the Outside." *Qualitative Health Research* 13(4): 578~589. https://doi.org/10.1177/1049732302250759.

Small, Mario Luis (2004). *Villa Victoria*. Chicago: University of Chicago Press.

Small, Mario Luis (2009a). "'How Many Cases Do I Need?': On Science and the Logic of Case Selection in Field-Based Research." *Ethnography* 10(1): 5~38. https://doi. org/10.1177/1466138108099586.

Small, Mario Luis (2009b). *Unanticipated Gains: Origins of Network Inequality in Everyday Life*. New York: Oxford University Press.

Small, Mario Luis (2011). "How to Conduct a Mixed Methods Study: Recent Trends in a Rapidly Growing Literature." *Annual Review of Sociology* 37(1): 57～86. https://doi.org/10.1146/annurev.soc.012809.102657.

Small, Mario Luis (2015). "De-Exoticizing Ghetto Poverty: On the Ethics of Representation in Urban Ethnography." *City & Community* 14(4): 352～358. https://doi.org/10.1111/cico.12137.

Small, Mario Luis (2017a). *Someone to Talk To*. New York: Oxford University Press.

Small, Mario Luis (2017b). "Testimony of Mario L. Small, Grafstein Family Professor of Sociology at Harvard University, Session on 'What We Do Together: The State of Social Capital in America Today.'" US Senate, Joint Economic Committee, May 17, Washington, DC.

Small, Mario Luis (2018). "Rhetoric and Evidence in a Polarized Society." Paper presented at the Coming to Terms with a Polarized Society Series, ISERP, Columbia University.

Small, Mario Luis, & Jenna M. Cook (2021). "Using Interviews to Understand Why: Challenges and Strategies in the Study of Motivated Action." *Sociological Methods & Research* 0049124121995552. https://doi.org/101177/0049124121995552.

Small, Mario Luis, Robert A. Manduca, & William R. Johnston (2018). "Ethnography, Neighborhood Effects, and the Rising Heterogeneity of Poor Neighborhoods across Cities." *City & Community* 17(3): 565～589. https://doi.org/10.1111/cico.12316.

Smith, Adam (1822). *The Theory of Moral Sentiments*. Jonesboro, TN: J. Richardson. [박세일 옮김.《도덕감정론》. 비봉출판사. 2009].

Song, Miri, & David Parker (1995). "Commonality, Difference and the Dynamics of Disclosure in In-Depth Interviewing." *Sociology* 29(2): 241～256. https://doi.org/10.1177/0038038595029002004.

Soss, Joe (1999). "Lessons of Welfare: Policy Design, Political Learning, and Political Action." *American Political Science Review* 93(2): 363～380. https://doi.org/10.2307/2585401.

Stack, Carol (1974). *All Our Kin*. New York: Harper.

Stuart, Forrest (2016). *Down, Out, and Under Arrest: Policing and Everyday Life in Skid Row*. Chicago: University of Chicago Press.

Stuart, Forrest (2020). *Ballad of the Bullet*. Princeton, NJ: Princeton University Press.

Stuber, Jenny (2021). *Aspen and the American Dream: How One Town Manages Inequality in the Era of Supergentrification*. 1st ed. Oakland: University of California Press.

Swidler, Ann (2013). *Talk of Love: How Culture Matters*. Chicago: University of Chicago Press.

Takacs, Christopher George (2020). "Becoming Interesting: Narrative Capital Development at Elite Colleges." *Qualitative Sociology* 43(2): 255～270. https://doi.org/10.1007/s11133-020-09447-y.

Tavory, Iddo, & Stefan Timmermans (2014). *Abductive Analysis: Theorizing Qualitative Research*. Chicago: University of Chicago Press.

Taylor, Jodie (2011). "The Intimate Insider: Negotiating the Ethics of Friendship When Doing Insider Research." *Qualitative Research* 11(1): 3~22. https://doi.org/10.1177/1468794110384447.

Thorne, Barrie (1999). *Gender Play*. New Brunswick, NJ: Rutgers University Press. [한대동 · 오경희 옮김. 《젠더 플레이: 학교에서의 소녀들과 소년들》. 양서원. 2014].

Toscano, Alberto (2008). "The Culture of Abstraction." *Theory, Culture & Society* 25(4): 57~75. https://doi.org/10.1177/0263276408091983.

Trnka, Radek, & Radmila Lorencova (2016). *Quantum Anthropology: Man, Cultures, and Groups in a Quantum Perspective*. Prague: Charles University Karolinum Press.

Tsai, Alexander C., Brandon A. Kohrt, Lynn T. Matthews, Theresa S. Betan-court, Jooyoung K. Lee, Andrew V. Papachristos, Sheri D. Weiser, & Shari L. Dworkin (2016). "Promises and Pitfalls of Data Sharing in Qualitative Research." *Social Science & Medicine* (1982) 169: 191~198. https://doi .org/10.1016/j.socscimed.2016.08.004.

Twine, France Winddance (2006). "Visual Ethnography and Racial Theory: Family Photographs as Archives of Interracial Intimacies." *Ethnic and Racial Studies* 29(3): 487~511. https://doi.org/10.1080/01419870600597909.

Tyson, Karolyn (2011). *Integration Interrupted: Tracking, Black Students, and Acting White after Brown*. New York: Oxford University Press.

US Conference of Catholic Bishops (2021). "Twenty First Sunday in Ordinary Time." *Daily Readings*. August 22. https://bible.usccb.org/bible/readings082221.ctm.

Vaisey, Stephen (2009). "Motivation and Justification: A Dual-Process Model of Culture in Action." *American Journal of Sociology* 114(6): 1675~1715. https://doi.org/10.1086/597179.

Van Bavel, Jay J., Dominic J. Packer, & William A. Cunningham (2008). "The Neural Substrates of In-Group Bias: A Functional Magnetic Resonance Imaging Investigation." *Psychological Science* 19(11): 1131~1139. https://doi.org/10.1111/j.1467-9280.2008.02214.x.

Van Cleve, Nicole Gonzalez (2016). *Crook County: Racism and Injustice in America's Largest Criminal Court*. Stanford, CA: Stanford University Press.

Vargas, Robert (2016). *Wounded City: Violent Turf Wars in a Chicago Barrio*. 1st ed. New York: Oxford University Press.

Vatican (1993). Catechism of the Catholic Church-Paragraph # 2357. Vatican Library.

Vaughan, Diane (2004). "Theorizing Disaster: Analogy, Historical Ethnography, and the Challenger Accident." *Ethnography* 5(3): 315~347. https://doi .org/10.1177/1466138104045659.

Venkatesh, Sudhir Alladi (2009). *Off the Books: The Underground Economy of the Urban Poor*. Cambridge, MA: Harvard University Press.

Venkatesh, Sudhir Alladi (2013). "The Reflexive Turn: The Rise of First-Person Ethnography." *The Sociological Quarterly* 54(1): 3~8. https://doi.org/10.1111/tsq.12004.

Visweswaran, Kamala (1997). "Histories of Feminist Ethnography." *Annual Review of Anthropology* 26: 591~621.

Vitale, Dean C., Achilles A. Armenakis, & Hubert S. Feild (2008). "Integrating Qualitative and Quantitative Methods for Organizational Diagnosis: Possible Priming Effects?" *Journal of Mixed Methods Research* 2(1): 87~105. https://doi.org/10.1177/1558689807309968.

Watkins-Hayes, Celeste (2019). *Remaking a Life: How Women Living with HIV/AIDS Confront Inequality.* Oakland: University of California Press.

Weber, Max (1978). *Economy and Society: A New Translation.* Berkeley: University of California Press. [박성환 옮김. 《경제와 사회1》. 문학과지성사. 2003].

Wedeen, Lisa (2010). "Reflections on Ethnographic Work in Political Science." *Annual Review of Political Science* 13: 255~272.

Weiss, Robert S. (1995). *Learning from Strangers: The Art and Method of Qualitative Interview Studies.* New York: Simon and Schuster.

Weller, Susan C., Ben Vickers, H. Russell Bernard, Alyssa M. Blackburn, Stephen Borgatti, Clarence C. Gravlee, & Jeffrey C. Johnson (2018). "Open-Ended Interview Questions and Saturation." *PLOS ONE* 13(6):0198606. https://doi.org/10.1371/journal.pone.0198606.

West, Brady T., & Annelies G. Blom (2017). "Explaining Interviewer Effects: A Research Synthesis." *Journal of Survey Statistics and Methodology* 5(2): 175~211. https://doi.org/10.1093/jssam/smwo24.

White, Ariel, Anton Strezhnev, Christopher Lucas, Dominika Kruszewska, & Connor Huff (2018). "Investigator Characteristics and Respondent Behavior in Online Surveys." *Journal of Experimental Political Science* 5(1): 56~67. https://doi.org/10.1017/XPS.2017.25.

White, Douglas, Douglas R. White, & Ulla Johansen (2005). *Network Analysis and Ethnographic Problems: Process Models of a Turkish Nomad Clan.* Lanham, MD: Lexington Books.

Whitehead, Alfred North (1925). *Science and the Modern World.* New York: Macmillan. [오영환 옮김. 《과학과 근대세계》. 서광사. 2008].

Whyte, William Foote (1943). *Street Corner Society.* Chicago: University of Chicago Press.

Wicherts, Jelte M., Coosje L. S. Veldkamp, Hilde E. M. Augustein, Marjan Bakker, Robbie C. M. van Aert, & Marcel A. L. M. van Assen (2016). "Degrees of Freedom in Planning, Running, Analyzing, and Reporting Psychological Studies: A Checklist to Avoid p-Hacking." *Frontiers in Psychology* 7. https://doi.org/10.3389/fpsyg.2016.01832.

Willis, Paul (1977). *Learning to Labor: How Working-Class Kids Get Working-Class Jobs.* New York: Columbia University Press. [김찬호·김영훈 옮김. 《학교와 계급재생산:

　　반학교문화, 일상, 저항》. 이매진. 2004].

Wingfield, Adia Harvey (2009). "Racializing the Glass Escalator: Reconsidering Men's Experiences with Women's Work." *Gender & Society* 23(1): 5∼26. https://doi.org/10.1177/0891243208323054.

Wingfield, Adia Harvey (2010). "Are Some Emotions Marked 'Whites Only'? Racialized Feeling Rules in Professional Workplaces." *Social Problems* 57(2): 251∼268. https://doi.org/10.1525/sp.2010.57.2.251.

Wingfield, Adia Harvey, & Koji Chavez (2020). "Getting in, Getting Hired, Getting Sideways Looks: Organizational Hierarchy and Perceptions of Racial Discrimination." *American Sociological Review* 85(1): 31 ∼ 57. https:// doi.org/10.1177/0003122419894335.

Xu, Menguan Annie, & Gail Blair Storr (2012). "Learning the Concept of Researcher as Instrument in Qualitative Research." *Qualitative Report* 17(42): 1∼18. https://doi.org/10.46743/2160-3715/2012.1768.

Zhou, Yuging, Tianyu Gao, Ting Zhang, Wenxin Li, Taoyu Wu, Xiaochun Han, & Shihui Han (2020). "Neural Dynamics of Racial Categorization Predicts Racial Bias in Face Recognition and Altruism." *Nature Human Behaviour* 4(1): 69∼87. https://doi.org/10.1038/41562-019-0743-y.

찾아보기